Die armen Schulschwestern.

Ihr Entstehen, inneres Leben und Wirken.

Mit einem Anhange
dazu gehöriger Lebensgeschichten.

Herausgegeben
von
einem katholischen Geistlichen.

Regensburg.
Verlag von Georg Joseph Manz.
1854.

In the interest of creating a more extensive selection of rare historical book reprints, we have chosen to reproduce this title even though it may possibly have occasional imperfections such as missing and blurred pages, missing text, poor pictures, markings, dark backgrounds and other reproduction issues beyond our control. Because this work is culturally important, we have made it available as a part of our commitment to protecting, preserving and promoting the world's literature. Thank you for your understanding.

Vorwort.

Unter den neuentstandenen weiblichen Orden hat, zudem in socialer Hinsicht, der religiöse Verein der armen Schulschwestern, eine sehr große Bedeutsamkeit. Den thatsächlichen Beweis dafür bietet die schnelle und weite Ausbreitung dieser Congregation in so kurzer Zeit. Wir hoffen daher, durch das vorliegende Werkchen unsre Zeit und Mühe nicht unnütz verschwendet zu haben.

Das Ziel, welches wir dabei zunächst im Auge hatten, war: Denjenigen, die den benannten Orden entweder noch nicht kannten, oder aber vielleicht verkannten, durch die gedrängte Darstellung seines Entstehens, Wesens und Wirkens die Möglichkeit einer bessern Erkenntniß zu bieten. Daß das Büchlein den Freunden dieser

IV

Congregation, den Mitgliedern derselben, und den Zög=
lingen der armen Schulschwestern, seien sie schon in's Le=
ben hinausgetreten oder nicht, überdieß eine willkommene
Gabe sein möchte, wünschten wir hoffen zu dürfen.

Der Herausgeber.

Vorrede und Einleitung.

Eine in der Natur der Dinge begründete und in der Geschichte durch unzählige Thatsachen und durch die Aussagen der berühmtesten Männer bekräftigte Wahrheit ist es, daß das weibliche Geschlecht den größten Einfluß, wenn auch nicht so sichtbar auf das Wohl und Wehe des Menschen und Staatslebens habe und ausübe. Von jeher verwendete daher jeder Staat mehr oder weniger (in dem Grade nämlich, in welchem er die wahre Einsicht in das Leben des Staates und die wahre Kenntniß von den zum Gedeihen des Staatsorganismus thätigen Kräften besaß) eine besondere Sorgfalt für die öffentliche Erziehung der weiblichen Jugend. Alle Erziehung nimmt zwar ihren Anfang und wurzelt in der Familie. Allein die Familie oft beschränkt durch geistige, oft durch physische Hemmung, oft durch beide zugleich, vermag es nicht, die Erziehung allein vollständig zu leiten. Ihr zur Seite deßwegen und in beständiger Wechselwirkung mit ihr stehend, ist die öffentliche Erziehung in Schulanstalten, angeordnet von der Staatsbehörde. Wenn es aber schon im Allgemeinen eine schwere Aufgabe ist, tüchtige Lehr-Individuen zu finden, so wird diese Schwierigkeit nur um so größer in Auffindung tüchtiger Individuen für weibliche Erziehung sein. In den öffentlichen Unterrichts-Anstalten der männlichen Jugend wird es wohl aus dem Grunde leichter sein, geeignete Lehr-Individuen zu erhalten, weil da die Bildung des Verstandes durch reale, klassische Kenntnisse immer Hauptaugenmerk, obwohl Bildung des Herzens immer damit verbunden sein muß, die jedoch wieder in diesen Anstalten von der Verstandesbildung hergeleitet wird. — Ganz anders verhält es sich mit der weiblichen Erziehung in öffentlichen Anstalten; diese sind und dürfen nicht so fast Unterrichts-Anstalten, als vielmehr wahre Erziehungs-Anstalten sein. Die Bildung des Verstandes ist hier nicht so sehr Hauptzweck, sondern vielmehr die Bildung des Herzens, die Veredlung des Gemüthes. Das ganze Mädchen soll zwar in der Schule verständig, vorzüglich aber im Herzen gebildet werden; und wer würde es läugnen wollen, daß dieß eine viel schwerere Aufgabe für ein Lehr-Individuum ist? Es entsteht nun die Frage: Wer soll die Erziehung der weiblichen Jugend in den öffentlichen Schulanstalten leiten? Soll dieß durch männliche oder weibliche Individuen geschehen?

Warum soll die Erziehung durch weibliche Individuen geschehen?

Geht man zurück in das Familienleben und frägt man, wer in diesem die Erziehung der Töchter leitet, so zeigt es sich allgemein (mit den seltensten Ausnahmen), daß nicht der Vater es ist, sondern die Mutter, welche beinahe ausschließend die Erziehung des Mädchens theils leitet, theils selbst besorgt. Die Gründe für diese Erscheinung sind so klar und selbst bei allen Völkern so allgemein, daß man sie ohne Beweis als in der Natur begründet, behaupten kann. Die öffentliche Erziehung soll parallel mit der häuslichen gehen, beide haben in ihrem letzten Grunde nur Einen Zweck: nämlich wahre Verstandes- und Herzensbildung der ganzen Persönlichkeit; mithin wird wohl erstere auch in Bezug auf das Mittel zur Erreichung dieses Zweckes mit letzterer übereinstimmen sollen, um so viel mehr, da sich das in letzterer angewendete Mittel als ein durch die Natur begründetes darstellt. Die Erziehung des Mädchens wird demnach wie im Kreise der Familie, so auch in öffentlichen Anstalten wieder durch weibliche Individuen besorgt und geleitet werden sollen. Diese aus der Analogie hergeleitete Folge erhält aber ihre Bestätigung, wenn man Folgendes in Betrachtung zieht.

1) Bei aller Erziehung soll nicht bloß durch Wort und Lehre

erzogen werden, sondern einen Hauptbestandtheil der wahren Erziehung bildet die Erziehung durch das lebendige Beispiel. Namentlich da, wo es wie beim Mädchen sich um's Handeln besonders bewegt. Das erziehende Individuum soll dem zu erziehenden als Muster, als Gegenstand der Nachahmung sich darstellen. Es läßt sich nun keineswegs läugnen, daß an einem tüchtigen männlichen Lehrer sich allerdings manches vorfinde, was für den weiblichen Zögling nachahmungswerth ist. — Allein wer möchte es denn läugnen, daß das weibliche und männliche Geschlecht in Bezug auf das geistige und das Gemüthsleben, auf Aeußerung des Benehmens u. dgl. zu heterogen ist, als daß der männliche Lehrer als Muster für den weiblichen Zögling könnte aufgestellt werden? Die Lehrerin aber kann dem weiblichen Zöglinge wahres Vorbild sein nach allen Beziehungen und Richtungen hin. Mithin geht aus der Erziehung durch Lehrer — der Mädchenbildung ein großer Verlust zu, dadurch daß der Erziehung durch Beispiel gar nicht, oder nur sehr unvollkommen genügt werden kann.

2) Eine Hauptsorgfalt bei allem Lehren, bei aller Erziehung ist es auch, daß zwischen Lehrer und Zögling eine Vertrautheit, eine innere Herzenszuneigung statt habe. Diese Vertrautheit und wechselseitige Herzenszuneigung ist aber bei dem Unterrichte und bei der Erziehung der weiblichen Jugend um so nothwendiger, je mehr gerade bei diesem Unterrichte und bei dieser Erziehung auf die Bildung des Herzens und auf die Entwickelung des Gemüthslebens gesehen werden muß, die aber ohne genaue Kenntniß des Herzens nicht geschehen kann! Wie wird nun aber diese Herzenskenntniß und diese Vertrautheit, diese Herzenszuneigung besser befördert werden, durch weibliche oder durch männliche Lehrer? Offenbar durch erstere. Denn das Gleichartige erschließt sich leichter dem Gleichartigen, daher es auch unläugbar ist, daß das weibliche Gemüth zutraulicher und offener wieder dem weiblichen sich anschließen wird. Schon in der weiblichen Natur ist es gegründet, eine gewisse Scheu und Zurückhaltung gegen das männliche Geschlecht zu beobachten. Diese Scheu und Zurückhaltung wird aber in dem Grade zunehmen, als das Mädchen an Jahren zunimmt,

1*

und sohin die kindliche Unbefangenheit zurück- und die in der Natur liegende Schamhaftigkeit hervortritt. Der öffentliche Unterricht für Mädchen aber erstreckt sich in den Werktagsschulen bis in das 12. oder 13. und in den Feiertagsschulen bis in das 17. oder 18. Jahr. Wer wird bei einiger Kenntniß der menschlichen Herzen glauben oder behaupten wollen, daß bei schon so vorgerücktem Alter der Mädchen eine innige Herzenseinigung und Vertraulichkeit gegen den männlichen Lehrer stattfinde? Sie wird nicht stattfinden im günstigsten Falle, d. h. wenn der Lehrer schon bejahrt, verehlicht und exemplarisch in seinem äußern Wesen ist; um wie viel weniger erst, wenn der Lehrer noch jung und unverehlicht oder etwa mit einem galanten stutzermäßigen Aeußern begabt ist, was eben nicht gar selten der Fall sein kann.

Bedenkt man noch, daß viele Mädchen in dem Falle sind, eltern- oder mutterlos zu sein, und es ihnen daher besonders Bedürfniß ist, Jemanden ihr Inneres, ihre Verhältnisse u. dgl. aufzudecken, wo wird dieß wohl besser der Fall sein können, bei männlichen oder bei weiblichen Lehrern? Offenbar bei letzteren, die ihnen nicht selten die Stelle der Mutter vertreten können.

Dem Gesagten gemäß erhellt es demnach, daß durch die männlichen Lehrer die Herzenskenntniß und sohin auch die Bildung des Innern des Gemüthes erschwert, und sohin ebenfalls eine Hauptaufgabe der weiblichen Erziehung nicht gehörig gelöst werden kann. Dieß kann aber wohl durch weibliche Lehrer geschehen.

Es ist anerkannte Wahrheit, daß die Liebe und die Zuneigung des Lehrlings zum Lehrer auch seinen Fleiß anspornt und seine Freude und seine Theilnahme am Unterrichte erhöht. Diese Liebe wird aber da ganz vorzüglich sein, wo gegenseitig Vertraulichkeit und Herzenszuneigung ist, diese wird aber, wie eben gesagt, durch weibliche Lehrer befördert, also auch die Liebe und sohin wird auch durch die weiblichen Lehr-Individuen die Verstandesbildung befördert. Gewiß wird das Mädchen das belehrende Wort mit der größten Aufmerksamkeit aus dem Munde der geliebten Lehrerin in ihr Inneres aufnehmen, gewiß wird eine sanfte Aufforderung zum Fleiße sie ganz besonders anspornen, und ein Zeichen der Unzufriedenheit tief in das Herz des Zöglings bringen, und in ihm den Vorsatz hervorrufen, künftig fleißiger zu sein.

Hiebei kommt noch wohl auch zu betrachten, daß die Lehrerin beim Unterrichte zehnmal Gelegenheit finden wird, dem Mädchen so nebenbei etwas zu sagen, was auf weibliche Verhältnisse, oder aus dem Gebiete weiblicher Erfahrung, z. B. Hauswirthschaft u. dgl. Bezug hat, und welches sohin dem Mädchen vom größten Nutzen ist, und seine Kenntnisse vermehrt, — bis dasselbe einmal nur ein männlicher Lehrer vermag. Wird also dadurch der Mädchenunterricht nicht vielseitiger und sohin auch erfolgreicher? Diese Andeutungen nun mögen schon hinreichen zum Ausspruche der Wahrheit: daß weibliche Lehr=Individuen geeigneter sind zum öffentlichen Unterrichte als männliche!

Wenn nun unser Satz: „weibliche Lehr=Individuen seien zum öffentlichen Unterrichte für Mädchen geeigneter als männliche," wahr ist, was gewiß auch allgemein anerkannt werden muß, so scheint denn doch die Anwendung desselben im Leben schwer zu sein. Nirgends findet man nämlich in einem Staate eigene Anstalten zur Bildung von Lehramts=Kandidatinnen, nirgends Schullehrerinnen=Seminarien u. dgl. Man muß daher doch das weibliche Individuum nicht so geeignet halten zum Lehrstande, wie das männliche, so daß ein eigener Stand daraus gebildet würde. Der Grund dieser Erscheinung liegt wohl nicht hierin, daß etwa das weibliche Geschlecht überhaupt gar nicht fähig sei, sich die nöthigen scientivischen und moralischen Eigenschaften zu erwerben, damit aus diesem Geschlechte Lehrerinnen hervorgehen könnten, — denn dagegen spricht die Beschaffenheit des weiblichen Geistes und die Erfahrung und wohl auch die christliche Nächstenliebe; — sondern der Grund hiefür liegt in dem Verhältnisse, in welchem das weibliche Geschlecht in der menschlichen Gesellschaft steht. Das Weib nämlich, als einzelnes Individuum betrachtet, ist nicht bestimmt zum selbstständigen, für sich bestehenden abgeschlossenen Leben, es vermag nicht allein ohne Stütze dazustehen, es muß einen Haltpunkt haben und vermag daher nicht einen eigenen selbstständigen Beruf zu wählen, wo es als Individuum allein dastehen würde. Weibliche Lehrerinnen müßten und würden sich daher verehlichen;

allein da würde die Sorgfalt der Hausfrau, die Angelegenheiten der Familien=Mutter und ihre Verhältnisse sie so in Anspruch nehmen, daß sie unmöglich Zeit finden würde, Lehrerin zu sein und ihrem Berufe zu obliegen, abgesehen davon schon, daß ihre Geistesthätigkeit gewiß nicht immer hiezu geeignet bliebe. — Für unverheirathete weibliche Lehrerinnen aber wäre es, ihrem Stande als Jungfrau und Lehrerin nach, gleich nothwendig, sich zurück= zuziehen und einsam zu bleiben, — wozu wohl sehr wenige Lust haben; wollten sie aber heraustreten aus der Zurückgezogenheit und sich in das öffentliche Leben hineinbegeben, so würde bald Ehre, guter Name u. dgl. zu Grunde gehen, ihr Zutrauen würde dahinschwinden und damit ihre Tauglichkeit zum öffentlichen Lehr= amte. Dieß eben Gesagte ist zuverlässig der Grund, warum man keinen eignen Stand von Schullehrerinnen finden wird.

Dieser Widerspruch — nämlich einerseits, daß die Bildung der weiblichen Jugend in öffentlichen Schulanstalten durch weib= liche Individuen geschehen soll, — anderseits aber, daß dieß doch wegen der Stellung des Weibes in der menschlichen Gesellschaft nicht wohl geschehen kann — dieser Widerspruch erhält in der katholischen Kirche seine schönste Lösung. Das gleiche Bedürfniß führte nämlich in der katholischen Kirche gleichgesinnte weibliche Wesen zusammen, die unter sich durch das Band eines religiösen Vereines verbunden, sich entschlossen, aus Liebe zu ihrem Heilande den irdischen Genüssen und den vergänglichen Freuden der Erde zu entsagen, und sich in ihrem Innern so viel als möglich für höhere Wahrheit und für höheres ewiges Leben zu bilden und zu befähigen. — Viele dieser religiösen Vereine haben aber nicht bloß den ausschließenden Zweck der eigenen Selbstbildung, sondern sie wollen, losgebunden von mancherlei hemmenden Hindernissen und obgleich zurückgezogen von der Welt, doch in und für die Welt kräftig und segenreich wirken. Namentlich haben sich viele dieser religiösen Vereine die Erziehung und Bildung der weiblichen Ju= gend zu ihrem Berufe und Wirkungskreise gemacht. Und sie ver= mögen dieß auch; denn bei diesen religiösen Vereinen sind die Hindernisse gehoben, die sich der Erziehung durch weibliche Indi= viduen, die außerhalb eines solchen Vereines leben, entgegenstellen.

Als Verein nämlich haben solche Individuen Kraft in sich und bedürfen äußerlich keiner besondern Hülfe; jedes Individuum erhält seinen Schutz durch den Verein, ist also, obwohl allein bastehend, nicht verlassen, sondern lebt immer als Glied einer Familie; der Verein und das Gelübde und die eigene Neigung hält sie ferne und zurücke von allem, was Ehre und guten Namen antasten könnte, und ihr durch ihren Eintritt in den Verein gesicherter Nahrungsunterhalt überhebt sie der Sorge für Familien- und Hausgeschäfte. — Die Lehrerinnen daher in einem solchen Vereine können ganz ihrem Berufe leben. Wenn demnach die öffentliche Erziehung der weiblichen Jugend durch Lehrerinnen, die in einem religiösen Vereine leben, geschieht, so werden bei der öffentlichen Erziehung alle Vortheile erzielt, welche überhaupt die Erziehung der weiblichen Jugend durch weibliche Individuen vor der durch männliche gewährt.

Allein nicht bloß diese allgemeinen Vortheile werden erzielt, sondern durch Lehrerinnen aus religiösen Vereinen gehen dem öffentlichen Mädchenunterrichte noch speziellere Vortheile zu. Diese Vortheile sind:

1) scientivische: die Lehrerinnen in religiösen Instituten haben sonst keine positiven Berufsgeschäfte, außer die ihrer Schule. Sie haben daher Zeit und Gelegenheit, sich selbst immer mehr fortzubilden, immer mehr Kenntnisse sich zu verschaffen, und so sich immer tüchtiger und fähiger als Lehrerinnen zu machen. Diese Lehrerinnen haben mehr Zeit, ihren Pflichten als Lehrerinnen genauer und pünktlicher zu obliegen, theils dadurch, daß sie den Schwächern einzeln nachhelfen, genauer die Aufgaben durchsehen, sich zur Abfassung neuer gehörige Mühe geben u. dgl. Da sie in der Regel freier Wille und freie Selbstbestimmung in den religiösen Verein treten und den Lehrberuf wählen ließ, und da in demselben alle andern zeitraubenden Unterhaltungen verbannt sind, so ist wohl auch anzunehmen, daß die Zeit auf diese Art von den Lehrerinnen verwendet werde, abgesehen, daß die Erfahrung dieß als Wahrheit bestätigt. Nicht so kann wohl durch Lehrer oder Lehrerinnen außerhalb religiöser Vereinen die Zeit so ganz für den Beruf angewendet werden. Das Familienleben, die daraus

hervorgehende Nothwendigkeit, durch Nebenstunden sich größern Erwerb zu verschaffen, wird theils schon viele Zeit wegnehmen, theils auch dadurch, daß das Lehr=Individuum durch größere Anspannung der Kräfte in Nebenarbeiten, auch mehr Zeit zur Ruhe bedarf, und sohin wieder mehr Zeit für den Beruf verloren geht.

Da in solchen religiösen Vereinen eine Vorsteherin speziell das Ganze leitet, die selbst gewöhnlich längere Zeit Lehrerin war, und sich daher Einsicht und Kenntnisse im Unterrichtswesen erworben hat; so wird auch dadurch die Einheit im Unterrichte und die stufenmäßige Entwicklung desselben befördert. Wenn gleich die Schulnormen schon den Gang des Unterrichts im Allgemeinen bestimmen, so läßt es sich gewiß nicht läugnen, daß dieser Gang bis in's Einzelnste sich so genau durch allgemeine von den höhern Schulbehörden gegebenen Vorschriften nicht bestimmen läßt, und daß zum systematisch=methodischen Unterricht sehr viel daran liegt, daß die Individuen in der Hauptsache gleicher Meinung und Ansicht sind. Dieß ist aber bei solchen religiösen Vereinen der Fall, wo das immerwährende Beisammensein der Lehrerinnen, das so leicht mögliche immerwährende Besprechen und Austauschen der Meinungen und Ansichten, der gleiche Zweck, den sie alle verfolgen, das Leiten derselben durch eine Oberin, der sie strengen Gehorsam leisten, die Einheit und das Systematische im Unterrichte sehr befördert.

Es ist anzunehmen, daß in jeder Klasse gerade die passendsten Individuen angestellt sind und lehren. Die Oberin kennt in der Regel ihr Personal gut bis in das speziellste, sie weiß sohin, welche Lehrerin besonders für die Kleinen, welche für die Größern, welche gerade zu diesem, welche zu jenem Fache geeignet sei.

Im Verhinderungsfalle, z. B. bei einer Krankheit u. dgl. entsteht keine Unterbrechung, es ist sogleich Aushülfe da, die in der Regel mit dem ganzen Gange des Unterrichts schon vertraut ist und sohin sogleich auch die geeignete Aushülfe leistet.

Die religiösen Vereine sind die trefflichsten Pflanzschulen, wo das Lehramt nicht leicht ausstirbt, sondern theoretisch und praktisch immer in eigner Mitte sich bildet. Daher nicht leicht der Fall eintritt, daß kränkliche oder durch Alter nicht hinlänglich mehr kräftige oder durch Länge der Zeit des Lehrens überdrüssige Individuen die Schule versehen müssen, wie dieß oft im Unterrichte außerhalb solcher Vereine geschieht, wo das Lehr-Individuum, um nicht durch Pension in dem ohnehin oft sehr spärlichen Gehalte geschmälert zu werden, oder weil es sonst kein anderes Fach ergreifen kann, lieber im aktiven Dienste sich fortschleppen oder sehr schonen muß. Wer möchte endlich läugnen, daß die Industrie und weiblichen Handarbeiten durch den Unterricht in solchen Vereinen ungemein viel gewinnt? Allgemein spricht dafür die Erfahrung.

Außer diesen scientivischen Vortheilen, welche die öffentliche Erziehung durch religiöse Vereine erhält, bekömmt sie auch:

2) **moralisch-religiöse.** Wenn, wie nicht geläugnet werden kann, bei der weiblichen Erziehung die Entwicklung des wahren religiösen Lebens und die religiöse Weihe hauptsächliches Augenmerk sein muß, so kann diese durch nichts Besseres beförddert werden, als durch die Erziehung von religiösen Anstalten.

Der Geist, der in diesen Instituten weht, ist ein religiöser, und das aus ihnen Hervorgehende ist in diesem Geiste gehalten und ihm das Gepräge der Religion aufgedrückt.

Die Lehrerinnen selbst stellen sich den Schülerinnen im Lichte der Religion und gleichsam mit höherer Weihe begabt, dar. Die Schülerinnen wissen und verstehen es wohl, daß ihre Lehrerinnen aus religiösen Gründen in diesem ihrem Berufe sind, daß sie sich eine nicht für jeden Menschen gegebene, weil höhere Lebensaufgabe gestellt haben; dieses flößt ihnen Ehrfurcht und Pietät gegen dieselben ein. In diesen Vereinen wird daher auch trefflich durch das anschauliche Beispiel erzogen und zwar moralisch-religiös. Denn die Lehrerinnen stellen sich, weil sie in einen solchen Verein getreten sind, ihren Schülerinnen dar als Beispiele der Selbstverläugnung, Sittsamkeit, Eingezogenheit, Arbeitsamkeit u. dgl. — lauter Tugenden, deren Erlangung der weiblichen Jugend besonders angelegen sein muß.

Bei dem Unterrichte selbst wird jede Gelegenheit benützt, um auf das Gemüth moralisch zu wirken, und so durch Ermahnung und Belehrung immer die religiöse Bildung emporgehoben und beförddert. Deßwegen darf man auch kühn und ohne Furcht, des

Gegentheils überwiesen zu werden, die Behauptung aufstellen, daß in der Regel ein größerer Theil Mädchen, die in Schulen von religiösen Vereinen gebildet werden, einen viel eingezogenern, sittsamern, frömmern Charakter erhalten, als dieß in andern öffentlichen Schulanstalten der Fall ist. Die Erfahrung lehrt dieß. Die neuere Zeit fühlte das Bedürfniß, daß Mädchen wieder nur durch weibliche Individuen gebildet werden sollten. Es entstanden daher mit Regierungs=Bewilligung in mehreren Städten weibliche Erziehungs=Anstalten, sogenannte Privatinstitute. Allein, welche Erscheinung bietet sich hier dar? Nicht selten sind die Lehrerinnen oder Vorsteherinnen solcher Institute selbst Muster von Coquetterie, Genuß= und Putzsucht; nicht selten sind solche Personen in der Blüthezeit ihres Lebens übersehen worden, sind mit Romanen= und Bontons=Bildung versehen, und suchen sich noch in dem Hochsommer ihres Lebens angenehm darzustellen, um so ihre meistens sehr prekäre Stellung noch in eine festere zu verwandeln. Ja, nicht selten geschieht es, daß durch solche Individuen die Zöglinge benützt werden, auf daß von diesen noch Glanz und Reiz auf die Erzieherinnen sich reflektiren möchte. In welchem Geiste werden die Mädchen nun geleitet werden? Welches wird das vorzüglichste Ziel der Erziehung sein? Kein anderes, als daß die jungen Wesen abgerichtet werden, sich äußerlich durch einige angelernte Stellungen und Phrasen wohl zu benehmen, daß ihnen ein fader und seichter Gesellschaftston beigebracht und dabei in ihnen die Eitelkeit, Putz= und Genußsucht zum Schaden des Mädchens und der menschlichen Gesellschaft immer mehr und mehr gesteigert wird. Von wahrer Bildung des Verstandes und Herzens, von ächter feiner Sitte, von wahrer Humanität und Pietät ist da keine Rede. Alles immer im höchsten Grade profan.

Das so eben Ausgesprochene wird jeder bestätigen, welcher den Gang der weiblichen Bildung unserer Zeit in den verschiedenen Richtungen hin beobachtet. Welch' einfache, bescheidene, im Geiste und im Herzen wahrhaft gebildete, und zwar religiös gebildete Wesen, unbefangen und unschuldig und eben deßwegen so liebenswürdig, gehen dagegen aus den Anstalten der religiösen Vereine hervor? Ein solches Individuum wiegt in Bezug auf den Nutzen für die menschliche Gesellschaft ein Dutzend andere auf, die sich zwar vielleicht coquetter und interessanter dem profanen, nur oberflächlich schauenden Auge präsentiren können, die aber einstens die Plage der Männer, schlechte Hausfrauen, nichtstaugende Mütter werden, und so der Welt eine nichtstaugende Generation fortpflanzen. Der Beobachter des Familienlebens wird diese Aussage als Wahrheit bestätigen.

Dagegen bleibt den Mädchen, die in den öffentlichen Schulanstalten eine religiöse Weihe erhalten haben, dieselben eigen, geht mit ihnen in's Jungfrauenalter über und ruht immer noch auf der Hausfrau und Familienmutter und verbreitet sich von da über ein kommendes Geschlecht. Die Erfahrung lehrt es auch hier, daß Mädchen, selbst wenn sie aus der Schule getreten sind, durch das Band der Liebe und des Vertrauens, welches die Religion um sie und ihre Lehrerinnen geschlungen hatte, noch mit diesen zusammenhängen, sie in vielen Fällen um Rath fragen, bei ihren Arbeiten deren Beistand und Unterricht noch in Anspruch nehmen u. dgl. Ja Beispiele lehren, daß selbst Verirrte die Wiedererinnerungen an ihre in religiösen Vereinsanstalten fromm zugebrachten Kinderjahre wieder auf den Weg der Besserung zurückbrachten, indem die dort erhaltenen religiösen Eindrücke zu mächtig sich in ihre Seele einprägten, als daß sie hätten ganz verlöscht werden können. Ueberhaupt kömmt hier die Wahrheit in Betracht, daß in der Regel das Verhältniß der Lehrerinnen zu ihren Zöglingen ein wahres Verhältniß der Liebe und des Zutrauens ist, geschaffen durch Religion, und daß aus diesem Verhältnisse alle Vortheile für die Herzens- und Verstandesbildung im ganz vorzüglichen Grade hervorgehen, die ein solches Verhältniß nur immer gewährt. Aber außer diesen scientivischen und religiösen Vortheilen, die aus solchen religiösen Vereins-Schulanstalten hervorgehen, gehen auch noch

3) pekuniäre hervor. Denn bei einem solchen Institute fallen die Pensionen für Lehrer und deren Familien weg. Es fallen die Kosten weg, die der Staat auf Heranbildung tüchtiger Mädchenlehrer oder Lehrerinnen zu verwenden hat. Der Staat bekömmt in einem religiösen Vereine für ein und dieselbe Summe

mehr Lehr-Individuen. Z. B. vier Lehrer beziehen in einer Stadt einen jährlichen Gehalt von 1600 fl.; dafür leben in einem Institute sechs Lehr-Individuen, also wird ceteris paribus dadurch schon der Unterricht besser besorgt werden können, abgesehen von den sonstigen eben angegebenen Vortheilen.

Nach diesen Erwägungen nun kann die Nützlichkeit, ja Nothwendigkeit der Erziehung der weiblichen Jugend durch religiöse Vereine wohl nicht mehr in Abrede gestellt werden. Man hat auch den großen Vortheil solcher Erziehung vielfach begriffen und das ist ein Glück.

Mit Bezug auf das Gesagte wird es daher auch nicht unrecht sein, auf ein Streben hinzudeuten, das keinen andern Zweck hat, als die Bildung und Erziehung unserer weiblichen Jugend auf dem fruchtbaren Boden des Christenthums zu erzielen und zu gewinnen. In Wahrheit! —

Gegenwärtig, wo nach langen Jahren unseliger Herrschaft der Geist des glaubens- und gemüthlosen Rationalismus dem wahren Hauch der belebenden Religion des positiven Christenthums von Tag zu Tag mehr zu weichen scheint; wo die Kirche Gottes, nachdem sie so lange von der lichten Höhe ihrer segensvollen und himmlischen Mission auf Erden verdrängt, tief unten im Thale der Niedrigkeit und der Lästerung nothdürftig ihr Dasein fristete, während die Nebel hohler und mattherziger Aufklärung ihr den Zugang zum Gipfel des Berges ächt menschlicher Cultur wehrte, allmählig wieder freier die Stirn emporheben darf; gegenwärtig, sage ich, wo der ewige Gott, der wohl von Zeit zu Zeit herbe Prüfungen über die Seinigen kommen, aber auch auf Schatten Licht, auf den langen Winterfrost die sanft wehende Frühlingsluft folgen läßt, jene trüben Dünste gottloser Afterweisheit und philosophischen Eigendünkels mächtig zerstreut, auf daß den Kindern seiner so lange bedrängten Kirche keine Schwierigkeit mehr entgegentrete, hinauf zu eilen auf die so viele Jahre gemiedene und verwaiste Höhe ihrer Sendung und daselbst wieder Christi Bild, das erlösende Kreuz, aufzupflanzen — in dieser Zeit des allmählig wiedererwachenden Sehnens nach den Segnungen der Religion geziemt es, auf ein Streben hinzuweisen, dessen glücklicher Erfolg, zunächst nach Gottes allmächtiger Hülfe, wohl allein im Stande ist, in den Gemüthern der Menschen jene bessere Revolution zu vollbringen, die darin besteht, daß sie die alte Zwingherrschaft des Unglaubens und der daraus hervorgehenden gewaltig um sich greifenden Sittenlosigkeit mit mächtiger Hand niederwerfe und an ihrer Stelle wieder den Thron der wahren Freiheit christlichen Glaubens und Lebens aufrichte. Dieses Streben ist zunächst darauf gerichtet, die Bildung und Erziehung unsrer Jugend auf dem fruchtbaren Boden des Christenthums zu erzielen und zu gewinnen.

Dem Verfasser des vorliegenden Buches ist es zwar nicht unbekannt, daß dieses Streben nach ächt christlicher Erziehung und Bildung in Bezug auf die höher stehenden Entwicklungsphasen unserer Unterrichtsanstalten, ja nach allseitiger Vervollkommnung christlicher Bildung vielfach nur noch ein frommer Wunsch ist. Indeß dürfte so manche bescheidene, wenn auch nicht von Jedem bemerkte Erscheinung auf diesem Gebiete mehr als zureichend sein, um zu der Ueberzeugung zu führen, daß die Entfaltung eines bessern Geistes nach der so langjährigen Verkümmerung christlichen Lebens und Denkens, wie überhaupt jede wahre Entwicklung eben nur einem allgemeinen Naturgesetze folgt, demgemäß Alles, was zum Leben berechtigt ist, allmählig und langsam nur aus seinem Keime hervorbrechen, wachsen und blühen muß, soll es mächtige Wurzeln treiben, soll ein der Zeit und ihren Stürmen trotzender Baum daraus entstehen, der gute Früchte zu tragen und mit seinen wohlthätigen Schatten die Wohnungen der Sterblichen und diese selbst vor den Unbilden böser Witterung zu schützen bestimmt ist.

Der Keim nun, aus dem wieder wahres Glück und andauernder Segen hervorwachsen und den Völkern in reichster Fülle zu Theil werden soll, — dieser Keim ist die religiöse Erziehung und Bildung des christlichen Weibes, der christlichen Mutter. Oder ist es anders, mein Christ? Eine um Dich zärtlich besorgte Mutter hatte die Wiege Deiner Kindheit mit treuer Liebe gehütet; Deinem kaum noch erwachten Verstand und Gemüth die Wahrheiten des Erlösers im kindlich-einfachen Bilde des Knaben Jesus und seiner heil. Mutter eingeprägt und Dein Jünglingsalter mit frommer Lehre und dem eignen Beispiele zur Uebung religiöser Pflichten und christlichen Wandels angehalten; Du bist hierauf hinausgeeilt in's Leben, wo alle Gefahren der Welt, eine Philosophie des vollendetsten Unglaubens und die heuchlerische Verführung Dich an den Rand des Verderbens geführt haben. Und wann Du alsdann im Moment lichter Geisteshelle vor dem jähen Abgrunde zurückgeschaudert und umgekehrt bist, — wer war es denn, der in dem blitzesschnellen Aufleuchten Deiner Erinnerung wie ein Engel in lichter Verklärung mitten in dem grausen Toben Deiner Leidenschaften und in der finstern Nacht Deiner Verblendung Dich mächtig mahnte, von dem Wege Deines Verderbens abzulenken? Deine Mutter war es; in einem Augenblick war Deine Kindheit vor Deine Seele getreten; die Traditionen, die Du aus jener glücklichen Zeit in's Leben mitgenommen, konnten wohl von der ruchlosen Hand Deines Verführers in das Dunkel zeitweiser Vergessenheit verscharrt werden; aber die Wurzeln, die sie damals in Deinem Gemüthe so tief geschlagen, mußten früh oder spät aus dessen Boden sichtbar hervortreten, so daß Du Dich rechtzeitig noch an ihnen anklammern konntest, um der Gefahr zu entrinnen, unten in der Tiefe des Abgrundes Dein sittliches Leben jämmerlich zu enden. — Leider kann ich diese Worte nur an wenige richten, die der Erinnerung an die Mutter ihre Rückkehr auf bessere Wege verdankten: so arm ist die neuere Zeit in Folge des zuletzt herrschenden Zeitgeistes an ächt christlichen Frauen geworden. Viele — wer zählt sie alle — gingen und gehen noch immer unter in den Fluthen des gegenwärtigen Weltsinnes, weil es ihrem Lebensschiff am rettenden Anker der alt-ehrwürdigen Traditionen aus den Zeiten der Kindheit gebricht, wann einmal die Orkane der Leidenschaften und die Stürme des Unglücks dasselbe in die Tiefe der Wogen zu begraben drohen.

In der That — wohin müßte es noch kommen in dieser sittlichen Verwilderung, in diesem unsäglichen Jammer des Unglaubens, in diesem Elend der verblendetsten und dünkelhaftesten Vermessenheit keines religiösen Haltes zu bedürfen, noch bedürfen zu wollen, in diesem nun so gefährlichern Zustande gänzlichen Verfalles christlichen Lebens, als er die Maske der Toleranz, Humanität und Aufklärung vorhält — wohin, frage ich, müßte es noch kommen, würde nicht in vielen Ländern — ich nenne vor allen Frankreich,*) dieses Land, in welchem religiöse Congregationen am meisten gedeihen und blühen, wo aller Orten eble Jungfrauen der Welt entsagen, um sich freudig dem Dienste der Unwissenden, der Armen und Kranken hinzugeben, wo auch die Männer auf dieser erhabenen Laufbahn nicht zurückbleiben — die bessere Natur des Menschen vor diesem um sich fressenden Krebsschaden zurückgebebt sein und ernstlich an Mittel gedacht haben, dem Uebel zu steuern? Aber wo wären diese zu finden gewesen in dem stets mehr überhand nehmenden Ruin der Religion und christlicher Gesittung, hätte die Kirche Gottes aufgehört, aus diesem Schutthaufen, der sie nicht ganz ertödten konnte, Keime frischen Lebens an das Sonnenlicht emporzusenden, in dessen erwärmenden Strahlen sie mit Gottes Hülfe glücklich gedeihen und am kommenden Geschlechte den Anblick und Genuß eines herrlich blühenden Gartens gewähren werden.

So ist denn auch aus dem Schooße der allgemeinen Kirche Christi der religiöse Verein der armen Schulschwestern geboren worden, von denen das vorliegende Buch erzählt. Möchte durch dasselbe das Bedürfniß nach der immer größern Ausbreitung dieser edlen und frommen Genossenschaft auf katholischem Boden von Tag zu Tag fühlbarer werden! Möchte doch aber auch die wirksame Thätigkeit dieser Schulschwestern aus gegenwärtiger und künftiger Generation jene Salon-Damen verdrängen, die wohl im Gesang, in Deklamationen, im Piano-Fortespiel sich auszeichnen, den Leib nach neuester Mode vortheilhaft und geschmackvoll kleiden und in fremder Zunge süß flüstern mögen, die aber nimmer im Stande sein können, unserm Vaterlande kraftvolle, christliche Söhne zu erziehen, die dessen Stolz zu werden verdienten. Nein! — die Zeit muß aufhören, wo thés dansants, Bälle, Concerte und Theater mit allem coquetten Beiwerke aus der Renaissance-Epoche das ausschließliche Vorrecht haben, Mütter ihrem

---

*) Sion, eine Stimme in der Kirche für unsre Zeit, Nr. 150; 1841.

Familienkreise und ihrer hohen Sendung gänzlich zu entwöhnen, ihre Kinder im Geiste des Evangeliums zu erziehen. Dieses Philisterthum der Frauenwelt, wo die fleißige Hausmutter ersetzt wird durch die feine Dame von Anstand, die gar Nichts versteht, als höchstens über die unwichtigsten und kleinlichsten Dinge süß zu schwätzen oder mit musterhafter Zungenfertigkeit dem guten Ruf des Nächsten zu schaben, — dieses Philisterthum, das selbst in der Wohnung des schlichten Bürgers sich seine Opfer geholt hat, das die Schuld ist so vieler unglücklichen Ehen, welche unter seinem fluchwürdigen Einfluß einzig nur auf der Grundlage eitler Geldhaufen geschlossen werden und zu egoistisch berechnender Speculation geworden sind, während man in der alten christlichen Zeit bei Eingehung der Ehen vor Allem auf keusche Liebe, auf christlichen Sinn, auf Frauen-Tugend und auf Ehrbarkeit des Mannes mit Recht gesehen hat — dieses Philisterthum, das aus dem Dunst und Nebel purer Eitelkeit und Luxusliebe zusammengesetzt ist, wird und muß vertilgt werden durch Erziehung unsrer weiblichen Jugend zu christlichen Müttern und Frauen; und, wir sprechen es unverhohlen aus: diese hehre Mission, von welcher der Segen der Zukunft abhängt, wird mit Vorzug von dem Verein unserer armen Schulschwestern erfüllt, der, aus dem Schooße der Kirche geboren, neuerdings die Welt belehren wird, daß das Christenthum allein den Beruf und die Mittel habe, die wahre Gesittung der Menschheit zu begründen und zu fördern.

A. Die Entstehung des Vereines der armen Schulschwestern.

Die Geschichte der Entstehung des Vereines der armen Schulschwestern erzählen wir mit den eignen Worten des Stifters, nämlich des seligen Job, Beichtvaters der Kaiserin von Oesterreich.

„Gepriesen sei Gott, der Vater der Erbarmungen und der Gott alles Trostes! Der Vater des Lichtes, das jeden Menschen erleuchtet, der die Finsternisse nicht mehr liebt, als das Licht! Es dämmert, und die zunehmende Helle kündigt uns nach einer langen und grauenvollen Nacht endlich die Rückkehr des Tageslichtes an. Man fängt an zu fühlen und zu überschauen die traurigen Folgen und Wirkungen jenes Geistes, dem es mit dem Eintritte dieses Jahrhunderts nach langen Anstrengungen und durch geheime Minen endlich gelungen hat, Alles, was die erleuchtete Frömmigkeit unserer Väter zum Frommen der Kirche und des Staates durch ein Jahrtausend gebaut hatte, niederzureißen, ohne etwas Genügendes und Haltbares nach allen Großsprechereien aufzubauen. Die Anführer der sophistischen und hungrigen Parthei schleuderten zwar das Losungswort in die Welt hinaus: „Weg mit dem Aberglauben! Aufklärung! Licht!" Allein der Krieg galt dem christlichen Glauben und seiner einzig treuen Pflegemutter und Bekennerin der katholischen Kirche. Da die Kinder der Welt in Verfolgung ihrer Zwecke klüger sind, als die Kinder des Lichtes, so ward der Hauptstreich, wie ihr Hauptaugenmerk auf die kirchlichen Anstalten zur christlichen Erziehung der Jugend gerichtet.

Plötzlich waren alle diese Institute wie mit einer Sense weggemäht. Viel ward seit dieser Stunde an über Erziehung gesprochen und geschrieben; aber die Erziehung war unserm pädagogischen Zeitalter abhanden gekommen. Die Freunde und Sachwalter der Ungebundenheit bemächtigten sich unserer Lehranstalten und ihrer Fonds, und sie täuschten die Befürchtnisse derjenigen nicht, die von der Distel keine Feigen, und von dem Dornstrauche keine Weintrauben erwarteten; vielmehr sie übertrafen dieselben im hohen Maße. Ihre Zöglinge aus der neuconstruirten und alljährlich reconstruirten Schule, spielen bereits als neue Tribunen eines neugebildeten Volkes ihre welthistorische Rolle im Angesicht der Könige und Fürsten. Die Väter haben in unreife, saure Beeren gebissen, und in unsern Tagen, wo Alles, wo Ursachen und Wirkungen rasch nach einander vorüberziehen, sind nicht nur den Söhnen, sondern selbst manchen aus den unglücklichen Vätern die Zähne davon stumpf geworden.

Doch gepriesen sei der Herr! Sein Licht bringt aus den Wolken hervor und — erleuchtet und erwärmt von seinem Lichte — erkennen und fühlen nun Viele selbst aus der Zahl der Bethörten, das Nützliche und Unersetzliche solcher kirchlichen Anstalten, seitdem wir ihrer entbehren. In unserm treukatholischen Vaterlande Bayern ist diese richtige Ansicht und Einsicht bei der großen Mehrzahl nie untergegangen; ja ich darf vielleicht hinzusetzen: In keinem andern Lande sind in dieser Hinsicht Gottes Erbarmungen so inbrünstig, so anhaltend verhältnißmäßig aus so vielen Herzen angefleht worden, als in unserm Bayern. Darum lebe ich der heitern Ueberzeugung, daß jene heilbringenden Anstalten in kein Land leichter und schneller zurückkehren und aufblühen werden als in Bayern.

Bereits sind schon verschiedene Institute zur Erziehung der weiblichen Jugend aus dem Grabe wieder erstanden. Wir haben nebst den Elisabethinerinnen und barmherzigen Schwestern und Salesianerinnen, Ursulinerinnen, englische Fräulein. Freilich für die Erziehung der männlichen Jugend, die dem Anströmen verderblicher Grundsätze und jedem Wink der Irrlehre vorzugsweise hingestellt ist, zeigt sich noch kein Morgenstern, der ihr einen bessern Tag verbändigte. Doch wenn das fromme Völklein anhaltet im Gebete; so wird der Herr auch dieser Seite zur rechten Zeit Hülfe senden und einen Männerverein zurückrufen, den Er vorzugsweise zum Lehren und Erziehen berufen und gesalbt zu haben scheint. Thun wir indeß, was wir können; und sollen wir selbst zum Aussäen nicht berufen sein, nicht einmal zu dem Glücke, die Ankunft des Säemannes zu erleben: so wird es uns einst doch zum Verdienste angerechnet werden, ihnen den Acker bereitet zu haben. Und den Acker bereiten, — das können wir jetzt, wenn wir für eine christliche Erziehung des weiblichen Geschlechtes sorgen. Sollte eine neue bessere Generation kommen, so muß die Einleitung dazu beginnen mit der Erziehung der weiblichen Jugend. Vor allen brauchen wir wieder christliche fromme Mütter; denn sie sind die ersten Erzieherinnen und Bildnerinnen des menschlichen Nachwuchses; sie sind die Wächterinnen und Pflegerinnen der häuslichen Zucht. Dann werden Lehrer und Erzieher das an jedem ihrer Zöglinge mit glücklichem Erfolge fortsetzen, wenn man von ihm sagen kann: „Er hat den Geist der Gottseligkeit schon mit der Muttermilch eingesogen." Auf das Weib deutet uns der Finger Gottes hin, indem er uns jetzt auf das Weib beschränkt. Wenn das Weib auch nicht selbst der Schlange das Haupt zertritt, so geht doch gewiß derjenige, welcher dieß vollbringt, aus dem Schooße des Weibes hervor.

Allein so schön und erfreulich sich auch die Dinge von Seite der weiblichen Erziehung in unserm Vaterlande gestalten, so zeigt sich doch auch hier bis jetzt noch eine bedeutende Lücke. Die weiblichen Institute für Unterricht und Erziehung, deren wir uns jetzt erfreuen, bestehen und können nur bestehen in größeren Städten; kleinere Ortschaften sind ihnen unzugänglich aus Mangel an Gebäuden und Fonds, deren sie zu ihrem Entstehen und Bestehen bedürfen. Ferner mag die Einrichtung obengenannter Institute allerdings Kindern von Stand zu großem Segen gereichen; aber Kindern von nicht gar sehr bemittelten Eltern, besonders vom bürgerlichen und gemeinem Stande sind gedachte Institute hinsichtlich der Auslagen für so hohe Bildung ebenfalls unzugänglich, auch nicht anpassend; denn treten Töchter, auf einen Grad von

Bildung gestellt, der weit über die Atmosphäre ihres künftigen Wirkens hinausreicht, endlich in ihren Stand ein, so ergeht es ihnen wie den Treibhauspflanzen, wenn sie in kalten Boden versetzt werden; ja oft werden ganze Familien durch sie unglücklich, wie die Erfahrung lehrt. Anderseits gibt es doch immer noch christlich fromme Eltern, denen das geistige Wohl ihrer Kinder nach Gott über Alles geht, und die gerne nach Kräften das Ihrige beitragen möchten für die standesmäßige, christlich fromme Bildung derselben, daher mit ihnen zur nächsten, besten Stadt hinziehen, um sie dort zur Erziehung und Erlernung häuslicher und weiblicher Arbeiten in einem Hause unterzubringen, aber leider oft nicht die beste Wahl treffen, und statt frommer Kinder, gar oft irreligiöse, verführte Zöglinge zurückerhalten, die wohl mit einigen Kenntnissen überladen, aber meistens leer am Geist und Herz zurückkehren. Sollte nun das arme Völklein in kleinern Städten und Ortschaften unbeachtet bleiben? Bedarf es nicht auch des Segens und Trostes einer ächt christlichen Erziehung? Muß nicht überall, wo das wahre Christenthum blüht, auch das Wort verwirklichet werden: „Den Armen wird das Evangelium geprediget." Oder erscheint dieß etwa so ganz unausführbar? Gelang es doch dem heil. Vincenz v. Paul, der Versammlung der sogenannten soeurs grises eine solche Einrichtung und Gliederung, eine solche Beweglichkeit und Gelenkigkeit zu geben, daß sie sich über Landstädtchen und Landpfarreien verbreiten kann, und verbreitet ohne Nachtheil ihrer innern Verbindung und Einheit.

„Mich jammert des armen Volkes!"

Schon seit mehreren Jahren trage ich darum den Entschluß in meinem Herzen, meine gesammelten Heller zur Gründung einer Mädchenschule, die von einem religiösen Vereine besorgt wird, welcher Verein sich zugleich auch der Erziehung von Kostkindern widmet, in Gottes Schatzkasten zu werfen, und der Mann Gottes, der geheime Rath meiner Seele 46 Jahre hindurch, den der Herr am 8. März 1833 zu sich berufen hat, wußte um meinen Entschluß und arbeitete mir in die Hände. Und wenn ich jetzt zur Ausführung meines Entschlusses schreite, so geschieht es, weil er sterbend den letzten Stoß dazu mir gab.

Es bedarf hier keiner neuen Schöpfung. Alles liegt bereits vor. Die Glieder, welche den Körper des Vereins bilden sollen, hat mein ebengenannter Freund, Bischof Michael Wittmann, durch mehrere Jahre herangebildet, in den ächt christlich-religiösen Geist eingeweiht und eingeübt, und dieß ist unstreitig die Hauptsache; für das innere und häusliche Leben der Schwestern legte er zum Grunde die Regeln und Satzungen, welche der selige Petrus Forerius für die Congregation de Notre Dame verfaßt und die Kirche genehmigt hat. Was ihr Verhältniß und Wirken nach Außen als Lehrerinnen und Erzieherinnen betrifft, haben sie Manches mit der Verfassung der barmherzigen Schwestern gemein, um ihr wohlthätiges Wirken desto leichter und ungehinderter auch auf kleine Ortschaften ausdehnen zu können ohne Gefahr und Nachtheil ihrer eigenen Tugend und geistigen Verbindung.

Auf diesen Grundlagen dürfte ein religiöser Verein sich gestalten, der unter Gottes Schutz und Beistand den Bedürfnissen der Zeit, dem Wunsche der Kirche und seinem Zwecke entspreche. Dieses neue Institut soll hervortreten unter dem Namen:

"**Arme Schulschwestern**,"

ein religiöser Verein zur Erziehung der weiblichen Jugend, besonders in kleinern Städten und Landpfarreien.

I. Die Armuth soll die Grundfarbe des Vereins sein.

§. 1.
Von der Armuth überhaupt.

Bischof Wittmann war arm und liebte die Armuth wie ein Kind seine Mutter. Er gab Alles, was er hatte, hin an die Armen, weil er vollkommen im Sinne des Evangeliums sein wollte. Armuth war das Haupt- und Lieblingsthema seiner Gedanken, Wünsche, Gespräche, Predigten. Sollte nun der neue religiöse Verein das Gepräge seines Geistes an sich tragen, und als Frucht seines Geistes sich legitimiren, so muß Armuth die Grundfarbe und der Grundzug des neuen Klösterleins sein.

"Jesus Christus, obwohl Er reich war, ist um unser willen arm geworden, damit wir Alle durch Ihn bereichert würden," so arm, daß Er sagen konnte: Die Füchse haben ihre Höhlen und die Vögel ihre Nester; aber des Menschen Sohn hat nicht, wohin Er sein Haupt hinlege." Nur wer die Armuth als seine Säugamme und Lebensgefährtin freudig umarmt, kann auf die Jüngerschaft Jesu im höhern und strengern Sinne Anspruch machen und in die Zahl der Mitarbeiter und Werkzeuge am Baue des lebendigen Tempels Gottes eingereiht werden. Durch Arme, nicht durch Reiche, ist das Reich Gottes auf Erden bis heute verbreitet und erweitert worden. Finden wir unter Gottes herrlichen und gesegneten Werkzeugen auch Reiche, so waren es immer solche, die vorher um des Reiches Gottes willen freiwillig arm geworden sind, horchend und folgend dem Rufe: „Selig sind die Armen im Geiste, denn ihrer ist das Himmelreich" und: Willst Du vollkommen sein, so gehe hin, verkauf Alles was Du hast, und dann komm und folge mir nach. Wer außer dem Brode und der Decke noch etwas weiter verlangt und sucht auf Erden; wer sich dem Dienste Christi und seiner Kirche hingibt und die Hand an den Pflug legt, und wieder umsieht, taugt nicht für das Reich Gottes. Auch in dieser Hinsicht soll die Magd und Dienerin nicht besser daran sein, als der Herr und Meister; fröhlich soll sie mit Ihm auch in diesem Stücke das Loos theilen. Unser Herr und Meister nennt nirgends die Reichen selig, wohl aber die Armen. Nur müssen wir den Blick nicht hinabrichten und suchen, was auf Erden ist, sondern hinaufschauen, und nach dem streben, was droben ist, wo Christus sitzt zur Rechten des Vaters in der Herrlichkeit Gottes. Mit elenden Scheingütern lohnt der Herr nicht. Im Reiche Gottes ist Alles wahr, reell, ewig.

Arme Schulschwestern fordert somit

1) Jesus Christus, der Herr und sein Evangelium; sowie

2) die Hauptbestimmung dieses religiösen Vereins, indem eine kleine Landgemeinde eine Genossenschaft von Lehrerinnen, sei sie auch auf die möglich geringste Anzahl der Individuen beschränkt, nicht ernähren und erhalten kann, wenn diese neben dem natürlichen auch noch ein kleines Heer künstlicher Bedürfnisse mitbringt, die in dem Gefolge des bequemern und weichern Lebens sich einzufinden pflegen. Arbeiterinnen im Weinberge des Herrn fordert

die Bestimmung des Vereins. Solche Arbeiterinnen aber wachsen und gedeihen am sichersten unter dem Obdache und am nüchternen Tische der Armuth.

Arme Schulschwestern fordert

3) der Geist der Zeit, der wohl viel über Erziehung schwätzt und raisonnirt, aber nicht geneigt ist, etwas von seinem Ueberflusse in den Opferkasten zu werfen, um Erziehungs-Anstalten zu gründen, am allerwenigsten, wenn die Rede ist von christlicher Erziehung im Geiste und Sinne der heiligen katholischen Kirche.

Arme Schulschwestern fordert

4) der eigene Vortheil des Vereins. Arme Schulschwestern werden überall willkommen und sicher sein. Der Reichthum würde die scheelsüchtige Begierde der Welt leicht reizen, die Schulschwestern zu beneiden, zu schwächen, zu berauben, verjagen. Die Armuth, die auf Gott vertraut, lebt froh unter dem Schutze seiner Vaterhand und weiß von Sorg' und Kummer so wenig, als der Vogel unter dem Baume, oder die Blume auf dem Felde. Sie findet aber auch überall und allzeit Erbarmen, Mitleid, Hülfe. Ist aber auch leicht zufriedengestellt, weil sie sich mit Wenigem begnügt.

Zur Armuth ladet ein

5) das Beispiel der allerseligsten Jungfrau Maria, unter deren besondern Schutz die armen Schulschwestern sich gestellt haben. Eine arme Mutter und reiche Töchter, eine arme Schutzfrau und reiche Mägde und Schützlinge, wie soll sich dieß vereinbaren lassen? — Nur arme Jungfrauen, die wie Maria die Armuth lieben und üben, sind wahre Töchter und Mägde, wahre Verehrerinnen und Nachfolgerinnen Mariens. Nur arme Jungfrauen dürfen sicher auf ihren Schutz rechnen. Ja, wenn Noth einkehrt, besonders wenn Noth einkehrt im Uebermaß der Liebe, die, ohne ihren Vorrath zu berechnen, Gäste zum Brautmahle über ihre Kräfte einladet und aufnimmt; dann wird Maria ungebeten zu Jesus, ihrem Sohne, sagen: „Sohn! sie haben keinen Wein mehr und kein Brod!"

Armuth soll die Grundfarbe dieses Vereins sein; das ist endlich

6) der ausdrückliche Wille des seligen Bischofs Wittmann, des Vaters und Stifters dieses Vereins. Schwestern! die Gott in seiner Barmherzigkeit auserkoren hat, diesen Mann nach Seinem Herzen, diesen wahren Jünger Jesu, diesen Apostel Regensburgs zu sehen, zu hören, seinen Wandel zu beobachten, seinen Geist zu erspähen, das lebendige Evangelium an ihm aufzufassen, unter seiner Anführung und geistlichen Leitung zu stehen, zu seinen Füßen zu sitzen und Gottes Wort von seinen Lippen hinwegzunehmen; ihr wisset, daß er die strengste Armuth zur Grundlage eures künftigen Vereins, Lebens und Wirkens machte, und selbe auch als ein vorzügliches Mittel zur Heiligkeit anempfahl. Ich habe deßhalb nichts mehr hinzuzusetzen; nur bitten will ich euch durch die Liebe Jesu Christi: Bewahret diesen Geist der Armuth in euch und pflanzet ihn fort auf Alle, die sich in der Folge eurer Genossenschaft noch anschließen werden. Doch dürfte es zuträglich sein, einige bestimmte Erläuterung, die Armuth betreffend, im Buchstaben hier niederzulegen. Zur Gleichförmigkeit und Stabilität leistet der Buchstabe gute Dienste. Daher noch Einiges davon.

§. 2.
Einige nähere Bestimmungen der Armuth.

Arm soll der Verein sein. Worin aber soll diese Armuth bestehen? Wie weit soll sie gehen?

1) Alles soll Armuth ankündigen, und das Gepräge der Armuth an sich tragen:

Nahrung, Kleidung, Wohnung, Einrichtung.

2) Der Verein darf, ausgenommen das Mutterhaus, keine liegenden Gründe besitzen. Nur wo eine Gemeinde nicht im Stande ist, den Schulschwestern eine Wohnung anzuweisen oder auszumitteln, darf der Verein ein Häuschen und ein Hausgärtchen, wenn eines dabei ist, ankaufen, wofern er den Kaufpreis aufzubringen im Stande ist.

3) Wenn der Verein für den Nothbedarf seiner Glieder gedeckt ist, soll er zufrieden sein und nichts weiter verlangen.

4) Wo der Verein durch Zinsen fruchtbringende Kapitalien

oder durch angewiesene Besoldung oder durch freiwillige Natural‑
beiträge für seinen Nothbedarf gesichert ist, dort darf er kein
Schulgeld mehr annehmen. In keinem Falle ist es ihm erlaubt,
das Schulgeld durch amtliche Execution von armen Eltern ein‑
treiben zu lassen, am allerwenigsten dort, wo auch die armen Leute
durch Hand- oder Zugfrohnen zur Herstellung einer klösterlichen
Wohnung und Schule beigetragen haben. Ich erwarte von den
Zöglingen und Geistestöchtern meines in Gott ruhenden Freun‑
des, von den armen Schulschwestern, die aus Liebe Jesu
Christi die Armuth zu ihrer unzertrennlichen Lebensgefährtin sich
gewählt haben, daß sie lieber für sich darben, als arme Leute
Quälereien und Erpressungen preisgeben, und dadurch die Früchte
ihrer Anstrengungen und Aufopferungen vernichten wollen. Oder
wie sollten die Herzen der Kinder in Liebe und Vertrauen an
ihrer Lehrerin hängen, wenn sie sehen, daß durch diese der Jam‑
mer ihrer armen Eltern noch gesteigert werde? Wie sollten sie
die Schule lieben, und freudig dahin eilen, die ihre Eltern zu
Hause mit Schmähungen und Fluch überschütten? — Fürchtet
euch nicht! vertrauet auf den Herrn, dem ihr dienet! Wenn Er
eine große Volksmenge in der Wüste nicht ungespeiset entläßt,
so wird Er wohl auch für ein Paar Mägde Brod zu schaffen
wissen.

5) Der Verein — also auch kein Glied des Vereins — darf
von den Eltern oder Vormündern der Schulkinder ein Geschenk
annehmen, das in Geld besteht. Wollen diese der Noth des ar‑
men Schwestervereins aus Erbarmen zu Hülfe kommen durch länd‑
liche Früchte und Erzeugnisse, die sie leicht entbehren, und die
armen Schwestern in ihrem armen Haushalten wohl brauchen
können; so darf der Verein mit Dank selbe annehmen.

6) Auch keinen Vorrath für entfernte Zukunft darf der Ver‑
ein sammeln und aufbewahren, denn dieß läßt sich weder mit der
Strenge der evangelischen Armuth, noch mit dem Vertrauen auf
Gott den Vater, und die Verheißung Jesu Christi vereinigen,
sondern erzeugt unvermerkt Anhänglichkeit an das Irdische und
tödtet den Geist der Armuth und Andacht. Allen aber, die der
Herr bis zur Stunde zur Arbeit in seinen Weinberg ausgesendet

hat, kann Er vor das Angesicht treten und fragen: „Wann hat euch jemals etwas gemangelt?" Luc. 22, 35. Wir lesen zwar, daß die Apostel Hunger gelitten haben, aber nicht, daß Einer aus ihnen Hungers gestorben sei. Sollte es durch Gottes Segen dem Verein gelingen, sei es durch christliche Sparsamkeit oder durch wohlthätige Zuflüsse ländlicher Nahrungsmittel, über seinen Nothbedarf etwas zu erübrigen, so soll der Ueberfluß verwendet werden entweder: a) zur Verpflegung armer Schulkinder, besonders solcher, die weit zur Schule haben; b) zur Erziehung und Heranbildung solcher armer Mädchen, die sich durch Talent und frommen Sinn auszeichnen und etwa Neigung und Beruf verrathen, mit der Zeit dem Schulfach sich zu widmen, und in den Verein einzutreten, damit es nicht an Nachwuchs fehle, oder c) zur Unterstützung eines Filial-Vereins, der sich vielleicht in irgend einem andern Pfarr-Orte bilden dürfte, besonders bei seinem Entstehen und Beginnen. — Alles nach dem Gutdünken der Mutter Oberin.

II. Arme Schulschwestern sollen die Mitglieder des Vereins heißen.

Wenn in der obigen Benennung keine Meldung von Unterricht geschieht, so will ich damit den Unterricht von den Schulen der armen Schwestern nicht ausschließen; vielmehr erkläre ich ihn als einen wesentlichen Theil der Erziehung. Nur theile ich nicht die Meinung derjenigen, welche den Unterricht für die Hauptsache, oder gar für die ganze und einzige Bestimmung und Aufgabe der Schule ansehen und betreiben. Erziehung faßt meines Erachtens den ganzen Wirkungskreis der Schule in sich; denn die Erziehung kann des Unterrichtes nicht entbehren, sie setzt ihn nothwendig voraus als Grundlage und wesentlichen Bestandtheil; und Unterricht ohne praktische Anleitung zur Religiosität und Einübung in's christliche Leben taugt nichts. Eine Schule, die sich nur auf Unterricht beschränkt, gleicht einem übertünchten Grabe; aus dem Leichen sich herumwälzen, die gar bald den nächsten Luftkreis mit dem Gestanke der Verwesung erfüllen und verpesten.

III. Zu Neunburg vorm Wald soll der neue Verein an's Licht treten.

Wo soll diese neue Frucht unserer hl. Mutter, der Kirche, die nicht aufhört, aus ihrem jungfräulichen Schooße durch die Kraft des heiligen Geistes Kinder zu gebären, an's Licht treten? Darüber hat der Herr sich bereits erklärt. Sein Finger, wenn mich anders nicht Alles täuscht, hat unzweideutig auf den Ort hingewiesen. Meine Vaterstadt Neunburg vorm Wald im Regenkreise soll die Wiege, und will's Gott, das Mutterhaus dieses Vereins werden; nicht weil es meine Vaterstadt, sondern weil es der Wille Gottes ist, wie ich aus allem, was seit mehreren Jahren und der letzten Zeit noch vorging, und besonders aus der bestimmten Erklärung und Anordnung meines sterbenden Freundes, nothwendig anerkennen muß. —

Ich hatte nämlich von jeher den Mangel einer guten und wohlgeordneten Mädchenschule in meiner Vaterstadt Neunburg vorm Wald mit Wehmuth und Bedauern bemerkt, und je sichtbarer in der neuesten Zeit die traurigen Folgen dieses Mangels hervortreten, um so tiefer ward mein Herz ergriffen. Ich hatte daher den Entschluß gefaßt, mit Hülfe Gottes und der Zeit diesem wichtigen Bedürfnisse meiner lieben Vaterstadt abzuhelfen, und bereits arbeitete mein Geist schon durch ein volles Decenium auf diesen Zweck hin.

Geld, dieser nervus rerum gerendarum erschien auch hier als das erste Hauptstück des Werkes. Ich fing an zu sammeln und das Gesammelte unter Gottes Segen zu verwalten.

Um die Mitte des Monats Febr. des Jahres 1833 schrieb ich an den nun sel. Bischof Michael Wittmann, welcher seit 45 Jahren der Mann meines Herzens und Vertrauens, und mit meiner Idee seit ihrer Geburt vertraut war, und erklärte ihm, daß ich bereit sei, ihm eine Summe in circa 7000 fl. rh., welche in österr. National-Banknoten, und 1200 fl. rh. baar bestehe, von jetzt an zur Verfügung zu stellen, und zu dem nämlichen Zwecke vom 1. Jänner 1834 an, meine Pension von 800 fl. rh., die ich aus Bayern beziehe, zu überlassen. Des Bischofes Stimme flog nach Neunburg und fand da ein Entgegenkommen, das mich freudig überrascht, und mit Trost erfüllet hat. Die wackere Bürgerschaft erklärte sich bereit, die ihr gehörige Franziskaner=Kirche sammt einem kleinen Umkreise frei und schenkungsweise herzugeben und dieselbe in eine Mädchenschule und ein Klösterlein für einen weiblichen Verein umzuwandeln.

Der Mann Gottes ist gestorben, aber das Werk nicht, das er mit der ganzen Gewalt seiner Liebe begonnen, und wofür er schon seit Jahren die weiblichen Seelen gesammelt, erzogen und ausgebildet hat. Er ist nun in den Himmel hinaufgeeilt, um dort der Anwalt seiner Sache zu sein, welche die letzte Angelegenheit des Sterbenden auf Erden war. Mir übergab er die Sorge für den Stein, er sorgte und wird forthin sorgen für den Geist, der in den Stein Leben bringt. Durch 45 Jahre hielt ich mich an sein Wort, wie ein Pilger an seinen Stab und ich habe nicht Ursache, es zu bedauern. Darum ist mir auch sein letzter Wille heilig, und seine letzten Willensäußerungen sollen und werden mir als Gesetze gelten. Diese Ehrfurcht für seinen letzten Willen ist leider! das einzige Denkmal, das der Sohn seinem hingeschiedenen Vater setzen kann.

Die Einrichtung aber des Klösterleins in Neunburg sollte also geschehen:

Das Aeußere des Gebäudes soll sich dem Auge in netter und gefälliger Form darstellen; aber der einzige Schmuck des Innern soll bestehen in Armuth und Reinlichkeit. Eine Ausnahme hievon macht die Kapelle, denn sie ist die Wohnung des Herrn und soll das einzige und eigentliche Refectorium (Erholungs=, Erquickungs=Zimmer) seiner Mägde sein. Schon durch ihre Bauform soll die Kapelle das Menschenherz freundlich ansprechen. Eingeweiht aber soll die Kapelle der armen Schulschwestern zu Neunburg vorm Wald werden: Zu Ehren der allerseligsten Jungfrau Maria und des hl. Erzengels Michael —

a) weil der ganze klösterliche Verein der armen Schulschwestern unter den Schutz und Titel der allerseligsten Jungfrau Maria gestellt, und Maria die Königin der Jungfrauen, und jungfräul. Mutter des göttl. Kinderfreundes ist;

b) weil der hl. Erzengel Michael an der Spitze der guten Engel steht, die für das Reich Gottes wider den Fürsten der Finsternisse und seinen Anhang kämpfen, und als Schutzgeist der Kirche Gottes des alten und neuen Bundes anerkannt und verehrt wird;

c) weil dieser Name an den Mann Gottes — Michael Wittmann — erinnert, dem der neue Verein — nach Gott — Sein und Leben verdankt.

Segnet nun Gott dieses Unternehmen, so könnte wohl auch anderswo das Verlangen nach einer solchen Mädchenschule rege werden, und somit ein oder der andere Filial-Verein entstehen, da die armen Schulschwestern nicht zeitlichen Lohn und gemächliches Leben suchen, sondern sich zufrieden geben, wenn sie Brod und Decke haben, um wie die armen Leute des Ortes leben zu können.

Genug, wenn es dem Herrn gefällt, dem Vereine und der Schule in Neunburg Auf- und Fortkommen zu gewähren. Ewig werde ich den Herrn preisen, und im Frieden dahinscheiden, wenn ich den Trost mitnehme, daß die Mädchenschule meiner Vaterstadt unter dem Schutze Gottes, der allerseligsten Jungfrau und Gottesgebärerin und unter der Leitung der armen Schulschwestern blühe, gedeihe und Früchte bringe.

In Zeit und Ewigkeit werde ich dieser neuen, religiösen Anstalt vor Gott gedenken, und sie seiner Vaterhuld empfehlen. — Kann denn eine Mutter ihres Säuglings vergessen? Und könnte auch eine Mutter ihres Säuglings vergessen, so werde ich doch euer, arme Schwestern! und eurer Schule nicht vergessen.

Immer und ewig sei hochgelobt Jesus und Maria.

Schönbrun bei Wien in
vigil. B. M. V. im Aug. 1833.

Franz. Ser. Sebastian Job,
k. k. Hofkaplan und Beichtvater Ihr. Maj.
der Kaiserin von Oesterreich."

Dieser eben so frommen, als ausführlich erzählten schönen Geschichte der Stiftung des klösterlichen Vereines der armen

Schulschwestern haben wir noch nachfolgende Bemerkungen beizufügen.

Bis zum Jahre 1836 war der Bau des Klosters zu Neunburg nebst Kirchlein größtentheils vollendet. Die Oberin hatte
bereits ihre Ordens-Gelübde abgelegt, und sieben Präparandinnen
hatten das Ordenskleid empfangen. Zu Ende des Jahres 1837
waren außer der Oberin schon 5 Professinnen und 11 Novizinnen
in diesem klösterl. Institute, welches nun auch mit einem eigenen
Beichtvater versehen ward.

Da bei der immer größern Ausbreitung des Ordens das
Mutter-Institut zu Neunburg vorm Walde viel zu klein war; so
wurde eingeleitet und von des Königs Majestät unterm 28. Juni
1841 allergnädigst genehmigt, daß zu **München** ein dem ausgedehnten Personalbedürfnisse entsprechendes Mutterhaus der armen
Schulschwestern, jedoch **ohne Aufhebung** des Instituts zu Neunburg vorm Walde gegründet werde. Zu diesem Behufe wurde
das ehemalige Kloster der Clarissinen **zu St. Jacob am
Anger** zu München auserwählt, welches, durch einen sehr groß-
artigen und ansehnlichen Neubau erweitert, für seinen neuen Zweck
gestaltet wurde. Zur Deckung der Bau- und Einrichtungskosten,
welche im Voranschlage auf 80,842 fl. und im Falle eines höhern
Bedarfes auf ein unüberschreitbares Maximum von 96,000 fl.
berechnet wurden, haben Se. königl. Majestät einen Concurrenz-
Beitrag von 66,000 fl. aus disponiblen Renten-Ueberschüssen
kath. Kultus-Stiftungen zu bewilligen geruht. Se. Majestät,
Bayerns allergnädigster König Ludwig hatte auch schon gleich
beim Beginne dem Vereine im Jahre 1833 ein Geschenk von
1000 fl. gemacht.

Der hochwürd. Erzbischof von Münch.-Freising, Lothar
Anselm, Freiherr v. Gebsattel hat diesem neuen Mutterhause
unterm 4. Oktober 1841 eine Schenkung von 12,000 fl. als
Beitrag zur bessern Sustentation der armen Schulschwestern zu-
gewendet.

B. Das innere Leben des Vereines der armen Schulschwestern.

Das innere Leben beruht auf der Verfassung, die der klösterliche Verein vom Stifter erhalten hat. Indem wir nun diese in ihren Hauptzügen mit den Worten des sel. Gründers mittheilen, glauben wir das möglichst treue Bild des innern Lebens der armen Schulschwestern darzubieten.

„Um das junge Geschöpf (den klösterl. Verein der armen Schulschwestern) nicht in die Welt hinauszuschicken ohne Stab, an den es sich halten kann; so darf ich mich der Last, die ich so gerne auf die Schultern eines erleuchteten Geistesmannes hinübergewälzt hätte, nicht entziehen, den armen Schulschwestern als Aussteuer mitzugeben:

Einige Grundlinien ihrer Verfassung.

Zu meiner Beruhigung habe ich nichts, wie gesagt, aus mir zu schöpfen, sondern nur was Andere mir vorbereitet haben, zu sammeln und zu ordnen. Demnach werde ich mich auch genau halten:

1) An den erklärten Willen meines seligen Freundes, den ich als heiliges und köstliches Vermächtniß ansehe und vollbringe, indem ich mich nur ansehe als Vollstrecker seines letzten Willens.
2) An das Buch, welches dieser erleuchtete Bischof zum Grunde legte, nämlich: an die Regeln und Satzungen für die Klosterfrauen de notre Dame vom seligen Peter Forerius — so weit sie mit der Zahl, Bestimmung und andern Verhältnissen der armen Schwestern vereinbar sind.

Kapitel I.
Von der Schwesterschaft und geistigen Verbindung des klösterlichen Vereins.

Arme Schulschwestern! nicht vereinzelt und getrennt, jede für sich, sollt ihr dastehen, und arbeiten; einen Verein sollet ihr bilden, indem ihr eine und dieselbe Bestimmung euch vorsteckt, und nach einem und demselben Ziele strebet, mit vereinten Kräften, durch dieselben Mittel und Wege, und unter einer und derselben Leitung. Enge Verbindung und festes Aneinanderschließen erleichtert eure eigne Vervollkommnung in den Ruhestunden, und verstärkt eure Wirksamkeit in der Schule. Vereinte Kraft ist stärker als zertheilte. Großes nach Zeit und Raum, was den Einzelnen unausführbar ist, wird leicht vollbracht durch Vereine. Ueberdieß — einzelne Menschen gehen nach und nach in der Zeit unter; Vereine tragen eine Bürgschaft für Dauer und Festigkeit in sich, indem sie die abgehenden Kräfte immer durch neuen Nachwuchs ergänzen. Daher entstanden zu allen Zeiten und bei allen Völkern Vereine unter Menschen wie von selbst, von Noth und Vortheil erzeugt. Und Menschenvereine werden vorzüglich dort in vermehrter Anzahl aus der Erde aufsprossen, blühen und gedeihen, wo der Geist Gottes weht, der auf Einigung und Einheit unter den Menschenkindern hintreibt.

Arme Schulschwestern! wollet ihr nicht mit erfolglosen Luftstreichen euch abmühen, sondern den Forderungen Gottes nachkommen — als seine treuen Mägde — so müßt ihr auftreten und arbeiten als ein enggeschlossenes Corps, ihr müßt dastehen als ein Verein und zwar als

ein religiöser Verein. Religion muß das höchste Ziel, die Seele, das Triebrad des Vereins und seiner Glieder, eurer Arbeit und euers Lebens sein. So wenig als Gott, läßt sich die Religion irgendwo ungestraft den zweiten Platz anweisen; so wenig als Gott, duldet sie etwas neben sich auf derselben Linie. Jeder Verein, in dem Religion nicht oben ansteht und vorherrscht, gleicht einer Maschine ohne Geist und Leben, die nur so lange sich bewegt, als sie von außen getrieben wird, ist oder wird bald rein irdisch, geht den Weg alles Fleisches, und zerfällt in Staub. — Aeußere Abzeichen, wodurch sich ein Verein überhaupt und insbesondere ein religiöser kund und kennbar macht, z. B. Ein Dach, Ein Tisch, Eine Uniform, Eine Beschäftigung, haben und leisten allerdings viel Gutes, wenn sie von einem innern und geistigen Bande gehalten und unterstützt werden. Wo aber dieses vermißt wird, oder verschwindet, da zerfällt alles Aeußere von selbst in Moder gleich einem Körper, aus dem die Seele entflohen ist.

Aber wo ist das Band, das eure Geister innerlich umschlingt und vereiniget? — Fraget nicht lange, dafür hat Gott gesorgt. Preiset demnach den Vater im Himmel, der seinen Eingebornen Sohn uns gesandt! — Preiset Jesum Christum, der euch die Macht gegeben, Kinder Gottes zu werden, und durch den hl. Geist, den Er euch sandte, die Liebe Gottes in euern Herzen ausgegossen hat! Durch Ihn seid ihr nun Kinder Eines Vaters, Kinder Einer jungfräulichen Mutter und Schutzfrau, und Schwestern des Erstgebornen unter den Brüdern; durch Ihn habt ihr Eine Lehre, Einen Glauben, Eine Hoffnung, Eine Taufe; durch Ihn seid ihr Glieder Eines Leibes; beseelt von einem Geiste; genährt von Einem Brode, berufen hier zu Einer Gnade und dort zu Einer Seligkeit; in Ihm endlich habt ihr Ein Sühnopfer, Einen Herrn, Einen Mittler und Sachwalter beim Vater.

O wie enge, wie stark ist das religiöse Band, das euch vereint!

Eines sollen sein und bleiben Alle, die an Christum glauben. Das ist die Absicht, der Wille, ja der letzte Wille und das Vermächtniß unsers Herrn und Erlösers. Als Er im Begriffe stand hinauszugehen über den Bach Zedron in den Garten, um sich als Lösegeld für die Sünden der Welt dem himmlischen Vater hinzugeben, rief er betend laut auf: „Heiliger Vater! bewahre sie in Deinem Namen, die Du Mir gegeben hast, auf daß sie Eins sind, gleichwie Wir .... Ich bitte aber nicht für sie allein, sondern auch für jene, welche durch ihr Wort an Mich glauben werden, auf daß sie Alle Eins sind, gleichwie Du Vater in Mir, und Ich in Dir bin; auf daß auch sie Eines sind, damit die Welt glaube, daß Du Mich gesandt hast." Joh. 17, 11, 20, 21.

Diese göttliche Einheit ist die Frucht des Blutes Jesu, die kostbare Perle des Evangeliums, die Krone des Christenthums, die Stärke der Kirche. Diese göttliche Einheit ist es, welche die Apostel, vorzüglich Paulus, in seinem Sendschreiben immer und immer einschärften und empfahlen; diese göttliche Einheit ist es, welche die Schüler und Nachfolger der Apostel als den wichtigsten Gegenstand ihrer oberhirtlichen Sorgfalt und Wachsamkeit ansahen und betrieben; diese göttliche Einheit ist es, die in den ersten Jahrhunderten jene Heldenseelen schuf, die ohne Waffen über die gewaffnete Macht der Welt obsiegten; diese göttliche Einheit ist es, die Jedermann sieht und Niemand begreift; diese göttliche Einheit ist es, die nun auch an euch, arme Schulschwestern, der Welt sichtbar werden soll.

Sehet euch für das an, was ihr wirklich seid, für Schwestern! Schwestern seid ihr; denn ihr seid Kinder Eines Vaters. Schwestern seid ihr; denn ihr habt Alle zum Bruder Jesum Christum. Schwestern seid ihr; denn ihr ehret Alle die allerheiligste Jungfrau Maria als eure Mutter. Schwestern seid ihr; denn ihr nennet Alle die Kirche eure Mutter, weil sie euch Alle wiedergeboren hat, sauget Alle an ihren Brüsten, esset Alle das Brod des Lebens an ihrem Tische. Schwestern seid ihr, weil ihr Alle Kinder Eines Hauses seid. — So liebet euch denn als Schwestern und wandelt miteinander in Liebe, Eintracht und Frieden.

Aber wenn dieses religiöse und geistige Band, das eure Herzen unsichtbar vereint, der Welt an euch sichtbar werden soll; wie, in welcher Gestalt soll es denn erscheinen? — Auch darüber dürfen wir uns den Kopf nicht mehr zerbrechen, oder auf Entdeckungen und Erfindungen ausgehen. Christus hat die Seinen nicht als Waisen zurückgelassen. Seine Weisheit hat für alle ihre geistigen Bedürfnisse gesorgt, wie die Vorsicht seines Vaters für ihre leiblichen.

Im hellsten Lichte zeigte sich der Welt diese göttliche Einheit an der ersten Gemeinde der Gläubigen zu Jerusalem, und zeigt sich immerfort in dem Gemälde, das der vom heil. Geist geleitete Evangelist Lucas in seiner Geschichte der Apostel treu und zum Leben davon hinterlassen hat. So sorgte Christus für dieses Bedürfniß seiner Kirche. Dastehen soll die erste christliche Gemeinde von Jerusalem durch alle Zeiten und unter allen Christengemeinden der Erde bis an's Ende der Welt als Vorbild, als Modell, als Ideal eines jeden religiösen Vereins. Nehmet hin das Buch und leset! „Alle, die da glaubten, waren beisammen vereiniget, und hatten Alles gemein;" (Apg. 2, 44) gemeinschaftlich hörten und bewahrten sie die Lehren der Apostel, gemeinschaftlich feierten und empfingen sie das hochheilige Geheimniß des neuen Bundes, gemeinschaftlich beteten sie in ihren Häusern, selbst zum öffentlichen Gebete gingen sie miteinander hinauf in den Tempel. Dieß bezeugt der heil. Lucas, indem er schreibt: „Sie verharrten in der Lehre der Apostel, und in der Gemeinschaft des Brodbrechens und im Gebete. Sie verharrten täglich einmüthig mit einander im Tempel." Wenn sie miteinander beteten, so ergoß sich Gottes Lob in Gottes Wort, in hl. Gesängen und Psalmen wie aus Einem Herzen, aus Einem Munde. Die ganze Menge hatte aber auch nur Ein Herz und Eine Seele. Apg. 4, 32. So stark, so innig war das geistige Band, das ihre Herzen vereinigte. Und diese göttliche Einheit in der Menge wurde nicht bloß in geistigen Beziehungen und Uebungen sichtbar, sie drang auch heraus, durchdrang auch die äußern Verhältnisse, versetzte Berge, erniedrigte Hügel, füllte Thäler aus, machte Alles eben, und schuf eine Gleichheit und Gemeinschaft, von der die Welt wohl träumen, die sie aber weder durch Macht, noch durch Revolution je bewirken kann.

„Alle, die da glaubten, heißt es in der Apost. Gesch. hatten Alles gemein. Denn alle diejenigen, die Felder oder Häuser besaßen, verkauften dieselben; sie verkauften ihre Besitzungen und Habschaften, und brachten den Werth dessen, was sie verkauft hatten, herbei und legten ihn zu den Füßen der Apostel nieber. Es wurde aber einem jeden sonderheitlich ausgetheilt, wie es jedem nöthig war. Keiner sagte, daß etwas von dem, was er besaß, sein wäre, sondern sie hatten Alles gemein. Da gab es ja freilich keinen Dürftigen unter ihnen, aber große Gnade war ihnen Allen." Apg. 4, 32—35; u. 2, 45.

Und damit ja Niemand wähne: die Gläubigen von Jerusalem hätten düster und sauer darein gesehen, und ihre Tage freudenlos dahingelebt, so setzt der heilige Lucas noch bei: „Sie nahmen ihre Speise mit Fröhlichkeit und Einfalt des Herzens, und lobten Gott, und waren beim Volke beliebt." Apg. 2, 47.

Sehet da die neuen Menschen unter den Menschen, die Engel im Fleische! Sehet da die göttliche Einheit unter den Gläubigen, um welche Christus, der Sohn Gottes, zu seinem Vater flehte, in der Wirklichkeit! Sehet da das Vorbild aller christlichen Gemeinden!

Allerdings, nachdem sich das Evangelium weit und breit über die Erde verbreitet, und wie ein guter Sauerteig die ganze Mehlmasse durchdrungen hatte; konnte wohl diese apostolische Einrichtung im vergrößertem Maßstabe nicht wohl mehr eingehalten werden, um so weniger, da bei vielen Gläubigen Eifer und Liebe erkalteten. Allein die Kirche, diese treue Bewahrerin und Pflegerin des apostolischen Christenthums, läßt nie und nimmermehr untergehen, was apostolischen Ursprungs ist. Ueberall und allzeit fand das Vorbild, welches die Gläubigen von Jerusalem unter der Leitung der Apostel gaben, in der Kirche seine Nachahmer. Wie die Gläubigen von Jerusalem, so lebten jene von Alexandrien unter der Leitung des heil. Markus, so die jungfräulichen Vereine in den ersten Jahrhunderten, so die Mönche und Einsiedler in der Wüste, so die Bischöfe mit ihren Geistlichen in frühern Jahrhunderten, so alle Ordensgenossenschaften zu allen Zeiten. Jede Ordensgenossenschaft, jedes Kloster ist, und wofern es nicht in sich selbst zertheilt sein und zerfallen will, muß eine treue Nachbildung der Christengemeinde von Jerusalem sein. Darum und um diese höhere und apostolische Lebensweise in Mitte ihrer Gläubigen festzuhalten und zu bewahren, erzeugt die Kirche aus ihrem Schooße immer neue Vereine und Ordensgenossenschaften; darum pflegt, schützt und befördert sie selbe mit solchem Eifer.

Auch euer Verein, arme Schulschwestern! soll er der Absicht der heil. Kirche entsprechen, darf sich von dem Geiste und der Lebensweise der ersten Gläubigen von Jerusalem nicht lossagen. Auch an euch soll diese göttliche Einigkeit sichtbar werden. Sollte Gott, der Vater der Erbarmung, Verbreitung euers Vereins auch in kleinern Ortschaften und Landpfarren geben, so wird freilich dort eure Armuth ein Kloster in seiner ganzen Ausdehnung nicht aufbauen, euer kleines Personal nicht ausfüllen können; aber was hindert euch denn das Häuschen, das ihr dort bewohnen werdet, in ein Klösterlein zu verwandeln, und in dem Klösterlein ein klösterliches Leben nach Art und Weise der ersten Gläubigen zu Jerusalem zu führen? Ja gewiß, je ähnlicher ihr diesem Urbild aller geistlichen Genossenschaften werdet; um so fröhlicher und seliger werdet ihr euer Brod essen, um so fröhlicher und seliger Gott loben, um so fröhlicher und seliger an euer Tagwerk gehen und Segen verbreiten; denn um so größer wird die Gnade in euch sein und wirken; und daran wird man euch erkennen, daß ihr Jüngerinnen Jesu seid, wenn ihr euch einander liebet!

Deßhalb wies ich euch auf dieses Vorbild hin, und damit ihr demselben sichern Schrittes nahet, will ich euch noch einige spezielle Fingerzeige geben:

Willst du Friede und Einigkeit mit andern haben, Schwester in Christo! so suche allzeit die niedrigste Stelle, und sei gerne Jedermann unterthänig; bedenke nur, daß du nicht hieher gekommen bist zu herrschen, sondern zu dienen nach dem Beispiele deines göttlichen Bräutigams. —

Befleiß dich, dem Willen Anderer allzeit eher und mehr zu willfahren, als dem deinigen — insoferne solches nicht wider den heil. Gehorsam ist. —

Trachte nicht viel, sondern allzeit am wenigsten zu haben.

Sei ehrerbietig gegen deine Mitschwestern; ehre in ihrer Person das Ebenbild Gottes, die Braut Jesu Christi, den Tempel des heil. Geistes. Rede und handle daher so gegen jede deiner

Mitschwestern, wie du gegen Jesu und Maria dich benehmen würdest — in aller Liebe, Sanftmuth und Geduld.

Falsche Liebe aber wäre es, die Fehler der Mitschwestern vertheidigen und entschuldigen zu wollen — die Wahrheit den Vorgesetzten zu verhehlen, unter dem Vorwand: keinen Unfrieden stiften zu wollen.

In der Liebe Gottes liebe deine Mitschwestern alle; — wie die Pest aber fliehe und vermeide: mit einer oder der andern größere und heimliche Vertraulichkeit zu pflegen, als mit den übrigen; mit einem Worte: Fliehe alle Sonderlichkeiten.

Beleidiger und Beleidigte bitt' alsogleich herzlich und demüthig um Verzeihung. — Ertrage die Schwachheiten deiner Mitschwestern mit Geduld — wie du wünschest, daß man die deinigen ertragen möchte, dann wirst du das Gesetz Gottes erfüllen.

So viel du göttlichen Frieden in dir hast, so viel wirst du auch mit deinen Mitschwestern Frieden und Eintracht haben.

Gebrauche daher fleißig die Waffen des Gebetes und der Buße — und du wirst alle Feinde des Friedens überwinden! —

An Mitteln soll es nicht fehlen, wie ihr gleich hören werdet.

Kapitel II.
Von den Gelübden.

Die erste von den Aposteln gegründete, ausgebildete und geleitete Gemeinde von Jerusalem stand immer auf dem Leuchter da als vollendetes Muster und Vorbild für die ganze Kirche. Auserwählte Seelen sahen von jeher immer auf dieses höchste Ideal der christlichen Gemeinschaft auf Erden hin, um ihr inneres und äußeres Leben darnach einzurichten. Daher gingen von den Zeiten der Apostel an aus dem Schooße der Kirche in allen Gemeinden zahlreiche Genossenschaften von Jungfrauen hervor — eine neue Erscheinung auf Erden — eine neue Pflanze des Evangeliums, Engel im Fleische, die Sorge, Freude und Krone der heil. Väter und Bischöfe, der Hauptschmuck der wahren Kirche Jesu, wodurch sie über jede von ihr getrennte Sekte hervorragt. Durch alle Jahrhunderte herab weckte und gestaltete der heil. Geist in der Kirche unter allen christlichen Völkern zahlreiche Genossenschaften nach diesem Vorbilde. Ja um diese Lebensweise der ersten Gläubigen von Jerusalem leichter, ungestörter und sicherer einhalten, und sich ganz den Uebungen der Gottseligkeit, des innern Lebens, und den Werken der Liebe und Barmherzigkeit hingeben zu können, entschlossen sie sich freiwillig zur lebenslänglichen Enthaltsamkeit und zum Gehorsam unter geistiger Leitung. Daher die 3 Gelübde der Armuth, Enthaltsamkeit, des Gehorsams. So erklärten sie den Krieg — durch Armuth der Begierlichkeit der Augen, durch Enthaltsamkeit der Begierlichkeit des Fleisches, durch Gehorsam der Hoffart des Lebens. So entsagten sie Allem, was sie hatten, durch Armuth den Gütern der Erde, durch Enthaltsamkeit selbst den erlaubten Genüssen des Fleisches, durch Gehorsam ihrem eigenen Willen, d. i. sich selbst. So erfüllten sie alle Forderungen, die Christus, der Herr, an jeden seiner Jünger im strengern Sinne macht: „Wenn Jemand zu Mir kömmt, und haßt nicht seinen Vater, und seine Mutter, und sein Weib, und seine Kinder, und seine Brüder, und Schwestern, ja auch seine Seele, der kann mein Jünger nicht sein. Und wer sein Kreuz nicht trägt, und Mir nicht nachfolgt, der kann mein Jünger nicht sein... Wer nicht Allem entsagt, was er hat, kann mein Jünger nicht sein." Luc. 14, 26, 27, 33. So konnten sie mit den Aposteln in Wahrheit sagen: „Sieh! wir haben Alles verlassen, und sind Dir nachgefolgt; was wird denn uns dafür werden?" — So konnten sie aber auch sicher Anspruch machen auf das, was Christus solchen Jüngern verheißen hat: „Wahrlich sag' ich euch, daß ihr, die ihr Mir nachgefolgt seid in der Wiedergeburt, wenn der Sohn des Menschen auf dem Throne seiner Herrlichkeit sitzen wird, auch auf zwölf Thronen sitzen, und die zwölf Stämme Israels richten werdet." „Ein jeder, der ein Haus, oder Brüder, oder Schwestern, oder Vater, oder Mutter, oder Weib, oder Kinder, oder Acker um meines Namens willen verlassen hat, der wird es hundertfältig wieder bekommen und das ewige Leben besitzen." Mth. 19, 27—29.

Diese Gelübde haben in der Kirche Gottes hohen Werth und großen Einfluß. Dadurch scheiden sich solche religiöse Vereine von der gemeinen Masse der Gläubigen aus, werden gestellt auf den Leuchter als schimmernde Leuchte im dunklen Lande; stehen da in Mitte der Welt zum Zeugniß von der Wahrheit des Evangeliums, das auch nach seinen höhern Forderungen im Leben der Gläubigen sich sichtbar macht; zum Zeugniß von der Macht des heiligen Geistes, der die wahre Kirche, die Braut Jesu immer mit seinen Gaben schmückt; zum Zeugniß von der Lehre und Lebensweise der Apostel, die in der wahren Kirche Jesu allein ihre Freunde und Nachahmer findet. Ueberdieß erhalten solche religiöse Vereine erst durch Gelübde Bestand, Festigkeit, Dauer, höhere Weihe und Sanktion.

Daher kann ich nicht umhin von einem jeden dieser Gelübde insbesondere Einiges zu sagen.

§. 1.
Von dem Gelübde der Armuth.

Daß der Verein der armen Schulschwestern als solcher arm sein soll, und in welchem Sinne, in welcher Ausdehnung er arm sein soll, ist schon oben erinnert worden. — Aber auch jedes einzelne Glied des Vereins soll arm sein, arm in Allem, nicht bloß in dem, was in die Augen der Menschen fällt, sondern auch im Geiste, den der Herr allein sieht; arm, nicht aus Noth und Zwang, sondern aus Liebe Jesu Christi, in Freude des Herzens.

Das Gelübde der Armuth aber fordert insbesondere noch, daß kein einzelnes Glied des Vereins weder Herrschaft noch Eigenthumsrecht über Hab und Gut mehr habe; auch nicht einmal den Gebrauch irgend eines Dinges gestattet selbes, außer mit Erlaubniß der Obern.

Wie nun, auf welche Weise, und in welcher Ausdehnung die Armuth eines jeden einzelnen Gliedes beschaffen sein soll, erörtert euch eure heil. Regel auf das Genaueste.

Schwestern! habt aber wohl Acht! das ist eine gefährliche Klippe, an der viele scheitern und zu Grunde gehen!

Erlaubt sei den Schwestern:
daß jede derselben für sich eigene Kleidung, wenigstens Leibwäsche haben kann, doch auch dieses nur nach erbetener Erlaubniß und nicht in dem Sinne, daß sie sagen dürfe: „Es ist mein eigen;" sondern: „Ich habe es vom Hause zum Gebrauch."

Silberne Eßlöffel darf die Mutter Oberin den kranken Mitschwestern zulassen.

§. 2.
Von dem Gelübde der Keuschheit.

Das jungfräuliche Leben, das Christus vom Himmel auf die Erde verpflanzte, ist eine Erscheinung, die sich nur dort findet und erhält, wo das ganze Evangelium ohne Verstümmlung, Verdrehung und Entstellung, so wie es die Apostel verkündiget und in's Leben eingeführt haben — nämlich auf dem Boden der katholischen Kirche. Die Welt mag wider den Cölibat immerhin schreien so viel sie will; von dem was Christus gelehrt und gegründet hat, wird kein Jota, kein Strichlein verloren gehen; selbst unter den Dornhecken unsrer Zeit werden Lilien aufblühen. Immerfort wird der heil. Geist, die Kraft des Allerhöchsten, die Kirche überschatten, daß sie Seelen erzeuge aus ihrem Schooße, die das göttliche Wort vom ehelosen Leben verstehen, weil es ihnen gegeben ist, solches zu verstehen. Immerfort wird es in der Kirche auserwählte Seelen geben, die der Ehe entsagen, um des Himmelreichs willen. Die Kirche kann aber auch ihrer nicht entbehren. Vom Anbeginn waren die Hauptwerkzeuge in der Hand Gottes zur Ausbreitung und Beförderung des Reiches Gottes auf Erden Ehelose, oder solche, die verehelicht wie Ehelose lebten; denn nur solche, die Allem, allen andern Geschäften, Sorgen und Verbindungen entsagt haben, können sich ganz mit ungetheilten Herzen, Kräften und Interessen der Sache Gottes und dem Heile der Menschen opfern. Solche Jünger und Arbeiter im eigentlichen Sinne fordert Christus. Bei Luc. 14, 29 lesen wir: „Wenn Jemand zu Mir kömmt, und hasset nicht Vater und Mutter, Weib und Kinder, Brüder und Schwestern, ja auch sogar seine Seele, der kann mein Jünger nicht sein." Solchen sichert Er aber auch schon hier in diesem Leben hundertfältigen Ersatz zu, und obendrein das ewige Leben. Math. 19, 29. Nun fordert Christus solche Jünger und Arbeiter, so dürfen wir auch mit Zuversicht erwarten, daß Er von Zeit zu Zeit aus dem fruchtbaren Schooße seiner Braut solche hervorrufen werde, ausgestattet mit der eigenen Gabe, sein Wort von jungfräulicher Enthaltsamkeit zu verstehen.

Wollet nun auch ihr, arme Schulschwestern! in dieser Hinsicht nicht zurückbleiben, sondern der Forderung euers jungfräulichen Bräutigams: „Sie werden sein wie die Engel Gottes im Himmel" nachkommen; so laßt euch folgende Vorschriften und Mittel recht angelegen sein:

Laßt ja keinen Stolz in euern Herzen aufkommen, erhebet euch nicht über andere, „denn der Stolz geht vor dem Falle!"

Fliehet den Müssiggang, alle Weichlichkeit in Worten, Kleidern, Gebärden — mit Spiegeln, wohlriechenden Gewässern u. dgl. Solche Dinge schließt ja schon der Name „arme Schulschwestern" aus.

Seid sparsam in Speis und Trank; denn Unmäßigkeit, Vollsättigung und ein zorniges Gemüth vereinbart sich nicht mit der Keuschheit.

Fliehet das Sprechzimmer und überhaupt die vertrauliche Gemeinschaft mit der Welt — wie die Pest — sonst werdet ihr davon angesteckt.

Verschließet dem Satan und der Welt Thür und Thor — d. h. bewahret alle eure Sinne, besonders die Augen, in heiliger Eingezogenheit — auch vor euch selbst — und wachet beständig; denn wir tragen ja einen kostbaren Schatz in gar zerbrechlichen Gefäßen.

Weil endlich die Keuschheit eine Gabe Gottes ist, so ermahne ich euch bringend: „Betet ohne Unterlaß!" besonders zur Zeit der Versuchung, fliehet sogleich zu Jesu und Maria; empfanget allzeit mit heil. Andacht den hochheiligsten Fronleichnam des Herrn; und seid ihr sodann theilhaftig geworden des Fleisches und Blutes Jesu — euers Bräutigams, dann wird Er euch, der gute Hirt, vom blutdürstigen Wolfe nicht zerfleischen lassen.

Also Schwestern! „Wachet und betet" und betet und wachet, wenn ihr einst mit den klugen Jungfrauen in den Hochzeitsaal eingelassen — dort im himmlischen Sion im Chore der Jungfrauen das neue, unvergleichliche Lied singen, und dem Lamme Gottes überall hin nachfolgen und mit Ihm herrschen wollet in Ewigkeit! Off. Joan. 14.

§. 3.
Vom Gelübde des Gehorsams.

Gehorsam ist das Band des Universums und seiner Theile. Löset dieses Band auf, und Alles tritt aus den Fugen, und zerfällt in Staub. Gehorsam ist die Grundlage und Grundbestimmung der Weltordnung, der Beruf der ganzen Schöpfung. Es ist ja nur Ein Gott, Ein Schöpfer, Ein Herr; also steht Alles, was nicht Gott ist, alles Geschaffene, das Sichtbare und Unsichtbare, unter der Macht und dem Willen des Einen Schöpfers, des Einen Herrn. Abhängigkeit, Unterthänigkeit, Gehorsam gehört zum Wesen eines jeden Geschöpfes. Nur durch Gehorsam erfüllt jedes Geschöpf seine Bestimmung, und erreicht sein Ziel. Ein Geschöpf ohne Gehorsam, das nur seinen eigenen Willen geltend machen und durchführen will, ist ein Unding im Universum, trägt den Widerspruch und somit den Keim der Hölle in sich.

Ein jeder Menschenverein bildet ein kleines Universum im großen Universum. Wird also nicht der Gehorsam das Lebens-Element eines jeden Menschenvereins, besonders eines religiösen sein müssen?

Sehet! alle geschaffenen Wesen, alle Elemente, alle Sonnen und Sterne, alle leuchtenden Welten, die durch die unermeßlichen Räume des Universums die Macht und das Lob des Schöpfers verkünden, gehorchen Seinem Willen — dem Willen Gottes.

Alle halten die Bahn ein, die ihnen der Schöpfer angewiesen, alle bewegen sich in dem Kreise, den Er ihnen gezogen hat, Alles fügt sich seinem Willen. Nur Engel im Himmel und Menschen auf Erden machten eine traurige Ausnahme in den großen

Reigen der Geschöpfe; Engel im Himmel lehnten sich auf gegen die Oberherrschaft des Schöpfers, und was geschah? — Der Himmel gohr sie aus, und im Reiche der Geschöpfe entstand ein Höllenreich, bevölkert von verstoßenen Engeln, von den Teufeln, und das Haupt der Empörung, der Lichtengel, ward der Fürst der Finsterniß — ohne Hoffnung künftiger Erlösung. — Der Mensch auf Erden sagte sich, verführt vom Fürsten der Finsterniß, vom Gehorsame gegen seinen freundlichen Schöpfer los, schuf sich einen eignen Willen dem göttlichen gegenüber, und daher die Sünde, die Zerrüttung und aller Jammer, der auf dem Menschengeschlechte lastet; doch nicht ohne Hoffnung kommender Erlösung. Sehet da, wohin der Ungehorsam führt, welche Früchte er bringt!

Soll aber der Mensch wieder mit Gott versöhnt, wieder in's Reich Gottes zurückgeführt werden; so kann dieß nur durch Opfer des vollkommensten Gehorsams bewirkt werden. Durch Gehorsam muß die Sünde des Ungehorsams gesühnet, die Lücke ausgefüllt, und die Brücke zwischen den beiden getrennten Reichen — der Finsterniß und des Lichtes — hergestellt werden. Und wirklich auf diesem Wege eröffneten Gottes Erbarmungen dem Menschengeschlechte abermal die Pforten des Himmelreiches. „Wie durch die Sünde eines Einzigen über alle Menschen das Todesurtheil kam; so kömmt durch die Gerechtigkeit eines Einzigen auf alle Menschen Gerechtigkeit und Leben. Durch den Ungehorsam eines einzigen Menschen sind viele Menschen Sünder geworden; aber ebenso werden viele durch den Gehorsam eines Einzigen wieder als Gerechte hergestellt werden" schreibt der heil. Paulus an die Römer 5, 18, 19, und ich füge nach der Lehre der heil. Väter noch bei: „Wie durch den Ungehorsam Eines Weibes der Weg zur Sünde und Verwerfung, so ist durch den Gehorsam Eines Weibes der Weg zur Gnade und Rettung angebahnt worden."

Daher ist das ganze Leben Jesu von der Krippe bis zum Kreuze lauter Unterwerfung — Gehorsam. Der Weltapostel faßt die ganze Lebensgeschichte Jesu in die wenigen Worte zusammen: „Er hat sich selbst entäußert und die Gestalt eines

Knechtes angenommen. Er hat sich selbst erniedriget, und ward gehorsam bis zum Tode, und zwar bis zum Tode am Kreuze. Eben darum hat Ihn Gott auch erhöhet." Phil. 2, 7—9.

Christus geht voraus; wer Ihm nachkommen und — an seiner Herrlichkeit Theil nehmen will, muß denselben Weg wandeln, den Weg der Erniedrigung und des Gehorsams. Das ganze Evangelium Jesu Christi arbeitet dahin, den Stolz des Menschen zu brechen und unter das Joch zu beugen. Nach dem Evangelium ist der Gehorsam das Fundament, der feste Stab, der sichere Leitstern und das einzig zuverlässige Malzeichen des christlichen Lebens überhaupt, und der evangelischen Vollkommenheit insbesondere.

„Thut Buße!" mit diesen Worten eröffnet Christus sein Evangelium vom Reiche Gottes. — „Thut Buße, denn das Reich Gottes ist nahe!" Um das Reich Gottes zu erfassen, in sich aufzunehmen und demselben wieder einverleibt zu werden, muß von unserer Seite nothwendig vorausgehen — Buße, d. i. Umwandlung, Wiedergeburt des ganzen innern Menschen. Ein neues inneres Geschöpf muß aus dem Grabe des alten erstehen; die Hoffart muß der Demuth, der Ungehorsam dem Gehorsam Platz machen. Darum nimmt der Glaube den Verstand des Menschen in Anspruch, und unterwirft seinen Stolz dem Worte Gottes; der Gehorsam zügelt den Willen des Menschen, und beugt ihn unter den Willen des Herrn.

Der Glaube ist die fortgesetzte Buße des Verstandes, und der Gehorsam die immerwährende Buße des Willens. Wer glaubt, trägt den Namen eines Christen; wer glaubt und gehorcht, ist Christ in Geist und Wahrheit, in Wort und That. Der Gehorsam ist der Inbegriff aller Tugenden und aller christlichen Vollkommenheit. Eine weibliche Seele, die in Wahrheit, vor Gottes Angesicht, in Gegenwart des Engels von sich sagen kann: „Ich bin die Magd des Herrn, — ist eine Maria."

Genossin eines religiösen Vereins! bilde dir ja nicht ein, wofern du dich nicht selbst täuschen willst, daß du eine einzige Tugend besitzest, wenn es dir an Gehorsam fehlt. Ohne Gehorsam ist alles nur Schein, was an dir glänzt. Deine Tugend hält in der Prüfung nicht Probe; denn es fehlt dir an Gnade, die nur dem Demüthigen zugesichert ist; vielmehr du hast wie alle Stolzen Gott wider dich, ja der ganze Erdkreis kämpft für Ihn wider dich. Immerhin magst du den Augen der Menschen als ein edler Baum im Gärtlein Gottes erscheinen; du bist doch ein verdorbner Baum und wirst keine Früchte bringen, wenn du aber auch Frucht bringst, so ist sie durchgehends wurmstichig, weil es dir an Gehorsam — an Demuth des Herzens gebricht. Die Demuth des Herzens legitimirt sich allein durch Gehorsam; alle andern Gestalten und Formen der Demuth ohne Gehorsam sind Larven, unter denen sich gar oft auch der Geist der Hoffart versteckt.

Christliche Seele! willst du wissen, wie es mit deinem geistlichen Leben, mit deiner Vollkommenheit stehe, so untersuche deinen Gehorsam. Dieser wird dir zum sichersten, unpartheiischen Maßstabe dienen, um die Länge, Breite und Tiefe deiner evangelischen Vollkommenheit auszumessen; um auszukundschaften, ob und wie weit du in's Reich Gottes deine Schritte gelenkt hast; ob und wie weit du Christo ähnlich bist. — Diese Wahrheit leuchtet so hell, als die Sonne am Mittagshimmel; denn nur dort besteht Gottes Reich, wo Gott regiert, wo Er als Herr anerkannt wird, und seiner höchsten Oberherrschaft Alles in Unterthänigkeit huldiget; wo sein Wille als das höchste und einzige Gesetz gilt, dem sich alle Kräfte des Leibes und der Seele, dem sich Verstand und Wille vernünftiger Geschöpfe freudig unterwerfen. So lange also der Eigenwille noch in dir spukt, und sich durch Ungehorsam oder durch knechtische Form des Gehorsams kund gibt, so lange der Eigenwille dem göttlichen gegenüber seine Stimme noch geltend machen, und wo nicht ganz allein herrschen, doch mitherrschen will; so lange sage ja nicht, daß du das Reich Gottes erobert und in Besitz genommen hast. Im Reiche Gottes ist nur Ein Herr, Ein Wille. Alle wollen nur, was Gott will, und das macht alle heilig und selig, und zu Genossen der göttlichen Allmacht und Herrlichkeit. Wie nun im Himmel, also soll's auch auf Erden geschehen. Was wir einst dort durch alle Ewigkeit thun werden, das müssen wir hier lernen, einüben und zu unserm

Lebensgeschäfte machen; darum beten wir auch nach der Anweisung desjenigen, der uns recht beten und recht leben gelehrt hat: „Vater! Dein Wille geschehe, wie im Himmel, also auch auf Erden!" Das heißt streben nach höherer Vollkommenheit; das heißt streben, Christo gleichförmig zu werden in Gesinnung und Leben, Ihm, der gekommen ist, nicht seinen Willen zu thun, sondern den Willen Desjenigen, Der Ihn gesandt hat; Der den Gehorsam gegen seinen himmlischen Vater seine Speise nannte; Der wiewohl der Sohn des Allerhöchsten, doch in väterlicher Hütte 30 Jahre hindurch seinen Eltern unterthänig war; Der während der 3 Jahre seines öffentlichen Lebens Zoll- und Tempelsteuer zahlte, und jedem Gesetze sich unterwarf, ja dem ungerechtesten Urtheile seiner Feinde sich unterwarf, die Ihn ohne Grund haßten und zum Tode verurtheilten; Der sich ihnen unterwarf, weil ihnen die Macht von oben gegeben war; Der, um das Werk unserer Erlösung zu vollbringen, vom Himmel herabkam unter dem Rufe: „Vater! sieh! ich komme, Deinen Willen zu thun," Pf. 39; Der endlich, als seine Stunde gekommen war, dem Leiden und Tode entgegenging in gänzlicher Unterwerfung, indem Er sprach: „Vater! nicht mein Wille geschehe, sondern der Deine," und gehorsam ward bis zum Tode, ja zum Tode am Kreuze.

Christliche Seele! hell leuchtet dieß göttliche Vorbild des Gehorsams auf dem Berge am Kreuze, und ruft dir mit freundlicher Stimme zu: „Folge mir nach!" Weh' dir aber, wenn du zurückbleibst!

Der Eigenwille ist die Grundwunde des Menschen, und der Gehorsam das radikale Heilmittel dieser Wunde. Erst dann, wenn der Eigenwille im Gehorsam untergegangen ist, so daß selbst in der Stunde des Leidens und der Angst, selbst am Kreuze aus der Tiefe deiner Seele kein anderer Laut hervorbricht, als: „Vater! Dein Wille geschehe!" dann ist der alte Sündenmensch in dir abgestorben, dann lebt in dir der neue Mensch — Christus; dann lebt Gott in dir, und du in Gott; dann ist das Reich Gottes dir zugekommen, und besteht in dir.

Willst du demnach, Schulschwester! deinem Herrn und Bräutigam wie in der Armuth und Reinigkeit des Herzens, so auch im

Gehorsam Schritt für Schritt nachfolgen; willst du den schnurgeraden, unfehlbaren Weg zum Himmel laufen; den göttlichen Frieden in deinem Herzen bewahren; Gott, der seligsten Jungfrau und dem ganzen Himmel wohlgefällig sein; dem klösterlichen Verein Nutzen schaffen; dir selbst aber recht viele Verdienste — Schätze — für den Himmel sammeln und heilig werden, wie du sollst: so höre noch aufmerksam, wie du den Gehorsam üben sollst:

In der Voraussetzung, daß der Gehorsam das erste und vornehmste der 3 Ordensgelübde ist, und von deinen Vorgesetzten das Wort des Herrn gilt: „Wer euch hört, hört Mich; wer aber euch verachtet, verachtet Mich ꝛc." betrachte allzeit in deinen Obern die Person Jesu Christi, und bedenke, daß Gott selber durch ihren Mund zu dir spricht; höre und befolge demnach so andächtig und demüthig, was sie dir verbieten oder gebieten — als ob dir Jesus Christus selber einen Verweis gebe — oder dir etwas anbefehle.

Weil in einem klösterlichen Vereine Alles, was im Gehorsam geschieht, Dienst Gottes ist — Gebet und Arbeit, sei es in der Schule oder Küche, wie Ruhe und Erholung; — Gott aber die Lauen und Trägen haßt und verwirft, so trachte, daß dein Gehorsam vollkommen werde. Dahin gelangst du auf 4 Stufen, wenn nämlich dein Gehorsam: **hurtig, genau, einfältig und fröhlich ist.** Also

Gehorsame **hurtig**, d. h. ohne Verzug, ohne Widerrede, ohne Entschuldigung, schnell — wie wenn dir Jesus und Maria riefe, sobald das Glöckchen oder die Stimme deiner Obern erschallt. Laß Alles liegen und stehen, und eile, den Willen deines Herrn zu vollziehen, sonst möchtest du zu spät kommen, wie die thörichten Jungfrauen, und aus dem himmlischen Hochzeitssaale ausgeschlossen werden.

Gehorsame **pünktlich, genau**, d. h. thu' alles gerade so, mit allem Fleiße, gerade zu der Zeit, wie es deine Vorgesetzten und Ordensregel dir vorschreiben. Gott, der Alles sieht und überall gegenwärtig ist, gibt genau Acht, wie du seinen Dienst, sein Werk verrichtest. „Wer im Kleinen nicht treu ist, wie wird der im Großen treu sein?" Höre, was Gott durch den heil. Geist spricht: „Die Lauen werde ich, wie den Unflath aus dem Munde ausspeien," und „Verflucht sei der, der den Dienst Gottes nachlässig verrichtet."

Gehorsame einfältig, wie ein kleines Kind, ohne zu klügeln und zu fragen: warum? Traue der alten Schlange nicht, wenn sie dir, wie einst der Eva zuflüstert: „Warum das?" (Gen. 3, 1.) Antworte ihr alsogleich: Gott befiehlt es durch meine Vorgesetzten, und geh deinen Weg. Endlich

Gehorsame fröhlich. „Einen fröhlichen Geber liebt Gott," sagt der heil. Apostel Paulus.

Haltet euch an die schöne Regel: „Begehre nichts, und schlage nichts aus;" und vergeßt das Wort des Herrn nicht: „Willst du eingehen in's ewige Leben, so halte die Gebote," die dir Gott durch deine Vorgesetzte und Ordensregel auferlegt.

In Hinsicht der 3 Gelübde, außer welchen die Schulschwestern noch ein viertes in Betreff der Erziehung und des Unterrichtes der weiblichen Jugend abzulegen haben, empfehle ich den armen Schulschwestern das Urklösterlein von Nazareth zum Vorbilde. Es besteht nur aus 3 Gliedern: Jesus, Maria und Joseph. Aber sieh! wie Alles so arm, so keusch, so gehorsam! Wie arm in Wohnung, Kleidung, Nahrung! Arbeitsamkeit schafft herbei, was der Armuth genügt. Der Tag theilt sich in Arbeit und Gebet — und fließt dahin in lauter Gottesdienst. Ruhe und Schlaf folgen nach dem Gesetze des Herrn, und gleiten nicht hinaus über die Linie des natürlichen Bedürfnisses. In dem Klösterlein zu Nazareth herrscht Stille — das strengste Silentium; denn unnützes Geschwätz verträgt sich nicht mit der Arbeitsamkeit und Andacht. — Arm ist dieses Klösterlein, aber Friede und Zufriedenheit, Eintracht und Seligkeit — das Reich Gottes hat sich darin niedergelassen. Und unter den Flügeln der Armuth, Arbeitsamkeit und Andacht ruht sicher und ungestört die Keuschheit. Sieh nur im Klösterlein von Nazareth, wie keusch, rein und jungfräulich Alles! Joseph der keusche Bräutigam; Maria die keusche Braut, reiner als die Engel; Jesus, der keuscheste Liebhaber und Geliebte aller keuschen, jungfräulichen Seelen. O gebenedeites Klösterlein von Nazareth, du Stammhaus, du Wiege, du Sitz der Keuschheit! in dir hat sich das englische Leben, jungfräuliche Enthaltsamkeit, als sie sich vom Himmel auf die Erde herabverpflanzte, niedergelassen; von dir ging sie aus, von dir aus verbreitete sie sich über den Erdkreis, sie die geistliche Rose des neuen Bundes, die köstlichste Perle in dem Brautschmucke der Kirche Jesu.

Arme Schulschwestern! Sehet oft hin auf die Armuth des Klösterleins von Nazareth, und liebet die Armuth, haltet sie fest, und lasset sie nicht mehr aus euerm Klösterlein entschlüpfen. Sehet recht oft hin auf das jungfräuliche Leben in dieser gottseligen Hütte zu Nazareth, und bleibet keusch, jungfräulich, heilig an Leib und Seele. Uebersehet aber dabei ja nicht den Gehorsam, der in diesem Urklösterlein Alles vereiniget, verbindet, heiliget. Gott macht seinen Willen kund dem Engel, der Engel dem Joseph, Joseph der Mutter, die Mutter dem Sohne, der Sohn gehorcht der Mutter, die Mutter dem Manne, der Mann dem Engel, der Engel Gott — Alle hurtig, in Einfalt und Fröhlichkeit, vollkommen. O heiliger Gehorsam, du Kette, die unsere Erde an den Himmel knüpft, an Gott, den Ring, der Alles trägt. Seht da die wahre Himmelsleiter! O blicket oft hin auf das Lichtlein, das in Nazareth leuchtet, zwar still wie ein Sternlein in dunkler Nacht, aber rein und hell. Selig und gesegnet werdet ihr sein, wenn euer Klösterlein eine kennbare Kopie dieses göttlich-menschlichen Originals sein wird. —

Nun stellen sich noch zwei Fragen dar, die ich der Zeit, den Umständen und dem Hauptberufe des Vereins angemessen beantworten will: Wann? sollen die Gelübde abgelegt werden und wie? Einfach oder feierlich? Auf Zeit oder Lebensdauer?

1. Nach der Einkleidung bleiben diejenigen, die sich in den Verein aufnehmen ließen, noch 2 Jahre, nach Gutdünken der M. Oberin auch 3 Jahre und noch länger im Noviziate. Eigentliche Klosterämter den Novizinnen übertragen, ist nicht rathsam, wenn es nicht besondere Umstände erheischen; wohl aber können die Schulaspirantinnen während des Noviziates als Gehülfinnen in der Schule verwendet werden: a) damit sie das Erlernte nicht vergessen und außer Uebung kommen;

b) damit sie sich weiter ausbilden und befähigen; c) wird Gott verhüten, daß, weil sie außer den geistlichen Uebungen doch immer Arbeit und Beschäftigung haben müssen, durch solche berufsmäßige Beschäftigung dem Fortschreiten im geistlichen Leben kein Abbruch geschehe.

2. Nach vollendetem Noviziate können und sollen sie die Gelübde ablegen; jedoch, weil nun einmal die Lage der Dinge so ist, vorerst einfach auf 3 Jahre. Zu den feierlichen Gelübden, für die ganze Lebensdauer, können sie erst gelassen werden, wenn weder kanonische, noch politische Gesetze — noch auch besondere moralische Fehler des fraglichen Individuums selber mehr entgegenstehen.

Kapitel III.
Von der Schutzwehr der Gelübde.

Die Tugend überhaupt, besonders aber die jungfräuliche Reinigkeit ist eine überaus zarte Pflanze, welche in freier Luft, ohne Obdach, ohne Schutz, ohne besondere Pflege und Wärme nicht fortkommen und gedeihen kann. Ein klösterlicher Verein kann darum zur Bewahrung und Handhabung seiner Gelübde gewisser Hülfs- und Schutzmittel nicht entbehren. Die vorzüglichsten dieser Schutzmittel sind:

1. Klausur, 2. Gebet, 3. Abtödtung, 4. Stillschweigen, 5. Kleidung.

1. Klausur.

„Ihr seid gestorben, und euer Leben ist mit Christus verborgen in Gott!" Worte des heil. Paulus an die Kolosser 3, 3., die allen Christen überhaupt, insbesonders aber den Ordensgeistlichen gelten. Dieses Leben sucht der heil. Geist an seiner Braut, indem Er zu ihr spricht: „Du bist ein verschlossener Garten, meine Schwester, meine Braut!" Kant. 4, 12.

Demnach soll die Klausur des Herzens und des Hauses streng beobachtet werden auch von euch, arme Schulschwestern! Das Letztere jedoch mit Rücksicht auf die Berufsgeschäfte und Lokalverhältnisse euers klösterl. Vereins. Für den Fall der Nothwendigkeit, in welchem auswärtige Personen in das Klösterlein einzulassen sind; wenn nämlich der Arzt zu Kranken aus euch kommt, oder Arbeitsleute das Gebäude auszubessern haben, oder Wägen abzuladen sind — soll die Mutter Oberin ein für alle Mal den hochwürdigsten Bischof bittlich um Erlaubniß ankommen. In das Pensionat dürfen nur die Betheiligten der Kostkinder zur Besichtigung der Lokalität eingelassen werden.

Allein sollte sich anderswo ein Filial-Verein bilden, wo die armen Schulschwestern keine eigene Hauskapelle, keinen eigenen Gottesdienst haben, so bleibt ihnen in diesem Falle nichts übrig, als die Schwelle ihrer Pforte zu überschreiten, um in der Pfarrkirche dem Gottesdienste beizuwohnen. Der jungfräuliche Sinn, der euch überall hinbegleiten wird, wird dann die Stelle der Klausur vertreten. Wenn Maria, die Königin der Jungfrauen, die Mutter unsers Herrn, an den Festtagen mit Joseph nach Jerusalem zum Tempel hinaufwallte, wird sie nicht auf dem Wege, im Tempel die strengste Klausur beobachtet haben? Töchter der allerheiligsten Jungfrau! wandelt, wenn ihr euer Haus verlasset, euern Weg zum Tempel wie eure Mutter Maria, und ihr traget mit euch die strengste Klausur.

2. Gebet.

Beten ist Naturbedürfniß, das Element des innern, geistigen Lebens. Wen es nicht von Innen herausdrängt zum Beten, der hat noch nicht angefangen, geistig in Gott zu leben; denn wo kein Athmen — dort ist auch kein Leben. Beten ist das Athmen des Geistes.

Wie aber soll das gemeinschaftliche Gebet beschaffen sein?

Gemeinschaftliches Gebet muß in jedem religiösen Verein geübt und festgehalten werden. Die Glieder des Leibes, die Ein Herz und Eine Seele haben, beten auch aus Einem Munde. Der erste christliche Menschenverein in Jerusalem führte gemeinschaftliches Gebet ein, und harrte einmüthig darin aus. Und von jener Zeit an gab es in der christlichen Welt keine geistliche Genossenschaft ohne gemeinschaftliches Gebet. Ja wahrhaft fromme Seelen schließen sich darum an irgend eine religiöse Genossenschaft an, um in Gemeinschaft zu beten und dem Herrn zu dienen. Wem einmal das Wort des Herrn: „Wo zwei aus euch auf Erben einstimmig sein werden; so sollen sie alles, um was sie bitten werden, von meinem Vater erhalten, Der im Himmel ist. Denn wo zwei oder drei in meinem Namen versammelt sind, da bin Ich in ihrer Mitte. Mt. 18, 19, 20; wem einmal dieses Wort durch das Ohr in das Herz hinabgestiegen ist, der fühlt das Bedürfniß, — der kennt und fühlt die Kraft des gemeinschaftlichen Gebetes, und wird sich bald nach verwandten Seelen umsehen, mit denen er gemeinschaftlich beten könne.

Nicht ohne Grund war also der fromme und erleuchtete Bischof Wittmann ein so großer Freund des gemeinschaftlichen Gebetes; nicht ohne Grund drang er mit der unwiderstehlichen Macht seiner sanften Rede darauf bei denen, die ein gemeinschaftliches Leben führten. Der seligste Augenblick für ihn war es, wenn er mit einem vertrauten Freunde beten konnte. Wer genoß einmal seines Umganges, und hörte ihn nicht seufzen und jammern über das Verstummen des gemeinschaftlichen, besonders des nächtlichen Gebetes seit Aufhebung der Klöster? Wer sprach ihn, und hörte nicht das prophetische Wort aus seinem Munde: daß weder für Kirche noch Staat bessere Zeiten kommen werden, so lange nicht wieder Vereine frommer Seelen aus der Erde aufsprossen, die auf dem Berge mit zum Himmel erhobenen Händen betend wider die unsichtbaren Mächte der Finsternisse, d. i. dieser Welt, ringen und kämpfen, während die übrigen Kinder Israels im Thale mit sichtbaren Waffen wider die sichtbaren Feinde streiten. Ganz besonders eiferte der Mann Gottes für gemeinschaftliches Gebet in Psalmen und Gesängen der heil. Schrift; und mit Recht. Diese Psalmen und Gesänge sind heilig in ihrem Ursprunge; denn sie sind Gottes Wort und Ausfluß des heil. Geistes, der sich durch den Mund heiliger Seher und Sänger ergoß, um die Menschen zu lehren, wie sie Gottes Lob auf Erden verkünden sollen. Diese Psalmen und Gesänge sind geheiliget durch den Gebrauch; denn von jener Zeit an beteten in diesen Psalmen und Gesängen die Kinder Gottes und alle Heiligen des alten und neuen Bundes bis zum heutigen Tage.

Erhebend ist der Gedanke, wenn ich die Psalmen bete: Tau=

send und abermal Tausend der Kinder Gottes und Heiligen auf Erden vor mir beteten zu Gott in denselben Worten; und Tausend und abermal Tausend der Kinder Gottes und Heiligen auf Erden beten jetzt mit mir in denselben Worten — und in dem weiten Umfange der lateinischen Kirche sogar in derselben Sprache, in denselben Lauten! Welch' ein herrlicher Chor der Sänger Gottes auf Erden!

Also meine armen Schulschwestern! betet, betet gemeinschaftlich, betet in Psalmen und Gesängen der heil. Schrift. Einen eigentlichen Chor- und Psalmengesang werdet ihr anfangs nicht einführen können, denn er fordert eine größere Anzahl der Stimmen, die ihr jetzt noch nicht ausfüllen könnet; aber das göttliche Officium könnet ihr doch miteinander beten.

3. Abtödtung.

Nach dem Ausspruche des Herrn: „Ich bin nicht gekommen, die Gerechten zu suchen, sondern die Sünder" müssen wir uns Alle ohne Ausnahme als arme Sünder erkennen und bekennen; deßhalb gilt auch uns Allen ohne Ausnahme jenes Wort: „Thut Buße, das Himmelreich ist nahe!" Es wird wohl kaum ein Tag vergehen, an dem nicht auch ihr arme Schulschwestern

bei der mittägigen und abendlichen Gewissenserforschung einige Unvollkommenheiten, Zerstreuungen, Unterlassungen des Guten, Sünden der Zunge u. dgl. an euch findet. Eilet deßhalb, sobald ihr könnet, euer beflecktes Hochzeitskleid wieder rein zu waschen durch das Blut Jesu Christi

in der heil. Beicht, und Den in euer Herz zu empfangen, Der euch allein wieder heilen, und in kommenden Versuchungen rein bewahren kann — Jesum Christum im heiligsten Altarssakrament; wozu ihr alle Sonn- und Feiertage, wohl unter der Woche einigemal — jedoch nicht über vier Mal gehen werdet.

Außer der heiligen Messe gibt es keine Uebung, welche Gott angenehmer, zur Aufrechthaltung und Ausbreitung euers klösterlichen Vereins heilsamer wäre, als

die Anbetung Jesu im allerheiligsten Altarssakrament, welche zum großen Troste von den ältern Schwestern geübt werden könnte, die, müde von der Hitze und Last des Tages, von ihren kleinen Filialen in das Mutterhaus heimkehrend, dort am Abende ihres Lebens ruhen könnten bei den Füßen Jesu.

Uebet euch eifrig in der Betrachtung und seid treu in Ausübung der dabei gemachten Vorsätze.

Im mitternächtlichen Gebete werden jene Schwestern Gott dienen, welche nicht durch Krankheit verhindert sind und dazu bestimmt werden.

Die Hausschwestern haben statt des Breviers täglich den heil. Rosenkranz zu beten, entweder in der Kapelle während des öffentlichen Gottesdienstes, oder außerdem nach Umständen.

Ueberdieß sind eure Berufsarbeiten ein großes, Gott angenehmes und überaus verdienstliches Bußwerk, wenn ihr selbe im heil. Gehorsam verrichtet, und Gott aufopfert.

Rücksichtlich des Fastens wird Gott mit euch, arme Schulschwestern! zufrieden sein, wenn ihr — ohnedieß größtentheils vom Almosen lebend — das esset, womit sich die armen Leute des Ortes begnügen. Die heil. Adventzeit sei eure kleinere, und die 40tägige eure größere Fastenzeit.

Ein vortreffliches und Gott wohlgefälliges Bußwerk ist ferners die Bezähmung der Zunge; beobachtet daher fleißig das Stillschweigen. „Im Stillschweigen und Hoffen wird eure Stärke sein!"

An jedem Freitag oder Sonntag werden die Schulschwestern ihre Schuld im gemeinsamen Capitel bekennen und Bußen dafür üben.

Treibt die Liebe des heil. Geistes eine oder die andere Schwester überdieß zu freiwilligen Bußwerken an, so offenbare sie dieß in aller Einfalt und Demuth der Mutter Oberin, welche ihr mit mütterlicher Vorsicht den Gehorsam auferlegen wird, den sie sodann als den Willen Gottes erkennen soll.

Wenn der heil. Paulus, das Gefäß der Auserwählung, von sich selbst sagt: „Ich halte meinen Leib in Zucht, und bringe ihn unter die Knechtschaft, damit, während ich andern predige, ich nicht selbst verworfen werde," so werdet wohl auch ihr Schulschwestern! in einem ähnlichen

Verhältnisse in Hinsicht auf Erziehung und Unterricht der Kleinen lebend, euch vom Bußethun nicht lossagen können und wollen.

4. Stillschweigen.

Ein untrügliches Zeichen, daß in euerm religiösen Verein, arme Schulschwestern! wahre Bußfertigkeit und Andacht herrsche, die geistliche Zucht blühe, der heil. Geist wohne und walte, wird sein, wenn darin das Stillschweigen beobachtet werden wird. Denn „das Stillschweigen wird in der Seele die Gerechtigkeit pflegen!" Jf. 32, 17. und: „Wer seinen Mund bewahrt, bewahrt seine Seele." Sirach 13, 3. Viele sind schon durch's Schwert gefallen, mehr aber noch durch die Zunge; Sir. 19, 15., weil „viel Reden nicht ohne Sünde abgehen wird," denn die Zunge ist ein nie ruhendes Uebel, und strotzet von tödtendem Gifte; Jac. 3, 8; sie ist die Fülle der Ungerechtigkeit, befleckt unsern ganzen Leib, und bringt das ganze Naturrad in Flammen, wenn sie einmal von der Hölle in Brand gesteckt ist. 3, 6. Darum „wird es einem geschwätzigen Menschen nicht wohlergehen auf Erden." Pf. 139, 12. — Der göttliche Heiland, der da kam, um das Gesetz zu erfüllen, betheuert: „Wahrlich Ich sage euch, daß die Menschen von einem jeden unnützen Worte, das sie geredet haben, am Tage des Gerichtes werden Rechenschaft geben müssen" „Eure Rede sei — ja, ja, nein, nein; was darüber ist, ist vom Bösen" Mt. 5, 37. „Es ist demnach eine Zeit zu schweigen und zu reden." Eccl. 3, 7.

Das geheiligte, regulirte Silentium (Stillschweigen), welches die Mutter der Andacht, Gemüthsruhe und vieler Tugenden ist, soll im ganzen Hause streng gehalten werden von dem Abendgebete an bis nach vollendeter Non am andern Morgen. Im Chor, Refektorium und Dormitorium (wo ihr solche habet) desgleichen zu allen andern Stunden. Im Falle einer wichtigen Nothwendigkeit soll man kurz und still reden.

Wenn es Zeit zum Reden ist, Schwestern! so gebrauchet eure

Zungen als gottgeweihte Werkzeuge zum Lobe und zur Verherrlichung euers göttlichen Bräutigams und zur Erbauung des Nächsten. Willst du aber das, so „mache eine Wage für deine Worte, damit du sie abwägest, ehe du sie hervorbringst" Eccl. 28, 29, besonders bei Besuchen von Auswärtigen. Davon wirst du selten ohne Verletzung deines Gewissens in deine Zelle zurückkehren.

Euer Wahlspruch sei: „Wer Vater oder Mutter, Bruder oder Schwester mehr liebt, als Mich, ist Meiner nicht werth" und „Wer einmal die Hand an den Pflug legt (Gott zu dienen), und wieder umsieht (nach Welthändeln), der taugt nicht zum Himmelreich." Luc. 9, 62.

5. Kleidung.

Auch eure Kleidung soll ankündigen, welchen Beruf und welche Ordensregel ihr euch gewählt habt; — sie sei also religiös, arm, ehrbar. Da ihr, wenn Gott eure Schwesterschaft verbreitet, den Verkehr mit Weltleuten nicht vermeiden könnet, so wird es gut sein, wenn ihr selbst im Kleide einigen Schutz und Vortheil findet.

In Betreff der Kleidung soll unter euch kein anderer Unterschied sein, als daß jene, welchen die Besorgung der häuslichen Arbeiten obliegt, einen haltbareren schwarzen Stoff und weißen Schleier erhalten. In Filialen, wo die Schwestern ihr Häuschen verlassen müssen, um in der Pfarrkirche dem Gottesdienste beizuwohnen, kann in der Kopfbedeckung eine Aenderung geschehen.

Kapitel IV.
Von der Leitung des Vereins.

Wie der Menschen-Körper nicht ohne Haupt sein und bestehen kann; so auch keine Menschengesellschaft, keine Menschen-Vereine ohne ein Mitglied, das an der Spitze steht, das Ganze überschaut und leitet. Von der Oberaufsicht und Oberleitung, die über jeden religiösen nach göttlichem Rechte dem hochwürdigsten Ordinarius ausschließlich zusteht und obliegt, bedarf es hier keiner Erwähnung, sondern nur von der häuslichen Leitung und Aufsicht. Diese wird nur Einer aus den Schwestern anvertraut, die darum allein den Namen führen soll: **Mutter Oberin**; alle übrigen werden Schwestern genannt."

Dieß sind die **Grundlinien** der Verfassung, die der Stifter des klösterlichen Vereins den armen Schulschwestern gegeben hat. Wie weise sind sie und wie herrlich! Wahrlich! aus einer solchen Wurzel konnte nichts anders erwachsen, denn der großartige Baum, unter dessen Schatten Tausende Kühlung, von dessen Früchten Tausende Nahrung erlangen.

C. Das Wirken des klösterlichen Vereins der armen Schulschwestern.

Neben der allgemeinen Wirksamkeit aller klösterlichen Vereine durch ein vollkommnes Leben der Welt die Möglichkeit eines im Himmel wurzelnden Wandels darzustellen, hat gleichwohl jeder Orden das Gepräge eines nach Innen und Außen ihm speciell inwohnenden Charakters. Der klösterliche Verein der Schulschwestern hat nach Außen vor Allem die Schule zum Schauplatze seines Wirkens gemacht. Wir lassen wieder den Stifter darüber reden:

„**Die Schule oder Hauptbestimmung des Vereins.**

Die Schule ist das Feld, in welches der Herr seine Mägde zur Arbeit gesandt hat. Wenn sie in dem ihnen angewiesenen Platze die Last des Tages und der Sonnenhitze getragen haben, dann dürfen sie am Abend auf den bedungenen Lohn sicher zählen. Von der Schule aber erwartet das Menschenkind:

1) **Unterricht.**

Was die Gegenstände, Ordnung, Zeit, Bücher, Art und Weise des Unterrichts betrifft, werden sich die Schwestern genau an die Gesetze, Vorschriften und Verordnungen sowohl der Lokal- als höhern Schulbehörde halten, denen ihre Schule als öffentliche Lehranstalt untergeordnet ist.

Darüber bedarf es also weiter keine Vorschriften in diesen Grundlinien der Verfassung. — Nur eine Warnung dürfte am rechten Orte sein: „Weg mit den Deklamationsübungen aus der Mädchenschule!" Wohl sollen die Mädchen hübsch lesen lernen, so, daß Aussprache und Betonung zeigen, wie richtig und tief sie den Sinn der Worte verstehen und fühlen; aber eigentliche Deklamationsübungen sollen aus einer christlichen Mädchenschule ferne bleiben. Sollten die Schulschwestern etwa bei einer öffentlichen Prüfung oder andern Gelegenheiten einer Deklamationsprobe in Gegenwart vor Auswärtigen und Männern durchaus nicht ausweichen können; so sollen sie ja kein Mädchen dazu wählen, das durch körperliche Figur die Augen auf sich zieht. Der diesen warnenden Wink gibt, weiß warum? Vestigia terrent. Die Spuren, auf die er bisher traf, führen nicht zum Tempel der Tugend. —

Mit der Elementar-Schule verbinden die armen Schulschwestern auch noch eine Industrie-Schule, in welcher die Mädchen in standesmäßigen Handarbeiten, als da sind: Stricken, Spinnen, Wasch- und Kleider-Ausbessern, Weißnähen, gewöhnliche Kleider nach Stand- und Landestracht machen, Unterricht erhalten bis zu einem Grade der Fertigkeit. — Doch ist der Unterricht nicht die einzige Aufgabe, die man an die Schule zu machen berechtigt ist; die wichtigste Aufgabe derselben ist

2) die Bildung des jugendlichen Herzens. Nicht eine äußere Bildung zum Glänzen; nicht blos eine Bildung zum Anstande, sondern eine Bildung des Menschenkindes zur lebendigen Gottesfurcht, und Gottseligkeit, zur Berufstreue und zum christlichen Leben. Eine solche Bildung mit einem wohlgeordneten und angemessenen Unterricht gepaart gibt erst das, was man von der Schule mit Recht erwartet, eine

3) Erziehung, die da ist das Alpha und Omega der Schule. Aber wie läßt sich dieses hohe Ziel am sichersten erreichen? — Durch Thun und Lehren.

In der Schule ist die Lehrerin auf den Leuchter gestellt. Warum? damit sie Allen leuchte, die in der Schule sind. — So leuchte also euer Licht vor den Kindern, auf daß sie eure Gottesfurcht und eure Tugend in eurem Betragen sehen, und euren, und ihren Vater preisen, der im Himmel ist. Von Christus, der lehrte wie einer, der da Macht hat, nicht wie die Schriftgelehrten und Pharisäer, — der da ist der vom Vater gesandte Lehrer der Welt, von Christus steht geschrieben: „Er that und lehrte," Er sagt aber auch von denen, die nach Seinem Beispiele in Seinem Namen lehren werden: „Wer es thut und lehrt, der wird groß heißen im Himmelreich!" Matth. 5, 19.

Die kräftigste Predigt, die unvertilgbaren Eindruck macht, besonders bei Kindern, ist das **Beispiel**. Der erste und fruchtbarste Saame zur Gottesfurcht, Andacht und Tugend kömmt immer zuerst durch das Auge in die Seele, **nicht durch das Ohr**. Und wenn auch die Zeit dieses zur Thätigkeit später in Anspruch nimmt, so kann es doch der Mitwirkung des Erstern nicht entbehren, wenn anders das Saamenkörnlein des Wortes im Leben als Frucht erscheinen soll. Das Beispiel muß immer dem Unterrichte voran und zur Seite gehen.

„Wer es thut und lehrt, der wird groß sein im Himmelreich."

Das Kind zimmert sich noch kein Religionsgebäude aus Begriffen und Buchstaben; aber desto lebendiger fühlt es in seinem Innern die Nähe des himmlischen Vaters, die Gottheit Jesu Christi, die Liebe des heiligen Geistes, und die Schönheit der Tugend, wenn es die Andacht und Tugend mit Augen schaut im Leben derjenigen, die seinem Herzen nahe und theuer sind. Nur was ehrbar, was löblich, was züchtig, was Gott wohlgefällig ist; nur was den Sinn für Gott und Gottesfurcht, für Andacht und Tugend weckt, nährt und stärkt, soll im Kreise der Kinder erscheinen.

In den Kindern regt und äußert sich vor Allem der Nachahmungstrieb. Alles, was sie sehen, machen sie spielend nach; begegnen nun ihren Augen überall nur sichtbare Spuren der Gottesfurcht und Tugend, so ahmen sie auch hierin ihren Vorbildern nach; durch Nachahmen gewöhnen sie sich an die Uebungen der Religion und Tugend so, daß nach und nach Religion und Tugend Geist und Leben in ihnen werden.

Nach einer Vorbildung durch's Aug' wird der Unterricht in

Religion und Tugend den Kindern nicht als unwillkommner Gast erscheinen; denn er kömmt nicht, um ein neues, ungewohntes Joch aufzulegen. Auch nicht mehr so lahm und kraftlos, wie ein geistloses Gerippe, wird er sich dahinschleppen, sondern durch fortlaufende Mitwirkung des Beispiels unterstützt, und durch den Spiegel des Lebens zur Anschauung gebracht, wird es ihm ein Leichtes sein, das Dunkle aufzuhellen, und das Verworrne zu ordnen, dem Wärmestoff, der im Herzen, wie wohl gebunden, sich schon vorfindet, Luft zu machen, und der Wurzel der Religiösität, die schon im Boden liegt, lebt und sich regt, hilfreiche Hand zu bieten, daß sie auswärts und aufwärts treibe, blühe und Früchte bringe in Geduld. — Nur auf solche Weise wird sodann der vorzüglichste Vortheil der Schule bezweckt, der, wie mein seliger Freund Wittmann sagt, darin besteht: „daß durch gute Leitung der Zunge und durch das Nachdenken über göttliche Dinge dem kindlichen Geiste ein sanfter und gerader Charakter eingeflößt werde; aus diesem guten Charakter geht dann der rechte Gebrauch der Vernunft von selbst hervor."

Arme Schulschwestern! sehet da die Anforderungen, die euer Beruf an euch macht! wie mächtig er euch antreibt, zum Ringen nach Vollkommenheit! Die Schule ist eure Werkstätte, die Kinder euer Arbeitsstoff. Erziehen sollt ihr die kleinen Mädchen zu keuschen und züchtigen Jungfrauen, zu sanften und treuen Gattinen, zu frommen und christlichen Müttern, zu emsigen und wachsamen Hausfrauen. Jedes Mädchen, das aus eurer Schule tritt, soll die Grundelemente und den kräftigsten Keim zu jenem starken Weibe in sich tragen, das der heilige Geist durch den weisen Mann so wunderschön in der göttlichen Schrift gezeichnet hat.

Aber wie werdet ihr den Geist der Gottesfurcht den Kleinen einhauchen, wenn er nicht in euern Herzen wohnt und wirkt? wie die Liebe Gottes in dem zarten Gemüthe der Kinder wecken, und anregen, wenn euer Herz nicht davon erfüllt ist? Aus der Fülle des Herzens spricht ja der Mensch. Wie sollet ihr die kindlichen Seelen zur Andacht entflammen, wenn diese heilige Flamme in euch selbst schwach, oder gar erloschen ist? Wie sollen die Schülerinnen die Gottesfurcht und Tugend lieb gewinnen, wenn sie nicht einmal an ihren Lehrerinnen das Modell der Gottlosigkeit und Tugend in ihrer reinsten und liebenswürdigsten Gestalt erblicken? —

Nein! eigne Vervollkommnung läßt sich von euerm Hauptberuf nimmermehr trennen. Was ihr an Geist für euch gewinnt oder verliert, gewinnt oder verliert ihr für die Zöglinge eurer Schule. Die Weihe des Kindes zum christlichen Leben fordert Erleuchtung und Salbung. Wer aber Andern leuchten will und soll, muß selbst Licht sein, und wer andre salben will und soll, dem darf es selbst an Chrysam und Salbung des heil. Geistes nicht fehlen. Niemand kann geben, was er nicht hat. Und endlich, was fruchtet alles menschliche Bemühen ohne Gott? ohne Christus? ohne den heiligen Geist? „Weder der pflanzt, noch der begießt, ist etwas, sondern Gott, der das Gedeihen gibt" schreibt der heil. Apostel, der unter allen am meisten für die Sache Jesu Christi gearbeitet und gelitten hat. Und Christus spricht zu seinen Aposteln, und zu allen, die am apostolischen Werke wie immer Theil nehmen: „Bleibet in Mir, und Ich in euch. Gleichwie die Rebe keine Frucht bringen kann aus sich selbst, wenn sie nicht am Weinstocke bleibt, eben so wenig auch ihr, wenn ihr nicht in Mir bleibt. Ich bin der Weinstock, und ihr die Reben. Wer in Mir bleibt, und Ich in ihm, der wird Frucht bringen: denn ohne Mich könnet ihr nichts thun." Joan. 15, 4—6.

Arme Schulschwestern! soll euer Pflanzen und Gießen im jungen Garten Gottes nicht eitles und fruchtloses Mühen sein, sollen die jungen Pflanzen und Bäumchen unter euern emsigen Händen gedeihen, so müßt ihr in, und mit, und für Gott leben und arbeiten. Wollet ihr Frucht bringen, wie gesunde, kräftige Reben; so müsset ihr in Christus bleiben, wie die Reben am Weinstocke, damit ihr immerhin aus Christus, dem Weinstocke, Kraft und Saft und Leben sauget, mit ganzem Herzen, mit ganzer Seele, mit ganzem Gemüthe, mit allen Kräften müßt ihr an Ihm hangen. Weh dem Christen! besonders weh dem Arbeiter im Weinberge des Herrn, der sich von Christus, dem Weinstocke, losreißt, oder nur mehr durch ein lockeres, äußeres Band an Ihm hängt! Er wird wie eine vom Weinstocke abgerissene Rebe hinausgeworfen werden, abdorren, und in das Feuer geworfen werden zum Verbrennen.

Wollet ihr, daß der heil. Geist in euch wohne, und die Liebe Gottes in euern Herzen ausgieße, so, daß ihr aus eurer Fülle auch den kindlichen Herzen mittheilen könnet; wollet ihr, daß der heil. Geist mit solcher Gnade und Kraft euch erfülle, daß Niemand der Weisheit und dem Geiste, der aus euch redet, widerstehen kann: so müßt ihr lebendige und gesunde Glieder des Leibes Christi, d. i. seiner Kirche sein; denn nur von dem Geiste Christi wird der Leib Christi, und die Glieder, die zu diesem Leibe gehören, und so lange sie dazu gehören, belebt, wie von meinem Geiste nur mein Leib und die Glieder meines Leibes belebt werden. — In so einem nothwendigen, wesentlichen und engen Verbande steht eigne Vervollkommnung mit dem Berufe der christlichen Erziehung. Der Säemann geht nicht auf das Feld mit leerem Weizensacke hinaus.

Ein schweres Stück Arbeit verbunden mit großer Verantwortlichkeit! — Wer wird es fassen, und — auf sich nehmen?

Christliche Schwestern! liebet — liebet — liebet vorzugsweise die Kleinen, und die Liebe wird Alles leicht und sogar süß machen. Ihr liebet ja Jesum, euern himmlischen Bräutigam; nun da habt ihr nicht mehr weit zur Liebe der Kleinen; einen Schritt weiter, und liebet auch diejenigen, die vorzugsweise seine Lieblinge waren, die Kleinen. „Lasset die Kleinen zu Mir kommen, sprach Er, die Kleinen lasset her zu Mir, und wehret es ihnen nicht; diesen ist das Himmelreich beschieden", Matth. 19, 14. diese sind die eigentlichen Erben und Kronprätendenten meines Vaters, meine Miterben; und als die Kindlein sich Ihm naheten, theils an der Hand, theils auf den Armen ihrer Mütter, wie freundlich und holdselig blickte Er sie an, zog Er sie an sich, umarmte, küßte, liebkosete sie — Er, der Sohn Gottes, die Menschenkinder, — Er, der Herr, die Kinder seiner Mägde! — Gute Schwestern! liebet die Kleinen, und die Bürde, die ihr traget, wird euch leicht und süß werden, ja eure Tugend und Vollkommenheit nähren, schützen, stärken. Im Kreise der Kleinen lernt ihr am leichtesten, was Erwachsenen gewöhnlich am schwersten eingeht — wieder Kinder werden; und das müssen wir ja, wenn wir eingehen wollen in das Himmelreich. Wenn ihr nun von den Kindern, die euch umgeben, lernet, euch selbst erniedrigen, wie diese Kinder; dann werdet ihr die Größten sein im Himmelreiche. Ueberdieß bleiben die Kinder nicht lange eure Schuldner. Sie empfangen von euch Gutes; aber sie wirken auch auf euch wohlthätig und dankbar zurück. Ein fortwährender, geistiger Wechselverkehr und Austausch findet in der Schule statt zwischen Lehrerinnen und Schülerinnen. — Ihr liebet Jesum — euern himmlischen Bräutigam, selig preiset ihr Maria, die seligste Jungfrau, den heiligen Joseph, die Hirten und Weisen, den Greis Simeon, die Schwestern Maria und Martha, den Lazarus, den Johannes 2c. 2c. — diese Hochbegnadigten, denen die Wonne gewährt ward, nach der die Engel gelüftet, die Wonne, den Holdseligsten unter den Menschenkindern mit Augen zu schauen, auf ihre Arme zu nehmen, ans Herz zu drücken, Ihm die Füße zu waschen und zu küssen, Ihn zu bewirthen, an seiner Seite zu sitzen, oder gar in seinem Schooße zu ruhen. Nun dieselbe Wonne ist auch euch im Himmel beschieden; es soll euer Berufsgeschäft durchs ganze Leben sein, Christum schauen, aufnehmen, bewirthen, bedienen — in seinen zarten Gliedern — in den lieben Kleinen. Denn aus dem Munde des Sohnes Gottes — der ewigen Wahrheit — floß ja das Wort voll Erhabenheit und Wonne: „Wer ein solches Kind aufnimmt in Meinem Namen, der nimmt Mich auf," und: „Was ihr dem Geringsten aus den Meinigen thut, das thut ihr Mir." Matth. 25, 40.

Dieses Wort des Herrn war es, das gleich einem zweischneidigen Schwerte die Seele des frommen Bischofs Wittmann durchdrang, Geist und Leben in ihm wurde, und ihn zum Hieronymus*) Aemilian unserer Zeit machte. — Lachen war nicht die Sache des ernsten Mannes; allein wenn ein Kind ihm entgegen

---

*) Sieh Legende der Heil. 20. Juli.

kam, so verrieth ein himmlisches, holdes Lächeln, das sich plötzlich über sein Antlitz ergoß, die stille Wonne seines Herzens. Woher diese Erscheinung? — Mein seliger Freund sah Christum, liebte Christum, und diente Christo in jedem Kinde. Schwiegen auch die Zeitgenossen; ihr Steine der alten, festen Donaubrücke würdet reden, und Zeugniß geben, wie oft tagtäglich dieser Hirt — obschon gebeugt von der Last der Arbeiten — über euch hinwegeilte nach Stadtamhof in die Schule. Was trieb den vielbeschäftigten Hirten so gewaltig? — Die Liebe, die Sehnsucht, Christo zu dienen, Ihm das Brod des Lebens zu bringen und zu brechen, Ihn den Hungrigen zu speisen, Ihn den Nackten zu kleiden, für Ihn — den Waisen — zu sorgen — in seinen Kleinen.

Gute Schwestern, die meisten aus euch waren Augenzeugen von dem Wirken und Walten dieses Mannes in der Schule, ihr waret staunende Schülerinnen dieses seltenen Meisters, und mit Entzücken redet ihr von den Wunderthaten seiner Liebe. Da euch nun euer Lehrer und geistlicher Vater mit solchem Glanzlichte seines Beispieles voranging auf der rauhen Bahn, dürfte ich wohl dem Besorgnisse Raum geben, daß ihr, seine geistliche Töchter, aus Mattigkeit oder Unlust weiter hinter ihm zurückbleiben werdet? — Nein! der Meister hat euch seine Liebe zu den Kleinen eingehaucht, und die Liebe macht jedes Joch süß und leicht; die Liebe ist stark, gutmüthig, geduldig, sucht nicht eigenen Vortheil, läßt sich nicht erbittern, trägt Alles, hofft Alles, duldet Alles.

Was von Erziehung und Unterricht der Schulkinder überhaupt, das gilt auch insbesonders von den Kostkindern, welche euch, arme Schulschwestern! anvertraut werden. Hat ein solches Pflegkind Mariä die Elementar-Schulen absolvirt, so soll es nicht in eitlen, verderblichen Luxus-Arbeiten, sondern außer den obengenannten weiblichen Hand-Arbeiten im Nähen, Kleidermachen u. dgl. auch in dem unterwiesen werden, was zu einer christlich-wohlgeordneten, sparsamen, reinlichen Haushaltung gehört, als: Waschen, Bügeln, Kochen, Brodbacken, Seifensieden, Gemüse-Bau im Garten u. dgl. Alles in pünktlicher Ordnung und möglichster Reinlichkeit, welche letztere ihr euch arme Schulschwestern ganz besonders werdet angelegen sein lassen. Ueber diesen körperlichen Uebungen darf jedoch das Eine Nothwendige — die Religion — keineswegs versäumt werden, sondern geht selbst immer voran und zur Seite, wozu euch die unvergleichlich schöne Lebensordnung der Kostkinder vom seligen Petrus Forerius treffliche Anleitung gibt. Jeder Viertelstunde des Tages ist die eigene Beschäftigung angewiesen; die Arbeit wird abwechselnd bald mit Gebet, erbaulichen Gesprächen und Lektüre, bald unter kindlich fröhlichen Liedern geübt. Von Monat zu Monat empfangen die Pensionaires die heiligen Sakramente der Beicht und des Altars; denn vom Weinstocke darf die Rebe nicht getrennt bleiben. So nun theilhaftig des Fleisches und Blutes Jesu Christi — des göttlichen Kinderfreundes — werden sie in stiller Abgeschiedenheit, entfernt von dem frechen Gelächter, Gerede und Aergernissen der Welt, entfernt vom Umgange mit dem andern Geschlechte, angeleitet zu einem sparsamen Leben, geübt in beständiger Willensverläugnung, im Stillschweigen und Nachdenken über Gott und göttliche Dinge, — und es beginnt allmählig, im Innern der Kleinen, wie mein Freund Wittmann sagt, ein neues, himmlisches Leben. Haben die lieben Kindlein einmal von dieser köstlichen Speise gekostet, diesen verborgenen Schatz — der alle Reichthümer der Welt weit überwiegt — gefunden, dann werden sie gerne Alles dafür hingeben, und auch im Alter das zu thun fortfahren, was die jugendliche Seele mit Liebe sich angewöhnt hat. In der Sehnsucht nach ihrem himmlischen Bräutigam werden sie jeden Reiz fleischlicher Lust verabscheuen, und auch in der Folge jeden unnöthigen Umgang mit dem andern Geschlechte fliehen, damit nicht irgend ein Gedanke in ihnen rege wird, der ihrem göttlichen Bräutigam mißfällig wäre.

Töchter, besonders vom bürgerlichen und gemeinen Stande, welche nach unserm romantischen Zeitgeschmack statt nützliche Berufsarbeiten — nichts als eitlen Welttand erlernen, der nur nach Flitter und Glanzgold hascht, um damit prunken zu können; — Töchter, die verweichlicht und in körperlicher Bequemlichkeit erzogen werden, sind zu einem christlichen Leben untauglich — und werden auch für die bürgerliche Gesellschaft unnütze, verderbliche Glieder. — Im Knaben- und Jünglings-, im Mädchen- und Jungfrauen-Alter muß der Mensch an Ordnung und Mäßigkeit, an Arbeit, Kälte und Hitze gewöhnt werden, sonst wird er für künftige Berufsarbeiten und Ertragung widriger Schicksale untauglich.

Auch in dieser Hinsicht hat euch, Schulschwestern! Vater Wittmann Anleitung gegeben, und Gott wird zum Pflanzen und Begießen das Gedeihen geben, wenn ihr Ihn darum bittet."

Es ergibt sich aus dem Vorstehenden klar und deutlich, wohin die Wirksamkeit der armen Schulschwestern vorzüglich sich neiget. Damit man aber erkenne, wie gesegnet sie ihrem Schulberufe nachkommen, fügen wir in dem Nachfolgenden 1) die **Bestimmungen** hinsichtlich der Aufnahme von Zöglingen, und 2) die bisher entstandenen Klöster ꝛc. der armen Schulschwestern gleichsam, das Erste zur Ergänzung, das Zweite zu ihrem Ruhme bei.

I. Bestimmungen
hinsichtlich der Aufnahme von Zöglingen in das Institut der armen Schulschwestern.

a) Leistungen des Institutes.

„Die Aufgabe des Institutes ist, die ihm anvertrauten Zöglinge nicht blos zum nöthigen äußern Anstande, sondern vor Allem zur lebendigen Gottesfurcht und Gottseligkeit, zur Berufstreue und zum christlichen Leben heranzubilden und Elternpflicht zu vertreten. Damit wird ein wohlgeordneter und dem Stande der Zöglinge angemessener Unterricht verbunden.

Lehrgegenstände sind folgende: Religion, deutsche Sprache, Lesen mit Gefühl und Verstandesbildung, Orthographie und Styl-Uebungen; ferner Kalligraphie, Rechnen, Menschen- und Naturgeschichte, Naturlehre, Erdbeschreibung, wie auch auf Verlangen französische Sprache, Klavier und Gesang. Von weiblichen Handarbeiten: Stricken, Spinnen, Weißnähen, Ausbessern, Einmerken, Ausnähen, Zuschneiden, Kleidermachen, Weißsticken und überhaupt alle nützlichen und feinen Handarbeiten.

Außerdem können auch die Zöglinge im Waschen, Bügeln, Kochen und andern häuslichen Arbeiten Unterricht erhalten.

Die Zöglinge genießen täglich Erholung, bei günstiger Witterung im Freien."

b) Tagesordnung.

Die häusliche und religiöse Tagesordnung im Mädcheninstitute ist **hauptsächlich** nachfolgende:

Aufstehen um 5 Uhr, Niederlegen um 9 Uhr, ½ Stunde Morgengebet, ½ Stunde Abendgebet, an Feiertagen Kirchenbesuch und größtentheils nachmittägige Kreuzweg- oder Rosenkranzandacht. Frühstück um 7 Uhr bis 7¼, Mittagsessen um 11—11½ Uhr, wobei Schweigen strenge stattfindet und geistliche Lesung, ebenso Abends 6 Uhr. Die übrigen Stunden werden mit Unterricht und Studiren ausgefüllt. Täglich gehen die Kinder 1 Stunde unter Aufsicht einer Candidatin spaziren, oder haben auch häusliche Unterhaltung. Gebetet wird viel, besonders auch von allen Schulkindern für Wohlthäter. Außer Gehorsam, Aufrichtigkeit und jeder weiblichen Tugendzierde werden die Kinder an Zufriedenheit und Schweigen gewöhnt; monatlich beichten und kommuniziren die Zöglinge einmal. Für öftern Empfang der heiligen Sakramente wirken die Schwestern auch gut ein auf alle Werk- und Feiertags-Schülerinnen. Täglich besuchen alle Schulkinder um 7¼ Uhr die heilige Messe, worunter der Rosenkranz mit Gebeten gebetet wird (ein Mädchen betet vor). Um 7¾—8 Uhr beten alle Schulkinder noch vor der Schule; von 8—10 Uhr, wie von 1—3 Uhr ist Elementarunterricht, von 10—11 Uhr, wie von 3—4 Uhr Industrie-Unterricht.

II. Verbreitung des Institutes der armen Schulschwestern.

Nro.	Namen des Ortes.	Regge.-Bezirk.	Erzb. und Bisthum.
a	Mutterkloster zu St. Jakob in München 1841.	O.B.	M.F.
b	Filiale: 1. Abensberg 1850. Gerichtsbez. Abensberg.	N.B.	R.
2	Adelshofen . . . . 1853. „ „ Bruck.	O.B.	M.F.
3	Aidenbach . . . . 1846. „ „ Vilshofen.	N.B.	P.
4	Amberg . . . . . 1839. „ „ Amberg.	O.R.	R.
5	Au, Vorst. v. München. 1839. „ „ Au.	O.B.	M.F.
6	Augsburg, kath. Waisenh. 1853. „ „ Augsburg.	S.N.	A.
7	Bärnau . . . . . 1847. „ „ Tirschenreuth.	O.R.	R.
8	Berching . . . . . 1850. „ „ Beilngries.	M.F.	E.
9 a)	Birkenstein, Wallf. 1849. „ „ Miesbach.	O.B.	M.F.
9 b)	Dingolfing . . . . 1853. „ „ Dingolfing.	N.B.	R.
10	Dorfen (Mariadorfen) 1852. „ „ Erding.	O.B.	M.F.

Nro.	Namen des Ortes.				Regg.-Bezirk.	Erz- und Bisthum.
11 a)	Eggenfelden	. . . 1845.	Gerichtsbez.	Eggenfelden.	N.B.	R.
11 b)	Frontenhausen	. . . 1853.	" "	Dingolfing.	N.B.	R.
12 u. 13	Freysing (2 Häus.)	1844. 1850.	" "	Freysing.	O.B.	M F.
14	Garmisch	. . . 1852.	" "	Werdenfels.	O.B.	M F.
15	Giesing(Kindbew.-Anst.)	1847.	" "	Au.	O.B.	M F.
16 a)	Hahnbach	. . . 1842.	" "	Vilseck.	O.R.	R.
16 b)	Hienheim	. . . 1853.	" "	Kelheim.	N.B.	R.
17	Hohenthan	. . . 1838.	" "	Rottenburg.	N.B.	R.
18	Ingolstadt	. . . 1842.	" "	Ingolstadt.	O.B.	E.
19	Karlskron i. Donaumoos	1853.	" "	Neuburg a.b.D.	S.R.	A.
20	Kösching	. . . 1850.	" "	Ingolstadt.	O.B.	E.
21	Laufen	. . . 1846.	" "	Laufen.	O.B.	M F.
22	Lauterbach	. . . 1843.	" "	Dachau.	O.B.	M F.
23	Miltenberg	. . . 1851.	" "	Miltenberg.	U. F.	W.
24	Neumarkt	. . . 1852.	" "	Neumarkt.	O.R.	E.
25	Neunburg v. Wald.	1833.	" "	Neunburg v.W.	O.R.	R.
26	Obernburg	. . . 1851.	" "	Obernburg.	U. F.	W.
27	Pfaffenhofen	. . . 1846.	" "	Pfaffenhofen.	O.B.	A.
28	Pleystein	. . . 1842.	" "	Vohenstrauß.	O.R.	R.
29	Rain	. . . 1850.	" "	Rain.	O.B.	A.
30	Regen	. . . 1852.	" "	Regen.	N.B.	P.
31	Regenstauf	. . . 1841.	" "	Regenstauf.	O.R.	R.
32	Reisbach	. . . 1841.	" "	Dingolfing.	N.B.	R.
33	Rosenheim	. . . 1851.	" "	Rosenheim.	O.B.	M F.
34	Scheyern	. . . 1851.	" "	Pfaffenhofen.	O.B.	M F.
35	Schneiding (Ober-)	. 1847.	" "	Straubing.	N.B.	R.
36	Schwarzhofen	. . . 1836.	" "	Neunburg v. W.	O.R.	R.
37	Spalt	. . . 1840.	" "	Pleinfeld.	M F.	E.
38	Stadtamhof	. . . 1852.	" "	Stadtamhof.	O.R.	R.
39	Stamsried	. . . 1845.	" "	Roding.	O.R.	R.
40	Tölz	. . . 1843.	" "	Tölz.	O.B.	M F.
41	Vilsbiburg	. . . 1853.	" "	Vilsbiburg.	N.B.	R.
42	Waging	. . . 1848.	" "	Laufen.	O.B.	M F.
43	Wolfratshausen	. . 1840.	" "	Wolfratshausen.	O.B.	M F.

Anmerk. Einleitungen zur Errichtung von Filialen zu Indersdorf, Landgerichts Dachau in Oberbayern, zu Sulzbach in der Oberpfalz, und zu Weichs, Landgerichts Dachau in Oberbayern, sind bereits getroffen. — In Nordamerika befindet sich von dem Orden der armen Schulschwestern ein Mutterkloster bei St. Baltimore nebst den Filialen Philadelphia, Pittsburg, Buffalo, Detroit, auf dem Berge Karmel und Milwaukee. Außerdem sind mehrere neue Filiale eingeleitet, als: Rochester, New-York, hl. Kreuz u. s. w. Deßgleichen zu Breslau in Schlesien (1851), zu Brede in Westphalen (1850), zu Wölfelsdorf in der Grafschaft Glatz, Bisthums Prag (1852), und zu Freystadt in Oberösterreich, Bisthums Linz (1853). Die Schwestern vom Münchner-Mutterhause sind außer Bayern bestimmt eingeführt a) in Brede, Diözese Paderborn, b) in Breslau.

Anhang.

I. Der sel. Petrus Forerius (Fourier),
der Stifter der klösterl. Versammlung de notre Dame.

Petrus Forerius, welchen Gott ausersehen hat, die Finsternisse der Unwissenheit zu verjagen, und den Glanz der Tugend wieder hervorzurufen, erblickte zu Mirecour in Lothringen das Licht der Welt am 30. November 1565, zu einer Zeit, wo eben Irrthum und Unwissenheit allenthalben tiefe Wurzeln geschlagen hatten. Seine Eltern waren Dominikus Fourier und Anna Vacquard, wenig bemittelt zwar, aber reich an Tugendschätzen. Der kleine Petrus wurde durch Gottes besondere Vorsehung mit aller möglichen Sorgfalt aufgezogen. Da er die herrlichsten Anlagen des Geistes und des Herzens zeigte, so schickte ihn sein Vater in die hohe Schule zu Mussipont (Pont-a-Mousson), welche damals am stärksten von Studirenden besucht und mit vortrefflichen Lehrern besetzt war. Schon in dieser zarten Jugend trug er häufig den Bußgürtel, und konnte es unbemerkt geschehen, so schlug er mit scharfen Geißeln seinen unschuldigen Körper sich wund. Er aß nur einmal des Tages, und zwar erst um 8—9 Uhr des Nachts, und so sparsam, daß er mit etwa zwei Pfunden Fleisch fünf Wochen lang ausreichte.

Nach vollendeten Studien eröffnete er zu Pont-a-Mousson eine Art von Erziehungshaus, und Söhne aus den ausgezeichnetsten Familien wurden ihm anvertraut, und zwar in so großer Anzahl, daß der Platz im Hause fast zu enge ward. In seinem 21. Jahre verließ er aber mit Einemmale die Welt und trat in den Orden der regulirten Chorherrn; in der Abtei Chaumousey empfing er das Ordenskleid, vollendete dann das Studium der Theologie, und erhielt das herrliche Zeugniß: „Petrus habe die Theologie mit rastlosem Fleiße studirt, und sei wegen seiner Bescheidenheit und Frömmigkeit Allen ein musterhaftes Vorbild gewesen." Auf den Rath seines geistlichen Führers, des Jesuiten P. Johannes Fourier, desselben, der auch den heil. Franz von Sales zu einem so großen Heiligen herangebildet hat, übernahm er, ungefähr 30 Jahr alt, die verwahrloste Pfarrei Matincour, und verbesserte in kurzer Zeit durch seine Lehre und sein Beispiel, sowohl den sittlichen als zeitlichen Zustand seiner Pfarrgemeinde. Hier in diesem Wirkungskreis entstand in ihm zuerst der Gedanke an die Gründung eines klösterlichen Vereines, zum Zwecke der weiblichen Erziehung. Im Oktober d. J. 1598 hatte er auch wirklich schon fünf Jungfrauen zur Begründung des Vereines gewonnen. In der heiligen Weihnacht desselben Jahres legten diese feierlich das Gelübde ewiger Keuschheit ab. Der Selige schickte die Jungfrauen zu Einübung des Klosterlebens in das Frauenkloster Portus suavis genannt, und ließ sie hier eine Art von Noviziat bestehen, und erholte sich für sein neu zu gründendes Institut erst noch die Bewilligung seines Bischofs, des Hochwürdigsten Christoph a Balle, Bischofs von Toul.

Nachdem also das Institut des seligen Petrus die oberhirtliche Bestätigung erlangt hatte, rief er seine geistlichen Töchter zu ihrer größten Freude aus dem Kloster, nach Matincour zu sich zurück. Wohl mußte er befürchten, daß er wegen der Bildung dieser Jungfrauen vielleicht schwere Verläumbungen würde erfahren müssen; doch das schreckte den starkmüthigen Diener Gottes nicht ab. Uebrigens aber benahm er sich in diesem Geschäfte mit einer solchen Klugheit und Vorsicht, daß nicht Einer zu finden gewesen wäre, welcher es gewagt hätte, ihn zu verdächtigen und seinen Wandel in ein schiefes Licht zu stellen, obschon der selige Petrus 40 Jahre hindurch, jenen Jungfrauen zur Seite stand. Die fünf

Jungfrauen befanden sich also wieder in Matincour, in der Nähe ihres lieben Führers. Noch wußten sie aber nicht, was Petrus mit ihnen vorhabe, als er ihnen eines Tages bei einem Besuche, gleichsam ohne es zu wissen, seine Absicht deutlicher zu erkennen gab. Er sagte ihnen nämlich damals: „Sie seien vom heiligen Geiste der Welt entzogen und miteinander vereinigt zu dem einzigen Zwecke, daß sie in all ihrem Thun und Lassen nach dem streben sollten, was Gott am wohlgefälligsten wäre. Dazu habe sie Gott auserwählt; dadurch seien alle Heilige heilig geworden, dadurch müßten auch sie der himmlischen Seligkeit sich würdig machen. Sie sollten also stets darauf sehen, was Gott das Angenehmste wäre, und das sollten sie auch mit Hintansetzung alles Uebrigen gewissenhaft in Vollzug setzen." Als sich nun diese dazu bereit erklärten, so fuhr Petrus also zu reden fort: „Nun so seit ihr denn ernstlich entschlossen, alles das zu thun, was ihr als das Gott Wohlgefälligere erkennet. Es ist aber Gott ganz gewiß viel angenehmer, wenn man die Welt verläßt, als wenn man ihr anhängt: also werdet ihr sie verlassen. Doch ihr habt der Welt bereits Lebewohl gesagt. Aber obwohl ihr auch, wie bisher, einzeln im elterlichen Hause euer Seelenheil in Sicherheit stellen könntet, so wird es dennoch Gott besser gefallen, wenn ihr ein gemeinschaftliches Leben führen würdet; ihr werdet also gewiß das gemeinsame Leben dem andern vorziehen. Und ist es auch eben zur Vollkommenheit nicht unumgänglich nothwendig, die heiligen Gelübbe abzulegen und einem Orden beizutreten, so ist es doch Gott viel angenehmer und die guten Werke, die eine Ordensperson thut, sind eben deßhalb auch vollkommener und verdienstlicher. Ich bin daher überzeugt, daß ihr entschlossen seid, euch einem geistlichen Orden einverleiben zu lassen. Es gibt aber der religiösen Genossenschaften vornehmlich zweierlei: die einen bezwecken nur die eigene Heiligung, die andern hingegen arbeiten zugleich an dem Heile der Nebenmenschen; und es unterliegt wohl keinem Zweifel, daß die letztere Gattung Gott wohlgefälliger sein werde. Ich zweifle also keinen Augenblick, worauf eure Wahl fallen dürfte. Wie aber werdet ihr das Heil eurer Mitmenschen am besten besorgen? Durch nichts könnt ihr euch Gott wohlgefälliger machen, als wenn ihr euch um die Kleinen, die Lieblinge des allerbesten Kinderfreundes, eures göttlichen Herrn und Meisters Jesu Christi mit aller Sorgfalt annehmet, dieselben in ihrer ersten Taufunschuld zu erhalten, und vor der schrecklichen Macht der Verführung, durch gründlichen Unterricht, musterhaftes Beispiel und inbrünstiges Gebet zu bewahren trachtet. Wollet ihr aber diesem Entschlusse die Krone aufsetzen, so bindet den gar zu unbeständigen menschlichen Willen durch ein heiliges Gelübbe, den Unterricht und die Bildung der weiblichen Jugend Zeit Lebens mit rastlosem Eifer und frommer Uneigennützigkeit zu übernehmen. Dieß meine Töchter! scheint Gott von euch zu begehren; dieß ist, wie mir däucht, dasjenige was euerm Bräutigame unter Allem das Angenehmste wäre. Nun überlegt es, ob ihr euch dazu entschließen möget."

Die hochherzigen Jungfrauen besannen sich nicht lange, der Absicht ihres geistlichen Vaters beizutreten, und erklärten sich alsbald bereitwillig, sich zur Ausführung des menschenfreundlichen Planes des seligen Petrus verwenden zu lassen. Weil sie aber sahen, daß ihr ehrwürdiger Seelenführer selbst in größter Armuth lebte, so beschlossen sie, ihm hierin nachzuahmen, und gleichfalls ein recht armes Leben zu führen. Zu einem solchen armen Leben fanden sie sich aber auch noch aus einem andern Grunde gleichsam gedrungen. Obgleich nämlich ihr seliger Stifter die apostolische Armuth nicht zur Ordensregel gemacht hat, wie dieß der heil. Franziskus von Assisi seinen Söhnen vorgeschrieben, so fand er es dennoch anfänglich für gut, seinen Töchtern zu rathen, daß sie von ihren Eltern keine Ausstattung begehren oder annehmen möchten, damit nicht böse Zungen davon Gelegenheit zur Verleumbung nehmen und etwa sagen könnten, er habe jene Jungfrauen zu diesem Schritte überredet, um auf solche Weise ihr Vermögen an sich zu ziehen. So waren sie nun genöthiget, von der Arbeit ihrer Hände zu leben; und da diese freilich nicht gar einträglich gewesen, so mußten sie natürlich sehr sparsam leben. Etwas Milch, Gemüse, rohe Früchte und schwarzes Brod war ihre Speise, Wasser ihr Trank; auf Stroh lagerten sie sich, um einer kurzen Ruhe zu genießen; und damit sie nach des Apostels

Beispiel ihren Leib unter der Herrschaft des Geistes erhielten, machten sie sich Bußgürtel von Roßhaaren, oder aus Nägeln, altem Eisen und Ketten, und umgürteten ihre zarten Leiber damit, wie mit einem festen Panzer, welcher sie gegen die Pfeile der Bosheit von Seite der Welt und des Teufels verwahren sollte.

Das fromme und bußfertige Leben dieser Jungfrauen machte bald in mehreren den Wunsch rege, dasselbe nachzuahmen, und in kurzer Zeit waren ihrer so viele, daß man mit denselben ein Kloster zu besetzen im Stande war. Deßwegen bot nun Judith de Aspremont, eine Tante des Bischofes de Porzellets von Toul ihr ganzes Vermögen dem seligen Petrus zur Herstellung eines Klosters zu Matincour an, und ersuchte ihn, das Pfarrgebäude zu diesem Zwecke abzulassen, indem sie ein anderes Pfarrhaus zu bauen versprach. Petrus machte hierüber bei der Gemeinde seinen Antrag; weil aber diese nicht recht dazu entschlossen war, und er sie durchaus nicht zwingen wollte, so ließ er der genannten Frau kund thun, daß in Matincour nichts zu machen wäre. Jene aber ließ sich dadurch keineswegs irre machen, sondern schenkte nun ihr sehr schön gelegenes Haus in der Stadt St. Michael oder Sammielli zu diesem Zwecke her. Als der ehrwürdige Petrus sah, welch schöne Gelegenheit zur Beförderung seines Werkes ihm dargeboten sei, ging er alsogleich zu Fuß von Matincour nach Verdun, um bei dem dortigen Bischof Eirich von Lothringen die Erlaubniß nachzusuchen, daß sich seine Gott geweihten Jungfrauen zu St. Michael, das im Bisthum Verdun liegt, niederlassen dürften. Aber auch hier mußte er wieder strenge Rechenschaft über sein Institut ablegen, viele Einwendungen widerlegen, und sich ungemein bemühen, bis er die Erlaubniß erlangen konnte. Sobald er aber dieselbe hatte, schrieb er alsogleich an Frau Judith, dankte für ihr großmüthiges Geschenk, und bat sie, ihre Hand von dem begonnenen Werke nicht zurückzuziehen. Seine Rückreise nahm er über St. Michael, und als er vor dem für den Orden bestimmten Hause vorbei kam, dachte er sich, ohne es zu kennen: „O wenn dieß jenes Haus wäre, wie vortrefflich wäre es zu unserm Vorhaben geeignet!" Und wie groß war seine Freude, als man ihm sagte, dieß Haus gehöre der Frau Judith de Aspremont! Voll Freude eilte er nach Portus suavis, wo jene Dame sich aufhielt, erzählte ihr, was er zu Verdun ausgerichtet, und überließ ihr die Hälfte seiner Jungfrauen, auf daß durch sie das Werk Gottes begonnen würde. Von allen Jungfrauen wollte er sich aus dem Grunde nicht entblößen, weil ihm das Gebet dieser frommen Seelen unentbehrlich schien; denn er behauptete: „Nie habe er dem Gebete dieser gottseligen Jungfrauen eine Angelegenheit anempfohlen, ohne einen gewünschten Erfolg erlangt zu haben."

Gar bald zeigten sich die herrlichsten Früchte von diesem zur Ehre Gottes begonnenen Werke. Jene Jungfrauen zu St. Michael unterrichteten die Jugend mit so glücklichem Erfolge, daß in den Herzen der Einwohner von Nancy, der ehemaligen Haupt- und Residenzstadt der Herzoge von Lothringen, der ernstliche Wunsch rege ward, auch in ihrer Stadt ein solches Institut zu besitzen. Diesem Wunsche zu genügen, wurden also einige Jungfrauen nach Nancy abgeordnet, welche der Erwartung so sehr entsprachen, daß schon am 8. Dezember 1603 der Kardinal-Legat und Herzog Karl von Lothringen das Institut feierlich approbirte. Zwölf Jahre später, nämlich am 1. Februar 1615, und wieder am 6. Oktober des darauffolgenden Jahres ward das Institut auch von Rom aus durch Papst Paulus V. bestätigt; und nun führte der selige Petrus zuerst in Nancy, und dann bald darauf auch in St. Michael die klösterliche Klausur ein und ließ seine vielfältig geprüften Jungfrauen die feierlichen Gelübde ablegen. Von jenen beiden Stammklöstern aus verbreitete sich das Institut binnen kurzer Zeit so sehr, daß schon im Jahre 1628 gegen 17 Klöster dieses Ordens in den Bisthümern Toul, Verdun, Metz, Laon, Soisson und Trier bestanden. Daher bestätigte der Papst Urban VIII. dieses Institut unterm 8. August genannten Jahres abermals, verlieh demselben mehrere Privilegien, und, erklärte diese Jungfrauen als regulirte Kanonissinnen unter der Regel des heil. Augustin und mit dem Titel der Congregation von unsrer lieben Frau (de notre Dame). Der selige Petrus aber hatte die Freude, noch bei seinen Lebzeiten 32 Klöster dieser Congregation im Flor zu sehen, von denen jedes 40, 60, auch 70 von dem besten Geiste durchdrungene Jungfrauen enthielt, die der Ehre

Gottes und dem Heile der Menschen lebten. Im Jahre 1730 war die Anzahl der Klöster bis auf 80, die der Nonnen aber auf einige Tausende angewachsen. Selbst unser Vaterland Bayern zählte deren einige, z. B. in Eichstädt, Nymphenburg, Stadtamhof, welche alle leider ein Opfer stürmischer Zeiten geworden sind. Petrus hat auch ein unschätzbares Buch von Regeln und Konstitutionen für diesen Orden geschrieben, worin vorzüglich jene Ordnungen, welche vom Unterricht und von der Klausur handeln, sich auszeichnen, bei dem eine außerordentliche Klugheit und Erleuchtung vom heiligen Geiste nicht zu verkennen sind. Merkwürdig ist von diesem Buche noch der Umstand, daß jene Blätter, auf welche sie Petrus niederschrieb, als er einst darüber eingeschlafen war, und das Licht einige Papiere ergriff und verbrannte, vom Feuer nicht angegriffen wurden, obschon alle übrigen Schreibereien von demselben verzehrt waren.

Nachdem Petrus noch in Folge einer Erlaubniß des Papstes Gregor XV. vom Jahre 1621 den leider damals sehr verkommenen Orden der regulirten Chorherrn nach unsäglicher Mühe reformirt hatte, und als Generalvorsteher seiner Congregation vielfache Visitationsreisen unternommen hatte, erkrankte er an einem hitzigen Fieber, welches ihn regelmäßig am vierten Tage überfiel. Als die Stunde seiner Auflösung, deren Nähe er voraus angekündigt hatte, gekommen war, bat er um die heiligen Sterbsakramente, die er mit größter Andacht und Sammlung des Gemüthes am 8. Dezember empfing. So wie er des allerheiligsten Fronleichnams ansichtig ward, rief er mit der ihm eigenen Demuth: „O Herr! ich bin's nicht würdig, daß du zu mir kommst; vielmehr hätte ich verdient, hinausgeworfen zu werden, um den Hunden und Raben zur Speise zu dienen." Nach empfangener Communion aber sprach er: „Wie soll ich's vergelten dem Herrn, was er an mir gethan hat? Wird es genug sein, wenn ich diesen Todeskelch mit vollem Gleichmuth hinnehme? Ja, Herr! dieß allein verlangst du von mir. Nun denn! so will ich ihn hinnehmen, diesen bittern Kelch, und mich gänzlich deinem allerheiligsten Willen übergeben. Entzieh mir nur deinen Gnadenbeistand nicht; Alles lobe den Herrn für diese große Wohlthat, die mir nun widerfahren." Unter solchen Anmuthungen und Herzensergießungen brachte er diesen ganzen Tag wie auch den folgenden zu, bis 11 Uhr Nachts. Dieß sollte die Stunde seiner Auflösung sein. Das Fieber wird heftiger, als je, das Blut geräth in's Stocken, der Puls geht unregelmäßig, Hände und Füße erkalten, das Auge bricht. Da bezeichnet sich der sterbende Vater seinen ganzen Leib dreimal mit dem heiligen Kreuz und entschlummert im Frieden, in einem Alter von 76 Jahren, am 9. Dezember 1640 Nachts 11 Uhr, tief betrauert von allen Anwesenden. Man bemerkte aber in dem Augenblicke seines Hinscheidens ein strahlendes Licht, das die ganze Wohnung erleuchtete und sich dann himmelwärts emporschwang, woraus nicht ohne Grund geschlossen ward, seine reine Seele sei alsogleich in die himmlischen Wohnungen aufgenommen worden. *)

II. Sebastian Franz Job,

k. k. Hofkaplan und Beichtvater Ihrer Majestät der Kaiserin und Königin Carolina Augusta von Oesterreich.

Zu Neuenburg am Walde lebte ein redlicher altdeutscher Bürger mit Namen Job. Fünf Kinder waren der Segen seines christlichen Ehestandes, von denen der ältere Sohn, Martin, seiner besonderen Geistesanlagen wegen zum Studiren gebracht wurde. Der nicht sehr bemittelte Vater konnte wohl nicht mehr daran denken, noch einen seiner Söhne auf diese so kostspielige Bahn zu führen, und so war der zweitgeborne Sohn Sebastian, der dem Martin keineswegs an Talenten nachstand, frühzeitig zur Hobelbank bestimmt; denn der Vater war ein Tischler und Sebastian konnte er als Gehülfen schwer entbehren.

Willig fügte sich der kleine Sebastian der Bestimmung seiner Eltern; oft aber erkundigte er sich um den studirenden Martin,

---

*) Wenn auch der Stifter der Schulschwestern bei seiner Gründung auf diese Congregation de notre Dame Rücksicht nahm, so sind sie doch förmlich getrennt von einander.

nicht weil er sein Loos beneidete, sondern weil er das Schicksal, mehr lernen zu können pries, und seine Lage deßwegen härter empfand, weil er der Schule für immer entsagen mußte.

Gottes Wege jedoch sind unerforschlich, und sie leiten den Menschen nach ewigen Rathschlüssen, deren Vollziehung nichts hindern kann.

Eines Tages hörte unser Sebastian erzählen, daß einer seiner frühern Mitschüler so glücklich gewesen sei, als Sängerknabe in ein Kloster aufgenommen zu werden, wo er kostfrei gehalten, Unterricht in der Musik und in den Anfangsgründen der lateinischen Sprache erhielte. „Wie glücklich," rief der kleine Job aus, ist Wenzel. Er hat fleißig zu Gott gebetet und die Mutter Gottes immerfort angerufen, und das thut man nie ohne Segen." Diesen Gedanken im Herzen bewahrend, sprach er oft davon, ob wohl ihm nicht dasselbe gewährt werden könnte; darüber nachsinnend schlief er oft spät in der Nacht erst ein; gleichsam als wollte auch er seine Stimme versuchen, übte er sich oft während der Arbeit im Gesange. Dem aufmerksamen Vater entging dieses keineswegs; allein, wenn er bedachte, daß es unmöglich sei, für zwei Studirende den Unterhalt zu erschwingen, so gab er mit wehmüthigem Herzen allemal diesen Gedanken auf. Doch dachte er bei sich: will es Gott haben, so wird er mir gute Freunde senden. — Ohne sich etwas merken zu lassen, ging der bekümmerte Vater eines Tages ins Kloster Frauenzell, um sich zu erkundigen, ob denn nicht auch sein Sohn so glücklich werden könnte, gegen geringen Aufwand eine Aufnahme zu finden.

Wider Erwarten gut fiel die Sache aus. Bald wurde der muntere, gesunde Knabe, welchem Offenheit und Geradheit aus den Augen sprachen, dem Abte vorgestellt, und der unschuldige, lernbegierige Seb. gefiel den Benediktinern so gut, daß sie ihn sogleich in Frauenzell behielten.

Der Sängerknabe Seb. Job brachte es bei trefflichen Anlagen und beharrlichem Fleiße bald so weit, daß er nach Regensburg in das Gymnasium der eifrigen Jesuiten, — deren Collegium zwar bereits aufgehoben war, die aber auch nach der Aufhebung noch beisammen lebten, — und kurz darauf in das Studenten-Seminar von St. Paul unentgeltlich aufgenommen werden konnte.

Unter diesen günstigen Umständen vollendete er nach einem fünfjährigen Curse die unteren Schulen, indem er den ersten Platz unter seinen Mitschülern gar nie verlor. Nach vollbrachten Gymnasialstudien trat er, reif genug, in die damals sehr besuchten Hörsäle der Weltweisheit ein, und widmete sich mit allem Ernste diesen Studien. Den Müssiggang übrigens, den Anfang aller Laster, kannte Seb. gar nicht, und so blieb sein Herz auch rein und lauter, wie eine Krystallquelle, welche sich von den Wipfeln der Berge herab in die lieblichen Thäler ergießt, ohne einen Schlamm mit sich zu führen. An ihm wurde erfüllt: „daß die Frömmigkeit zu Allem nützlich ist." (1. Tim. 4, 8.) Sein guter Ruf nämlich öffnete ihm bei Hohen und Niederen mehr als eine Thüre, die ihm zu seinem ferneren Fortkommen hinreichende Unterstützung anboten.

Ein rechtschaffener Handelsmann zu Stadtamhof lernte Job kennen und machte ihm den willkommenen Antrag, ihn als Lehrer seines einzigen Sohnes in seine Familie zu nehmen, wo für alle seine Bedürfnisse gesorgt sein sollte. Sebastian Job nahm den Antrag mit Freuden an. Angeleitet, stets vor Gott zu wandeln, that er es auch hier, und lernte er hier auch manchen Genuß kennen, den der Wohlstand des Hauses Christen erlaubt, so blieb doch sein Auge unverrückt nach einem Ziele hingerichtet, das ihm das Erhabenste schien, zum Wohle der Menschen ein anspruchsloser Diener Christi zu werden.

In dieser Absicht verdoppelte er seinen Fleiß und wendete seine Zeit und Kräfte ganz vorzüglich zur gründlichen Erlernung jener Wissenschaftszweige an, von deren Kenntniß er im geistl. Stande zunächst gute Anwendung machen zu können sich versprechen durfte, und derartig vorbereitet, setzte er nach einem zweijährigen philos. Lehrcursus, seinen Entschluß, in den Weltpriesterstand zu treten, in's Werk, und widmete sich als Alumnus von St. Paul den Studien der Gottesgelehrtheit. Wie ausnehmend während dieser Periode sein Berufseifer gewesen, davon zeugte die allseitige Zufriedenheit seiner Vorgesetzten, die ihm, noch ein Jahr früher, als er Alters wegen die priesterliche Weihe erhalten konnte, im Alumnate die Stelle eines Präfekten und Chor=Regenten anvertrauten.

Zum Diener des Altares im Jahre 1791 gesalbt, suchte Job durch freundschaftlichen Umgang mit würdigen Priestern das zu vervollkommnen, was er bisher in den Hörsälen gelernt hatte, vertrauend den Worten: „mit den Heiligen wirst du heilig werden." (Pf. 17, 27.)

Es war jene Zeit von Geistern geführt, welche die Menschheit unter dem Scheine der Aufklärung zu verwildern, alle Bande der geselligen Ordnung und Unterwürfigkeit locker zu machen suchten unter dem Vorwande, der mündig gewordenen Vernunft ihre Rechte zu sichern. Dahin aber die Menschen zu führen, gibt es kein schneller wirkendes Mittel, als sich an das wehrlose Heiligthum der Religion zu wagen, deren unumstößliche Wahrheiten mit unverschämter Lügenhaftigkeit herabzuwürdigen, und das Gewissen der Menschen abzustumpfen und irre zu leiten. —

Wenn je, so that es in dieser verhängnißvollen Zeit Noth, daß gottbeseelte Priester durch gründliche Gelehrsamkeit gerüstet, die Vertheidigung der Sache Gottes auf Erden, der Wahrheit und Tugend übernähmen; und darum machte sich der junge Diener des Heiligthums Seb. Job zum Gesetze, die Wissenschaft des Heiles mit aller Gründlichkeit zu erfassen. In dieser Absicht hörte er, schon zum Priester geweiht, noch 2 tief gelehrte Professoren, die vor dem Abgotte des Zeitalters der neuerungssüchtigen Oberflächlichkeit nie ihre Kniee gebeugt, nämlich Spann in der Dogmatik und Carl Klocker im Kirchenrechte.

Erhaben über die Eitelkeit mittelmäßiger Köpfe, gegenseitig viele Komplimente zu machen, war Job äußerst sparsam, die Namen jener Hohlwisser zu feiern, die in der Gelehrsamkeit zu glänzen sich einbildeten; handelte es sich aber darum, für die Wahrheit einzustehen, dann that er es unbekümmert um den Tadel Anderer mit Bescheidenheit und Anerkennung des Verdienstes, welche die Freundschaft Klockers um ihn sich erwarb. So z. B. wurde einmal in einer Gesellschaft gelehrter Männer der weit verbreitete Satz ausgesprochen, „daß kein Staat im Staate sein dürfe und daß die im Staate sich befindliche unbewaffnete Kirche allen Gesetzen des Staates unterstehe, keineswegs aber der Staat an die Statuten der Kirche gebunden sein könne."

Da erhob sich der junge Priester mit ernster Miene und sprach ohngefähr: „Der Staat hat von der Vorsehung die Gewalt, das zeitliche Wohl seiner Unterthanen zu bestellen; aber noch feierlicher und bestimmter ward die Kirche von Christus mit der Macht versehen, das Evangelium allen Völkern zu predigen, und das Seelenheil derselben zu befördern. Die Braut Christi war stets die Freundin der Völker und Könige, was die Geschichte beweist; wie könnte sie daher Throne und Magistrate gefährden? Ihre dogmat. und rechtl. Ansprüche kann sie keiner menschlichen Gewalt unterwerfen, ohne mit sich selbst in Widerspruch zu kommen; denn sie hat von Christus die Pflicht, die Reinheit des Glaubens zu bewahren, den Irrthum zu entschleiern, zu ermahnen durch das Gebot Christi, und diese Sorge kann nicht etwa bloß Einen Staat, sie muß alle Staaten umfassen, weil sie die allgemeine, katholische ist; ihre Aussprüche müssen überall Geltung haben; die unwesentlichen Forderungen der Kirche lassen sich leicht ausgleichen, da sie gerne auf Lage und Ort Rücksicht nimmt. Unmöglich kann man sie mit einem andern Institute im Staate vergleichen, oder sie gar als einen Staat bezeichnen; denn ein Staat ist eine Gesellschaft, die Kirche aber ein organischer Leib. Die Glieder eines Leibes aber stehen unter sich in keinem gesellschaftlichen Verhältnisse." ...

Wir müssen die klare Ansicht und den Muth des jungen Priesters ohnstreitig bewundern. — Nicht minder gründlich und einsichtsvoll als im Kirchenrechte und den übrigen theol. Disciplinen, war Job in der Dogmatik, wo er in Beziehung auf seinen Lehrmeister Spann einmal sich ausdrückte: „Wenn ich gleich viele Lehrmeister in der Religion gehört, so hat doch keiner mit solcher Tiefe und Gründlichkeit mich gelehret, Christo anzuhangen, als der, der die Ueberzeugung in mir hervorbrachte, daß der letzte und sichere Grund alles Glaubens die göttliche Autorität der Kirche sei." Das „quod erat demonstrandum" sagte er wieder einmal, muß der nachgewiesene Glaube der kathol. Kirche sein, sonst wechselt die Dogmatik wie die philos. Theorien zehnmal in einem Jahrhunderte. Weder das Bibel= und Sprachstudium, noch selbst die sprechendsten Stellen der heil. Väter vermögen über die christl. Lehren die letzte Entscheidung zu geben. Dieß kann nur die göttliche Autorität der Kirche, als einziges oberstes Prinzip des christl. Glaubens;" ein Ausspruch, der manchem Theologen derselben Zeit Sorge gebracht hätte, wenn das Dogma statt auf die Schrift auf das Ansehen der Kirche gebaut würde.

Auch das Studium der heil. Väter sowie der heil. Schrift betrieb Niemand fleißiger als unser Seb. Job.

So kam es, daß der junge Priester bald in den Ruf eines Gelehrten kam. Von seinem zärtlichen Freunde und Lehrer P. Spann hinlänglich erprobt, glaubte dieser keinen besseren Nachfolger in der Stelle eines Dogmatikers erwählen zu können, als Job. Der junge Gelehrte aber bewarb sich nicht darum, da er sah, daß ein viel älterer Bewerber, der Lehrer der Rhetorik, Ostermann, dazu sich berufen fühlte. Daher begnügte sich der bescheidene und vor fremden Verdiensten Achtung habende junge Geistliche an Ostermanns Stelle zu treten.

Nicht gar lange, sondern nur durch Ein Jahr war Job Lehrer der schönen Wissenschaften; er war es aber durch das Eine Jahr mit einer Auszeichnung, wie sie nur die Frucht zehnjähriger Anstrengung sein konnte.

Gerade damals verlor das stark besuchte Lyceum in Regensburg seinen Professor der Philosophie und Mathematik. Diejenigen, denen die Besetzung dieses Lehrstuhles mit einem dem Fache gewachsenen Manne am Herzen lag, sahen sich um einen Mann um, der den Gebrechen der damaligen Zeit=Philosophie Abhülfe zu schaffen im Stande wäre. Die Wahl fiel einstimmig auf den fleißigen Sebastian Job, welcher auf dem ganzen Zifferblatte aller philos. Systeme sich zu orientiren wußte. Er rechtfertigte die Wahl durch seine Vorträge, indem er beide Kanzeln 9 Jahre hindurch mit einem Ruhme versah, der weit über sein Vaterland hinausreichte. Da er den Mangel eines philos. Leitfadens für die Jugend fühlte, so entschloß er sich, eine „Vernunftlehre in lateinischer Sprache „institutionum philos. synopsis" zu schreiben, nach welcher er seine Vorträge einrichtete. Job verstand es aber auch, seine Zuhörer zu fesseln; denn er wußte das Nützliche mit dem Angenehmen, Scherz und Ernst auf eine glückliche Weise zu paaren.

Der große Nutzen, den er durch 9 Jahre bei zweckmäßiger Betreibung der philos. Studien unter Vielen seiner Zuhörer gestiftet, war zu sichtbar, als daß man sich nicht hätte ein noch segensreicheres Wirken von ihm versprechen können, wenn ihm ein Lieblingszweig unter den mannigfaltigen Wissenschaften anvertraut würde; darum ward er eingeladen, den Lehrstuhl der Moral-Theologie und Pädagogik zu übernehmen.

Hier konnte sich Job ganz in seinem Elemente bewegen. Die schönen Künste nährten lange schon seinen Geschmack, die philos. Wissenschaften hatten sein Urtheil geschärft; mit innigster Wonne umfing aber sein zartes Herz die Theologie.

Große Fortschritte hatte der neueingetretene Professor gemacht. Wie eine feste Mauer stand er in jenem Sturm der Zeit streitend in christlicher Liebe für Wahrheit und Gottseligkeit, für den Glauben, und die Kirche.

Die seltenen Talente und männliche Haltung des einfachen Professors fielen bald und so sehr in's Auge, daß man damit umging, ihm einen weiter ausgedehnten Wirkungskreis anzuvertrauen. Seb. Job zog sich nach seiner Manier zurück; allein man setzte ihm zu, und nur dadurch konnte er sich Frieden verschaffen, wenn er in die Anträge einging.

So ward ihm nebst seinem Lehrstuhle auch das Rektorat des Gymnasiums und Lyceums und hiemit die Aufsicht über 5 bis 600 Studirende übergeben. Boten auch diese Aemter dem Wirkungskreise eines gewissenhaften Mannes ein unermeßliches Feld dar, so konnten sie doch in keine kräftigeren und menschenfreundlicheren Hände gerathen. Unser Rektor war ganz Rektor und ganz Professor, was nur Wenigen eigen ist. Im Jahre 1803 erhielt er obendrein die Auszeichnung eines Schulrathes und 3 Jahre später die eines Synodal-Examinators. —

Es läßt sich Vieles recht thun, wenn guter Wille mit Kraft den Gottesfürchtigen begleitet. So war es bei Job. Große Verdienste um die Menschheit erwarb er sich in dieser Stellung; und wenn seine Last unter 10 andere vertheilt worden wäre, so würde sie kaum so geschickt und emsig getragen worden sein. Dabei leuchtete in Allem seine Demuth und Bescheidenheit hervor. „Was ich geleistet habe," sprach er einst zu einem Freunde, „das habe ich geleistet nur im Verbande von Männern, die mir Rath, Muth und Hülfe eingeflößt haben." (Er meinte damit seine Lehrer Klocker und Spann, ferner Pater Maurus Schenkl, Abt Rupert Kornmann, beide Bened. aus Prüfening, Professor Michael Sailer, Michael Wittmann, die seine Leiter waren auf seiner Bahn.)

„Bei der Erziehung der studirenden Jugend," sagte er, „muß Religion mit Liebe gepflanzt und der Fleiß durch verschiedene Arten des Wetteifers geweckt werden. Geschieht dieses, so werden auch mittelmäßige Talente vorwärts gebracht. Aber eine Centralkraft wird dazu erfordert." — Unter dieser Centralkraft verstand Job nichts anderes, als die edle Gesinnung jener sich und der Welt abgestorbenen Männer, welche bei aller Rastlosigkeit im Wirken für das Gedeihen des Guten in der Welt, jeder Selbstsucht und jedem Eigensinne fremd, unbekümmert darum, in welchem Kreise sie wirken, so viel Gutes thun, als möglich ist.

Man würde dem Edelsinne Job's viel zu nahe treten, wenn man die Vielheit mehrerer Aemter in seiner Person irgend einer Geldsucht zuzuschreiben gedächte. Bei ihm mehrten sich mit der Zeit immer nur die Arbeit, nie der Gehalt. Um diesen kümmerte er sich wenig, mit dem zufrieden, was ihm das Collegium reichte, und womit er auch für seine Lebzeit geborgen zu sein glaubte. Das erübrigte Geld von 450 fl. reichte er seiner verwittweten Mutter und der mit ihr lebenden Schwester, und bei allem dem hatten doch arme Studenten einen reichen Vater an ihm. —

Die Theologie hatte zu jener Zeit in Deutschland keinen gründlicheren Forscher und tieferen Denker in der theor. und prakt. Moral, als den allgemein geachteten Professor Job in Regensburg. Der in Bayern unvergeßliche Sambuga, der Job nur aus seinen Schriften und seinem guten Rufe kannte, zog ihn sogar Sailer selbst vor.

War aber Job als Professor ausnehmend geachtet, so wußte er sich auch als Erzieher die allgemeine Liebe zu sichern. Es will viel sagen, eine so große Schaar von Studirenden in Ordnung zu halten, und das Wohl des Ganzen, wie das Fortkommen jedes einzelnen Jünglings unverrückt im Auge zu behalten. Job erreichte beides. Nichts Geringes ist es, zu einer Zeit die Leitung der Jugend auf sich zu nehmen, wo es zur Mode geworden ist, grobe Fehler der Untergebenen milde zu beurtheilen, dagegen aber ein kleines Versehen der Vorgesetzten herbe zu tadeln.

Job handelte aber immer in der Beurtheilung und Bestrafung der Fehler der Studirenden nach guter Ueberzeugung, gerecht und milde, streng und schonend, zurechtweisend und ermunternd, je nachdem es nöthig war.

Bei seinen vielen Sorgen möchte man glauben, daß es beinahe unmöglich gewesen sei, auch für sich etwas zu thun. Aber Job's kluge Eintheilung seiner Zeit konnte es vollbringen, sich alle Jahre wenigstens einmal in die abgeschiedene Stille eines Klosters oder in die ländliche Zurückgezogenheit zu irgend einem Pfarrer zu begeben, um geistliche Exercitien und heilsame Betrachtungen über sich selbst anzustellen.

Bisher haben wir Job betrachtet als einen Freund der Wissenschaften, gewandten Lehrer und Pädagogen; er war aber auch Priester, und er war es von ganzer Seele; denn er faßte seinen Beruf vollständig auf.

Obschon immer beschäftigt, lebte Job dennoch im Ganzen genommen, zurückgezogen von der Welt. Er ging selten in ein Privathaus, wähnend, er sei nur den Seinigen bekannt. Sollte er erscheinen, so mußte er gerufen werden. Sein inniges Freundschaftsband mit Michael Wittmann, nachherigem Bischofe, trug sehr viel zu seinem großen Wirken im Predigtamte und im Beichtstuhle bei. Mit jedem Jahre mehrte sich die Zahl seiner frommen Beichtkinder, und groß war ihr Jammer, als das Gerücht sich verbreitete, Job sei zum Beichtvater Ihrer kgl. Hoheit, Charlotte Auguste, bahr. Prinzessin, ernannt. Hochdieselbe nämlich war zur Braut des Kronprinzen von Würtemberg bestimmt. Der Umstand aber, daß der Bräutigam nicht zum katholischen Glauben gehörte, führte mehrere ernste Ueberlegungen herbei. Der treffliche Sambuga erhielt den Auftrag, einen für die obwaltenden Umstände ganz geeigneten und zuverlässigen Priester zum Beichtvater nach Würtemberg zu bezeichnen. Der kgl. geistl. Rath Sambuga durchging den Katalog der ihm bekannten Priester und er konnte keinen zu diesem wichtigen Geschäfte geeigneteren finden, als Job.

Job war kaum von dem Vorschlage unterrichtet, als auch die ehrenvolle Einladung aus München anlangte, Beichtvater bei Ihrer kgl. Hoheit zu werden. Daran dachte der Mann in seinem Leben nie. Lieb war ihm Lehrstuhl, Kirche und Jugend; — heiliger aber schien ihm, dem Winke Gottes zu folgen. —

Aus einem stillen ascetisch litterarischen Kreise an einen fremden Hof, nach Stuttgart versetzt zu werden, dazu möchten Wenige so gut getaugt haben, als der selige Job. Ein ächt katholischer Priester, suchte er nur Gott und seinem Berufe zu leben. Ueberall trug er sein geistl. Kleid, sein Lieblingsaufenthalt war sein Zimmer, seine Zeit theilte er in Andachtsübungen und Studien ein. Die heil. Messe las er täglich in der Kapelle, in der er auch an Sonn- und Feiertagen vor Ihrer kgl. Hoheit und Deren kathol. Hofstaate christliche Vorträge hielt, die bald so großen Zuspruch fanden, daß nicht nur viele Katholiken sich im Glauben gestärkt fühlten, sondern auch einige Protestanten gewonnen wurden. Viele christliche Seelen lechzten schon lange in der lutherisch-evangelischen Stadt nach einem katholischen Geistlichen, wie sie deren in Franken, Schwaben, am Bodensee und in Breisgau hatten. Auch dem katholischen Gesandschafts-Personale war der bescheidene und gelehrte Professor aus Regensburg willkommen, und mit dessen Achtung stieg auch sein Wirkungskreis. Je mehr sich nun Job auch zurückziehen mochte, desto mehr ward sein Talent geachtet, sein Rath gesucht. Freilich ward hier die Aernte nicht so groß, wie in Regensburg; allein es war auch nothwendig, daß seinem Körper einige Ruhe gegönnt würde. —

Am kgl. württembergischen Hofe lebend, hatte Job so manche Gelegenheit gefunden, die Lage des katholischen Kirchenwesens an der obern Donau, dem Neckar, dem Main und Rhein genau kennen zu lernen. Der Umgang mit Gut= und Uebelgesinnten zeigte ihm die Verlassenheit unserer Kirche in jenen Theilen von Deutschland. Die Bischofssitze waren unbesetzt; der Nachwuchs des Klerus übel besorgt; die katholische Religion herabzuwürdigen, wetteiferte man; die Universitäten theilten dieselbe Gesinnung gegen die Kirche; Pläne und Systeme wurden geschmiedet, um ein germanisches Kirchenrecht zu stiften — auf Grundlage des leidigen Emser=Congresses! Systeme, die die christliche Einigkeit von seinen Gliedern so weit entfernen wollten, daß man nicht mehr im Stande sein sollte, das Haupt zu seinen Gliedern zu finden. So sah im südlichen Deutschlande das kirchliche Wesen aus, als Job in Stuttgart ankam. Sein Gemüth blieb nicht unbewegt und kalt dabei; im Gegentheile war es davon so ergriffen, daß, während er seine Klage ertönen ließ, er doch nicht muthlos war, sondern ernstlich daran dachte, aus dem verheerenden Sturme noch zu retten, was möglich war.

Dabei vergaß er nicht auch die verwaiste Heerde in Regensburg. Freilich war unter dieser manches Schäflein, das auf Irrwege gerathen war. Darum schrieb er mit wahrhaft apostolischem Eifer und in demselben Geiste, der in den Sendschreiben des hl. Apostel Paulus weht, mit einer Weisheit und Umsicht, die nichts, was in den Falten des menschlichen Herzens liegt, unberührt läßt, an seine frommen Beichtkinder.

Aber auch ehemalige Zöglinge, die sich dem geistlichen Stande gewidmet hatten, ermahnte er und bestärkte sie:

„Ihr seid ja Israels Wächter, das Salz der Erde und das Licht der Heerde Jesu. Brüder! vergesset dieses nie! — gehet durch die Welt, aber gestattet ihrem bösen Geiste nie eine Herberge unter euerem Rocke."

Im Jahre 1810 schrieb er: „Brüder! Man hat jetzt allerlei Lügen gegen das Oberhaupt der Kirche in Umlauf gebracht. Hütet euch, selbe zu glauben — wo Petrus nicht ist, da ist auch das Oberhaupt der Kirche nicht; wo aber Petrus zu finden, da ist die Kirche."

So wandelte der begeisterte Mann Gottes als eine Leuchte am kgl. würtembergischen Hofe; so wirkte er von Stuttgart aus nicht nur zum Wohle Einzelner, sondern zum Besten der gesammten Christenheit. Da er den Umfang des Elendes, in welchem sich damals Deutschlands Katholiken, zumal Würtembergs befanden, vor seinen Augen liegen sah, so konnte ihn zwar Wehmuth ergreifen, aber nicht niederbeugen; vielmehr fühlte er in sich den Muth, als einzelner Mann es zu versuchen, der seufzend darniederliegenden Kirche nach Kräften beizustehen.

Er kannte kein besseres Mittel, den schlechten Zeitgeist zu bekriegen, als den Lebensbaum des schlechten Zeitgeistes selbst, nämlich die Presse. Mit dieser Waffe hoffte Job die argen betrügerischen Umtriebe, die Falschheit und Lüge desselben zu enthüllen. Die Presse im Dienste der Wahrheit und des Rechtes sollte seiner Ansicht nach das zweckdienlichste Signal werden, die Bessergesinnten zu wecken. Der geistliche Rath und Pfarrer zu Waltershofen in Schwaben, Karl Felber, hatte sich entschlossen, eine Litteratur-Zeitung nach dem Bedürfnisse der damaligen Zeit erscheinen zu lassen. Kaum hatte Job von diesem vielgelesenen Blatte gehört, so entschloß er sich, dessen zu seinem Zwecke sich zu bedienen. Vor allen anderen schrieb er an seine Freunde in Bayern, Franken und Schwaben: „Das Dulden hat seine Zeit; jetzt sind wir da, wo man sich laut für den Glauben und für die Mutter aussprechen muß, wenn man nicht ein schlafender und unwürdiger Sprößling derselben sein will. Noch ist die reiche Aernte nicht verloren; aber der Arbeiter sind eben nicht viele. Soll ich allein nichts thun und im Dunkel des Traumes eingewiegt, dem Walde nahe, den Wald nicht sehen?" —

Job unternahm mehrmal Reisen durch Schwaben und andere Länder, um die Bessergesinnten aufzumuntern, für die Wahrheit der Religion unter dem Paniere ächt katholischer Litteratur einzustehen, und auf dem verdienstvollen Kampfplatze aufzutreten. Hie und da ließ er seine Stimme erschallen und sprach: „Zusammenwirken ist nothwendig. Vereinte Kraft sieget. Die Feinde der katholischen Wahrheit sehen dieses schon ein. Obgleich unter sich getheilt, verfolgen sie doch gemeinschaftlich mit ihrem Hasse und ihren Umtrieben unsere Kirche. Doch all' unsere Mühe soll nie ohne des Gebetes Weihe bleiben."

Wie viele Stimmen sich durch die sanfte und doch eindringende Ermunterung des Franz Seb. Job für das Evangelium Jesu Christi und die niedergebeugte Kirche erhoben, können wir nicht angeben; nur einige anzugeben ist uns gestattet.

Die Sybille der Zeit und Religion von Abt Kornmann, das Stammbuch von P. Edmund Walberer hatten durch ihn Verbreitung erlangt. Karl Egger schrieb seinen alten Frohnleichnam, ein klassisches Werk; Abt Prechtl seine „Einleitungen zur Wiedervereinigung der getrennten Religionsparteien im Occidente" auf seinen Betrieb.

Aber auch er legte Hand an's Werk, verfaßte mehrere zeitgemäße Originalaufsätze für die Felder'sche Litteratur-Zeitung und schickte ihr Rezensionen und Anzeigen guter Bücher zu, wodurch manches Gemüth aus dem Schlummer geweckt wurde.

Unter solchen und ähnlichen zeitgemäßen Bestrebungen brachte er auch die wenige Muße hin, die ihm gegönnt wurde, nachdem er seine durchlauchtigste Prinzessin nach Würzburg als treuer Diener begleitet hatte, und in sein Vaterland zurückgekehrt war; und Job fühlte sich hier nicht weniger zufrieden, als ehemals im Collegio zu Regensburg, weil ihm die Provinz Franken Gelegenheit genug darbot, für die Erhaltung eines guten Geistes unter der katholischen Priesterschaft des Inn- und Auslandes zu arbeiten. Allein die Vorsehung beschied ihn, noch weiter im Osten eine schönere Morgenröthe zu erblicken. —

Seine durchlauchtigste Prinzessin wurde nämlich am 29. Okt. 1816 durch Prokuration zu München und am 10. Nov. zu Wien mit dem Kaiser von Oesterreich vermählt, da sich die Sponsalien mit dem Kronprinzen von Würtemberg gelöst hatten.

Im Februar 1817 kam Job nach Wien. Er hatte auch da wie in Würtemberg und Würzburg das volle Vertrauen der neuen Kaiserin. Es wurde ihm auch bald in der Kaiserstadt die erwünschte Gelegenheit, mehrere ebenso gelehrte als fromme Priester kennen zu lernen. Mehrmal sagte er: „Ich habe mir Wien wohl gut vorgestellt, allein ich finde es besser, als ich es mir dachte. Hier sind ja die Kirchen auch die Woche hindurch mehr, als irgendwo besucht. Täglich sehe ich viele Menschen am Tische des Herrn."

Der beste Ruf verbreitete sich allgemach in der Hauptstadt, und es wurde bald ruchbar, daß der neuangekommene Priester in hohen Gnaden am k. k. Hofe stehe.

Tausende wünschten unter vielen Vorwänden die Bekanntschaft des Abbé Job zu machen, um sich einen Weg zur Gnade, zu Würden und Aemtern anzubahnen. Der Priester hingegen gab auf solche Anträge die richtige Antwort: er gebe sich nur mit seinem geistlichen Berufe ab; übrigens wolle und dürfe er seine allergnädigste Landesmutter mit nichts behelligen, was außer der Sphäre des priesterlichen Berufes liege." Und diese Erklärung wußte er mit so viel Liebe und Offenheit zu geben, daß weder der Würde der Werber zu nahe getreten, noch der Haltung etwas vergeben war, die seine Stellung erforderte.

Eine besondere Lieblingsbeschäftigung des so werthen Priesters in Wien war das Predigen, wozu man ihm recht gerne Gelegenheit verschaffte. Sein Vortrag war ungekünstelt, voll Salbung für Kopf und Herz. Nicht selten geschah es, daß er erst spät zu irgend einer Predigt gebeten wurde. Verlegen aber fand man ihn nie, mochte auch seine Aufmerksamkeit vielseitig in Anspruch genommen sein.

Nach Hof ging Job nur, wenn er von den Allerhöchsten Herrschaften gerufen wurde; in politische Geschäfte mengte er sich nie ein. Nicht einmal um die Stelle und den Titel eines k. k. Hofkaplans hatte er sich beworben, daher er zum selben ernannt wurde, ohne die Verbindlichkeiten wie Hofkapläne zu haben. So hatte er Zeit gewonnen, auch für die übrigen Bewohner Wiens in geistlichen Dingen zu arbeiten, besonders in den Klöstern und Schulen. Unermüdet war er im Beichtstuhle, zu dem sich ganze Schaaren drängten und wenn er dann nach Hause kam, so harrten seiner oft schon Viele wieder, um ihn um Rath und geistl. Hülfe zu bitten.

Nach einem siebenjährigen Aufenthalte zu Wien wurde ihm ein fürstbischöflicher Sitz angetragen. Ohne sich lange zu besinnen, lehnte er diesen ehrenvollen Ruf mit der innigen Bitte ab, man möge ihm gönnen, für immer auf einer niederen Stufe bleiben zu dürfen.

Zu Tisch ließ sich der k. k. Hofkaplan selten und nur in jene Häuser laden, in denen Glaube und Tugend die Herrschaft führten. Mit welcher Munterkeit der sonst gleich einem Einsiedler von der Welt zurückgezogene Priester dabei die Anwesenden erheiterte, bewies, daß ein stilles Leben eben keine finstere Seelen bilde. Seine angebornen guten Einfälle würzten so unerwartet, daß sich das Verlangen, mit dem seltenen Manne öfters umzugehen, laut ausgesprochen hat. Nie hörte man von ihm eine schneidende Bemerkung, nie ein Wort, so Jemanden beleidigen konnte, auch nicht einen Abwesenden.

Mochte sich Job ob des vielen Zuspruches, den er in Wien gefunden hatte, noch so freuen, so ward es ihm doch nicht gestattet, ununterbrochen daselbst zu verweilen. Forderte es nicht die Erhaltung seiner Gesundheit, irgend einen weiteren Ausflug sich zu gönnen, so forderte es sein Beruf, zuweilen dem Hoflager zu folgen, und von der Residenz sich zu entfernen. So kam er in alle Gegenden, gegen Osten nach Preßburg, gegen Süden nach Rom, gegen Norden nach Prag, und gegen Westen in sein liebes Vaterland nach Regensburg. Doch war er nirgends, ohne das Gute überall zu finden und zu schätzen.

Zu Prag, wohin er 1824 kam, fand er vieles, was ihm merkwürdig war. Seiner Meinung nach übertrifft diese Königs-Residenz alle anderen Städte Deutschlands. Besonders gerne verweilte er an dem reich geschmückten Grabmale des heil. Blutzeugen Johann v. Nepomuck.

Im Jahre 1825 mußte er in seinem Berufe zum kaiserl. Hoflager nach Preßburg. Carolina Augusta, die neue Kaiserin, sollte nach einem alten Herkommen zur Königin von Ungarn feierlich gekrönt werden. Welche Wonne bei diesem Feste sein Herz durchströmte, dieses, sagte er, könne keine Feder beschreiben.

Während die allerhöchsten Herrschaften in den Jahren 1828 und 1833 auf den Familiengütern und in Baden weilten, machte der k. k. Hofkaplan im Sommer einige Ausflüge in sein liebes Vaterland. Dort war sein inniger Freund, Bischof Michael Wittmann, in ein besseres Leben hinübergegangen, und hochdieser hatte in seinem Testamente Anordnungen getroffen, deren Execution ihm aufgetragen war. Nach diesem, und nachdem er das Grab seines Geliebten mit Thränen benetzt hatte, verfügte er sich nach Neunburg, um den Hintritt seines Bruders Martin, gewesenen Stadtpfarrers daselbst, zu betrauern und dessen letzten Willen zu vollziehen. Bei dieser Gelegenheit traf der edle Priester die geeigneten Vorkehrungen, um der Neunburger Bürgerschaft für alle Zukunft bleibende Wohlthaten zu bereiten, auf die wir später kommen werden.

Keine aber von allen bisher erwähnten Reisen erfüllte Job's Gemüth mit so vielem Vergnügen als die nach Süden, welche der Gottesmann schon im Jahre 1819 in seinem Berufe nach Rom unternahm. Sie war für ihn die wichtigste seines Lebens. Ihre Majestäten der Kaiser und die Kaiserin entschlossen sich nämlich während der heil. Fastenzeit zu einer Reise dahin, um während der heil. Charwoche bei St. Peter in Rom dem feierlichen Gottesdienste beizuwohnen, und die österliche Andacht zu verrichten. Die beiden Hofkapläne Darnant und Job erhielten demnach die Weisung, sich zur Reise anzuschicken. Welche Freude hierüber Job hatte, kann man aus folgender Aeußerung, die er seinen Freunden schrieb, abnehmen. „Ich will dort für euch," schrieb er, „das Grab der Apostel-Fürsten grüßen, die Kette Petri küssen, und den Glauben an das Petro-apostolische Lehrmeisterthum recht laut aussprechen und aus allen Kräften beten, daß alle Welt dessen Licht und Gnade ergreife."

Die Hinreise ging glücklich von Statten; wir fassen der Kürze wegen, sogleich seinen Aufenthalt in Rom näher in's Auge, und hierüber gibt uns sein Brief an seinen Bruder Martin, Stadtpfarrer in Neunburg, die besten Aufschlüsse. Er lautet wörtlich so:

Rom am 7. April 1819.

Mein geliebter Bruder!

„Den 30. März, Nachmittag 3½ Uhr, erblickte ich zum ersten Male von der Ferne die Stadt Rom. Ich überließ mich jetzt meinen Empfindungen und dem stillen Gebete. Als wir der Stadt näher kamen, lud ich meinen Reisegefährten ein, mit mir das Te Deum zu beten. Um 5½ Uhr fuhren wir über die Tiberbrücke, kamen durch die porta del popolo und erreichten um 6 Uhr den Quirinal-Palast, wo wir mit brüderlicher Freundlichkeit aufgenommen wurden. In diesem ungeheueren Palaste stehen unserem k. k. Hofe mehr als 1000 Zimmer zu Gebote, und doch wohnt darin zugleich der heil. Vater mit seinem Hofpersonale, dem Staatssekretariate und einigen Karbinälen. Die einstimmige Liebe der Römer hat sich in den Zubereitungen zu dem Empfange der kaiserl. Majestäten erschöpft. Die Pracht ist von Freude und Liebe überall so umweht, daß man es fühlt, wie gut sich's ruht, im Schooße des Vaters der Christen. Ich staune die Ruinen des alten Rom an — weile mit Ehrfurcht und Dank an den Grabmälern des Christenthums. Aber mein Herz findet sich vor allem sanft angesprochen von der ächten Urbanität der Römer. Wenn Dir wieder Jemand sagt: „die Römer sind Ignoranten und hassen uns Deutsche," so denke, der Vater der Lüge hat auch dieses Sprüchlein in Umlauf zu bringen gewußt. Willst Du die Humanität nicht bloß im Buche, sondern auch im Leben schauen, so kehre im Quirinal zu Rom ein. Ich wenigstens habe sie noch nirgends von einer reineren und lieblicheren Seite gesehen. Patris ad exemplum totus componitur orbis. Täglich erweitert sich um mich her der Kreis von vortrefflichen Männern, die mit kräftiger Bildung christliche Einfalt und Liebe verbinden. Ich bin hier nicht bloß glücklich, ich bin selig.

Willst Du Dir den heil. Vater vorstellen, so denke Dir einen alten Benediktiner im weißen Kleide in seiner Zelle am Arbeitstische — einen Greisen, der an Leib und Geist viel gelitten hat, und noch leidet. So fanden wir ihn im nämlichen Kämmerlein, aus welchem ihn die harte Hand des jetzigen Triumphators von St. Helena entführt hatte. Kaum hatte ich ihm die Hand geküßt, so sagte er zu mir: „Res male eunt in Bavaria!" Resp.: „Sanctissime Pater! Ne id clero, ne populo bavaro succenseas. Ili Tui sunt. Nosti genus hominum, qui rem publicam tam sacram, quam profanam turbant. Confido, Deum, confusis ecclesiae inimicis populo pio et catholico subventurum esse etc."

„Man glaubt allgemein, daß wir Pius den Siebenten nicht mehr lange besitzen werden. Alles an ihm ist schwach; nur sein Geist und seine Stimme sind stark. Doch Gott kann ja auch die Schwachen lange erhalten." —

„Dein Bruder Sebastian."

Um das Ende April's herum schickte sich der k. k. Hof an, noch weiter nach Neapel zu reisen, wohin die allerhöchsten Herrschaften die zartesten Bande der Verwandtschaft geladen hatten. Seb. Job war so glücklich, auch dahin mitzukommen, nicht ohne den Wunsch seines Monarchen und des heil. Vaters. Kaum verweilte er einige Tage in Neapel, als ihm die Verschiedenheit des dort herrschenden Klimas, so er bisher nicht gewohnt war, eine gefährliche Krankheit zuzog, von welcher ihn jedoch mit Gottes Hülfe ein geschickter Arzt, während er ihm strengen Gehorsam auferlegte, bald wieder hergestellt hat. Ein Freund der Natur nicht minder, als der Kunst und Gelehrsamkeit, besuchte er die vielen und großen Kirchen, besichtigte die Merkwürdigkeiten der unübersehbaren Stadt, des sie bespülenden Meeres, den Wald der Masten, bewunderte das Treiben der Kaufleute, Bürger u. s. w. Einer seiner Wünsche war auch, den Vesuv zu besteigen. Er führte ihn aus, und kam bis an die Nähe des Kraters, dessen Getöse eine baldige Eruption verkündete. Er trat so nahe, als es die Vorsicht erlaubte, hinzu, sah und hörte den gewaltigen Steinregen, der mit schrecklichem Gepraffel den Himmel verfinsterte. —

Nachdem sich Ihre Majestäten von Oesterreich beiläufig vier Wochen in Neapel aufgehalten, erfolgte allerhöchstderen Rückreise noch vor Pfingsten nach Wien. Hofkaplan Job mußte aber in Neapel bleiben, um ein geistliches, sehr gutes Werk, wie es schien, auf den Wink des heil. Vaters zu vollenden. Der Mann Gottes, dem überall sein Ruf vorausgeeilt war, hatte dem höchsten Zutrauen vollkommen entsprochen, konnte aber die Reise nach Hause erst im Winter antreten, weil ihn eine schwere Krankheit zum zweiten Male befiel.

Glücklich hergestellt, eilte er nach Rom, um die dortigen

Freunde und Gönner noch einmal zu sehen, und die frommen Wünsche seines Herzens für das Wohl der Einen apostolischen Kirche am Grabe der Apostel selbst zu wiederholen.

Als er im Jahre 1820, nach dem Feste der heil. 3 Könige, in Wien ankam, erfüllte das angenehme Wiedersehen alle seine zahlreichen Freunde mit Jubel. Er brachte seine heitere Laune und einfache Manier zurück, und war irgend etwas verändert an ihm, so war es die zunehmende Extension seines Körpers.

Selten wird ein großer Mann ohne besondere Eigenheiten des Charakters gefunden. Job lebte in einer Zeit, wo bei vielem Lärm über Gemeinsinn doch nur die Selbstsucht und Eigennützigkeit überall das Triebrad ist. Auch er hatte für diese Zeit seine Sonderbarkeit an sich, den edlen festen Willen, sich ganz darüber hinauszusetzen, wenn ihn andere für einen Sonderling hielten, wenn er nur das Bewußtsein hatte, so gehandelt zu haben, daß er Allen zum Muster dienen konnte. Sein Wahlspruch war: Non prae fuisse, sed pro fuisse juvat, und so war auch sein Leben und Wirken nur ein lebendiger Ausdruck seines Grundsatzes.

Viel Gutes stiftete Job, und brachte viele und große Opfer. Hier sollen nur seine wichtigsten Stiftungen angegeben werden.

Job war nämlich der einzige von dem gesammten ehemaligen Hofstaate seiner durchlauchtigsten Prinzessin zu Würzburg, welcher den ehrenvollen Ruf erhalten hatte, höchstderselben nach Wien zu folgen; aber dennoch erhielt er wie die übrigen eine lebenslängliche Pension von Bayern. Dieses Geld nun verwendete er für seine Vaterstadt. Die erste Stiftung machte er schon 1820 für zwei arme Studenten, worauf er gleich damals 1200 fl. anlegte. Das Stiftungs-Kapital übergab er der Sorgfalt der dortigen Spitalverwaltung, das Recht, die Stipendien zu vergeben, räumte er dem jeweiligen Pfarrer, Bürgermeister und Spitalverwalter gemeinschaftlich ein. Zu Stipendiaten sollen jährlich zwei andere aus den dürftigsten, fleißigsten und bestgesitteten Studenten, ohne daß sie darum anhalten dürfen, ernannt werden. Die Studenten haben weiter nichts zu thun, als daß sie jedesmal in den Herbstferien ihre Zeugnisse dem Herrn Pfarrer vorzeigen. Wer selbst darum wirbt, oder Andere für sich werben läßt, kann das Stipendium für jenes Jahr nicht erhalten. —

Noch mehr lag ihm die Errichtung eines anderen eben auch neu zu gründenden Frauenklosters in seiner Vaterstadt Neunburg am Herzen. Die Bestimmung desselben sollte sein, daß eine Versammlung andächtiger Jungfrauen und wohl auch solcher Wittfrauen bestehe, die vorerst sich selbst in der Tugend, in der Verläugnung ihres eignen Willens, im pünktlichem Gehorsame, in Gebet und Betrachtung der ewigen Wahrheit zu üben entschlössen, die übrige Zeit aber der Erziehung der weiblichen Jugend widmen wollen.

Wir haben mit den eignen Worten des seligen Job diese seine Stiftung oben schon erzählt. Wir fügen aber über diesen Punkt noch die nachfolgenden Briefe bei, damit man ersehe, mit welcher Zärtlichkeit Job dem von ihm gestifteten Institute der armen Schulschwestern zugethan war, wie rein und wie tief seine Seele die christliche Religion erfaßte.

„Neue Blüthen der Braut Jesu Christi, unserer Kirche."

„Geliebte Schwestern und Mitarbeiterinnen im Weinberge des Herrn! Hätte ich den Geist und die Liebe des Schooß-Jüngers Jesu, so würde ich in seinen Worten mein Herz euch öffnen und schreiben."

„Der Aelteste an die auserwählte Mutter und ihre Kinder, die ich in Wahrheit liebe, nicht aber ich allein, sondern alle, welche die Wahrheit erkannt haben, lieben sie, eben wegen der Wahrheit, die in uns wohnt und ewig mit uns sein wird. Gnade, Erbarmen und Friede sei mit euch von Gott dem Vater und von Christo Jesu, dem Sohne des Vaters, in Wahrheit und Liebe! — Ich habe mich hocherfreut, da ich einige Deiner Kinder, Kinder in der Wahrheit, so wandeln sah, wie es uns vom Vater geboten ist. Und nun bitte ich Dich, auserwählte Mutter, nicht als hätte ich Dir ein neues Gebot zu schreiben, sondern das, was wir vom Anfange her gehabt haben, daß wir einander lieben sollen. Darin besteht aber die Liebe, daß wir nach seinen Geboten wandeln; denn so hat er es befohlen, so sollen wir wandeln, wie ihr es gleich am Anfange vernommen habet. Jetzt aber sind viele Verführer in die Welt ausgegangen, die da Jesum nicht für Christum, der im Fleische gekommen ist, bekennen, und diese sind der Verführer und Antichrist. Nehmet euch also wohl in Acht, damit ihr nicht verliert, was ihr euch mit Mühe erworben habt, sondern den vollen Lohn erhalten möget. Wer immer zurücktritt, in der Lehre Christi nicht ausharret, der hat keinen Gott; wer aber in seiner Lehre ausharret, der hat den Vater und den Sohn. Wenn Jemand zu Euch kommt und dieser Lehre nicht zugethan ist, so nehmet ihn nicht in Euer Haus auf, und gebet ihm den brüderlichen Gruß nicht. Denn wer ihm den brüderlichen Gruß gibt, nimmt mit Antheil an seinen bösen Werken.

N. N. Ich habe mich hoch erfreut, da viele Brüder von Deinem unverfälschten Wesen Zeugniß geben, wie Du in der Wahrheit wandelst, und ich selbst Zeuge war. Ich habe nun einmal kein größeres Vergnügen, als wenn ich höre, daß meine Kinder in Wahrheit wandeln. Du handelst dem Glauben gemäß in dem, was Du den Kleineren, die nun, des Weges unkundig, die Reise durch die Wüste in's gelobte Land antreten, thust. Deine Liebe wird an den Ufern der Donau gerühmt; Du wirst wohl daran sein, wenn Du den Kleinen, wie es Gott ja wohl verdient, auch an den Ufern der stillen Schwarza auf ihrer Reise ferner behülflich sein wirst. Denn sie sind um Seinetwillen auf der Reise und bekommen von den Heiden unserer Zeit nichts. Wir sind also schuldig, sie aufzunehmen, damit wir auch etwas für die Wahrheit thun und mitarbeiten können. Joh. Sendschr. 1—10. 3. Sendschr. 2—8. Allein ich bin nicht der Jünger Johannes, ich bin der faule Knecht in W. oder der untreue Verwalter, dem sein Loos schon bestimmt ist, wenn nicht die Armen sich meiner erbarmen und mich in ihre Gezelte aufnehmen. Als solchen seht immerhin den an, der jetzt mit Tinte auf's Papier an Euch schreibt. Dieß wird Euch und mir frommen. Denn wenn Ihr diese Wahrheit festhaltet, so wird Euere Liebe um so kräftiger angeregt, für mich zu beten zum Vater der Erbarmungen, durch unsern Herrn Jesum Christum.

Geliebte Schwestern in Christo! so oft ich an Euch denke, so ist mein Herz mit Trost überfüllt, und mein Mund möchte alle Geschöpfe aus dem Himmel, auf der Erde und aus der Unterwelt zusammen rufen, um die Wunder des Herrn zu preisen. Da ich die Beschwerden, die Schwierigkeiten, die äußeren und inneren Kämpfe Eueres neuen Berufes im klaren Lichte vor mir sehe, so weiß ich Eueren Entschluß, Euer Opfer, Eueren Muth, Euere verborgenen Siege zu würdigen. Mit solchen Erscheinungen erneuert nur der Geist Gottes das Antlitz der Erde und seiner Kirche. Ueberdieß ist der Anfang immer mit einigen Beschwerden verbunden. Allein ich lebe der süßeren Zuversicht, daß der Herr sich die rechten Werkzeuge auserkoren habe. Die Liebe, welche der heil. Geist in eueren Herzen ausgegossen hat, macht Alles leicht und süß, überwindet Alles. Leget muthig die Hand an den Pflug, und schauet nimmer zurück. Ich empfehle Euch, und werde euch täglich empfehlen Gott dem Urheber Eueres Unternehmens, der auch Euer Wegweiser, der Zeuge und Vergelter Euerer Arbeiten, und Schirmer Eueres Vereines sein wird. Ich empfehle Euch und will Euch täglich empfehlen Eueren Schutzheiligen: der allerseligsten Jungfrau und Mutter Gottes Maria, dem heil. Erzengel Michael, dem heil. Joseph, dem heil. Wolfgang, der heil. Agnes, der heil. Theresia und allen heiligen Engeln und Heiligen Gottes. Gelobt sei Jesus Christus! Betet für mich!

„Erbarmet Euch meiner, erbarmet Euch meiner, wenigstens Ihr, meine Freundinnen!"

Schönbrun bei Wien, den 13. Okt. 1833,
  Abends 9 Uhr
       Job, Franz Sebastian.

An die würdige Mutter N. N. und ihre geistlichen Töchter, die im Vereine mit ihr zu Neunburg vorm Walde leben und arbeiten.

Einige Gedanken über die neue Mädchenschule in meiner Vaterstadt Neunburg vorm Wald.

1) Der Schul- und Klosterbau in Neunburg ist Gottes Werk. So muß ich die Sache ansehen und beurtheilen, nachdem ich die ganze Geschichte dieses Unternehmens von Anbeginn bis zu dieser Stunde reiflich überlegt habe. Ja, wenn die Lehrerinnen sich genau an die Worte und den Geist des sel. Bischofes, Michael Wittmann halten, und ihrem Berufe treu entsprechen, so möchte ich beinahe voraussagen: die kleine Hütte in Neunburg wird die Stamm=Mutter vieler ähnlicher Anstalten im Lande werden. — Also

2) muthig und frisch an das Werk. Bauet und fanget an im Vertrauen auf Gott!

3) Sollten Hindernisse, Hemmnisse, Gegenbewegungen, Beschwerden, Mühen dazwischen kommen, desto besser. Derlei Erscheinungen sind zuverlässige Urkunden, daß die Sache von Gott ausgegangen sei, und tröstliche Vorbedeutungen, daß es dem Teufel und seinem Reiche Abbruch thun werde.

4) Das Aeußere des Gebäudes soll sich dem Auge in netter und gefälliger Form darstellen; aber der einzige Schmuck des Innern soll bestehen in Armuth und Reinlichkeit. Eine Ausnahme hievon macht die Kapelle; denn sie ist die Wohnung des Herrn, und soll das einzige und eigentliche Refectorium (Erholungs-, Erquickungs=Zimmer) seiner Mägde sein. Schon durch ihre Bauform soll die Kapelle das Menschenherz freundlich ansprechen. Für die weitere Ausstattung und Ausschmückung wird der Herr in der Zeit sorgen.

5) Gute Seelen! Treue Jüngerinnen meines verklärten Freundes W., liebet und übet die Armuth, die Säugamme ächter Gottseligkeit und hochgesegneter Wirksamkeit. Wer dem Herrn dient, darf seinen Lohn nicht hier erwarten. Mit solch' elendem und verweslichem Tand lohnt der Herr nicht, und begnügt sich sein Diener oder seine Magd nicht. Arme Schwestern und Lehrerinnen sind unserer Zeit angemessen. Die große Mehrheit ringt mit Noth, und die kleine Zahl der Reichen hat nicht Lust, das Himmelreich mit Geld zu erkaufen.

7*

Liebet und übet die Armuth! sie wird euere Schutzgöttin sein wider die Zerstreuungs- und Umwälzungs-Wuth der Weltweisheit, die es nicht darauf anlegt, die Armen reich, sondern die Reichen arm zu machen, und wider das Gelüsten der Staatswirthschaft, welche säkularisirt, wenn sie ihre gute Rechnung findet. Liebet und übet die Armuth! sie soll euer Passierschein und euer sicheres Geleit sein. Sehen gierige Augen den Wanderer reich beladen, so werden sie versucht, ihn zu berauben; der Bettler geht sorg- und gefahrlos. — Schwestern, welche den Kleinen zu Hülfe eilen, und dafür wenig oder nichts fordern, wird man mit offenen Armen entgegenkommen. Neunburg soll den ersten Versuch liefern. Nehmet diesen Gedanken zu Herzen!

6) Belastet eueren Verein nicht mit zu vielen und zu strengen Regeln, Satzungen und Vorschriften. So was steht in zu schroffer Opposition mit unserer Zeit; die Welt kann es nicht hören, wie soll sie es dulden, billigen? Ihr laufet Gefahr, von geistlicher und weltlicher Behörde abgewiesen zu werden. Der Geist läßt sich auch nicht mit Buchstaben festhalten und fortpflanzen, vielmehr erstirbt er, erdrückt von der Buchstaben-Last. Der lebendige Geist, den euch euer von Oben gesalbter Lehrer eingehaucht hat, pflanzt sich am sichersten fort durch häusliche Disciplin, die nach und nach zur Observanz wird. — Also wenige Regeln, die das Wesen eueres Standes und Berufes zunächst berühren und bestimmen. Wenig Buchstaben; denn der Buchstabe tödtet, damit dem Geiste, der lebendig macht, desto mehr freier Raum bleibe.

7) Drei Grund- und Haupttugenden empfehle ich euch. So lange diese unter euch blühen werden, wird Gottes Huld über euch und eueren Hütten ruhen. Diese Tugenden heißen, erstens: Gehorsam; zweitens: Gehorsam, drittens: Gehorsam. Denn der Gehorsam ist nichts anders, als der sichtbare Ausdruck und die ächte Probe des demüthigen Herzens. Denkt an das Ur- und Mutter-Klösterlein von Nazareth. Da wohnen Armuth, Keuschheit, Gehorsam unter

einem Dache. Das Kind Jesu gehorchte der Mutter, die Mutter Maria dem Joseph, der Vater Joseph dem Engel, der Engel Gott. So hängt Alles durch Gehorsam uneinander. Herr sprich: Amen!

An Jungfer N. N.

Wien, den 22. März 1830.

Franz Seb. Job.

So kam ein Institut zu Stande, das überall Nachahmung verdient.

Da Job als k. k. Hofkaplan von Oesterreich seinen Gehalt auch von diesem Lande bezog, so glaubte er es diesem Lande schuldig zu sein, das, was er sich erübrigen könne, zu milden Stiftungen für dieses Land zu verwenden.

Wir wollen hier nur seine Hauptstiftung erwähnen.

Der Grundriß derselben war dieser:

Es sollten arme Studenten aus Ober-Steiermark, die sich dem geistlichen Stande zu widmen vorgenommen hätten, unentgeldlich in einem Seminare gepflegt, und zu Geistlichen herangebildet werden.

Job fühlte nämlich wie bei der Armuth der dortigen Bewohner es wenigen Jünglingen möglich war, die kostspielige Studien-Laufbahn durchzumachen; auch erkannte er, wie wenig geeignet bei dem dortigen rauhen Klima Ausländer für die gebirgigen Gegenden Ober-Steiermarks seien. Dieses erwägend, muß seine Stiftung doppelt willkommen, und Nutzen bringend gewesen sein. Als fruchtbringendes Kapital legte er 16,000 fl. Conventionsmünze an, vermachte in seinem Testamente dem Institute Alles, was nach seinem Tode an Geräthschaften, Altargefäßen, Priesterkleidung ꝛc. überhaupt, was sich vorfinden würde. In dieses Institut sollen aufgenommen werden:

1) die Söhne unbemittelter Eltern;
2) ehelich erzeugte Söhne;
3) aus Ober-Steiermark;
4) römisch-kathol. Religion;

5) die Neigung und Beruf zum geistlichen Stande, so viel sich davon in zarter Jugend wahrnehmen läßt, verrathen.

Die Verwaltung sollte der jedesmalige Bischof oder Administrator der Leobner-Diözese sein, ohne daß er andern Behörden Rechenschaft zu geben hat.

Unter seinen näheren Bemerkungen über die Aufnahme der Zöglinge, ihre Leitung u. s. w. befand sich auch die, daß solche Söhne, die mit Bitten, Empfehlungen, Zudringlichkeit kommen, deßwegen allein schon abgewiesen werden sollten. Daraus sehen wir, wie sehr Job Empfehlungen fürchtete.

Wir kommen endlich zur letzten Epoche eines irdischen Siedlers, der seinen Beruf als Mensch, Christ und Priester so getreu ausgefüllt hat, daß auf ihm nicht nur kein Tadel, sondern so viel Verdienst liegt, als irgend ein Tugendhafter errungen hat.

Nachdem Job bereits seine frommen Vermächtnisse in Ordnung gebracht hatte, machte er mehrere Gänge, die ihm bei kalt-nasser Witterung einen Katarrh zugezogen hatten. Schon vor seinem Namenstage, den 20. Jänner 1834, fühlte er einen Anfall als Folge einer Erkältung, die er sich bei religiösen Verrichtungen im Salesianerinnen-Kloster zugezogen hatte. Der Husten nahm mit jedem Tage zu, ohne Lösung des Schleimes. Vierzehn Tage vergingen, und das Uebel schien schon einen gefährlichen Charakter anzunehmen. Kaum bemerkte er des Arztes Bedenklichkeit, als er sogleich die letzte Wegzehrung verlangte; am folgenden Tage, am 3 Febr., begehrte er sie wiederholt, und empfing sie mit einer Erbauung, wie man sie nur von einem Heiligen erwarten konnte. Weil er nicht lange zu reden im Stande war, ersuchte er seinen Beichtvater P. J. Beks *), aus der Gesellschaft Jesu, noch vor dem Empfange des heiligen Abendmahles das Glaubensbekenntniß des Tridentiner Conciliums laut vorzusprechen. „Ich habe," sprach er mit erhöhter Stimme, „als ein römisch-katholischer Priester gelebt, der Herr verleihe mir seine Gnade, auch als solcher zu sterben."

Von reger Andacht ergriffen, glaubten die Umstehenden einen verklärten Engel im Bette zu sehen.

---

*) Gegenwärtig P. General der Gesellschaft Jesu.

Er fiel manchmal in einen Schlummer, der seine Phantasie so sehr befangen hat, daß er in laute Reden ausbrach. — Mehrmal fragte er nach dem Aschermittwoch: „Ist heute Aschermittwoch? Leiden muß ich — sterben müssen die in der Sünde geboren sind, und ganz in Asche zermalmet werden, durch und mit Christus stehen wir wieder auf."

Es war auch der Aschermittwoch der letzte Tag seines irdischen Daseins, an dem er den Vers: „Gott erhalte Franz, den Kaiser," so viel wollte man vernommen haben, anregte. Es war der Geburtstag des Monarchen.

Am 13. darauffolgenden Tage des Februars, um 10½ Uhr Vormittags, gab er sanft seinen Geist auf, wie ein Heiliger, der seinem Schöpfer und Erlöser in stiller Selbstverläugnung, in Arbeit, Treue, Liebe und Andacht gedient hat. „Selig die, so in dem Herrn entschlafen."

Bei der Eröffnung seines Testamentes las man: §. 2. „Nach welcher Ordnung und Klasse ich begraben werden wolle?" Mein Herz antwortet: „wie die Armen." Arm sah es aus um meine Wiege, warum nicht auch um meinen Sarg?"

So gerne man auch seinem Willen nachgekommen wäre, so kam diesem der Zartsinn der Kaiserin vor, und dieser verordnete, man sollte den verewigten frommen Priester auf eine feierliche Weise begraben.

Auf Allerhöchste Anordnung wurde dem Dahingeschiedenen ein geschmackvoller Leichenstein errichtet, den folgende Inschrift ziert:

Es ist vollbracht.
Dem frommen Priester,
Treuen Kaplan,
Eifrigen Prediger,
Gewissenhaften Beichtvater
Franz Sebastian Job.
Geboren den 20. Jänner 1767.
Gestorben den 13. Februar 1834.
Setzte dieses Denkmal
Caroline Auguste,
Kaiserin Königin.

Einfach, bescheiden im Aeußern,
Fromm und rein im Innern,
Erhaben über der Erde Lohn,
Nichts als das Ewige suchend,
Fest im Glauben an Jesu Wort,
Unerschütterlich im Vertrauen auf Ihn,
Stets eifernd für Gottes Ehre,
Unermüdet für der Seelen Heil,
So war Er.

III. Georg Michael Wittmann.

Es war im September 1819, als ich*) zum erstenmal nach Regensburg reiste. Freunde in München hatten mir Briefe an Georg Michael Wittmann, damals Regens des bischöflichen Clerical-Seminars in Regensburg, mitgegeben und mir denselben zugleich als einen der gottseligsten Männer, als eine der merkwürdigsten Erscheinungen unserer Zeit geschildert. In Regensburg angekommen, hörte ich von allen Seiten nur eine Stimme des Lobes und der Verehrung für den Charakter dieses Mannes, selbst aus dem Munde derjenigen, die seine religiöse Ueberzeugung nicht theilten, ja, in ihm nur einen Schwärmer oder Sonderling sahen. Man erzählte mir von ihm die erhebendsten Züge. Ich erfuhr, daß er im Jahre 1809 bei Beschießung und Belagerung der Stadt durch das französische Heer, ohne Scheu vor den feindlichen Kugeln, auf die Straßen geeilt, um den Verwundeten beizustehen, — daß er in dem brennenden Seminar seine Habe, seine Bücher, selbst seine zahlreichen Manuskripte unbesorgt den Flammen überlassen habe, um aus dem gleichfalls brennenden Lazareth die Kranken zu retten und auf seinen Schultern heraus zu tragen. Man sagte mir vieles von seiner streng ascetischen Lebensweise, von seiner Demuth, Geduld und Wohlthätigkeit, wie sein Einkommen fast ganz den Armen angehöre und wie er als Seelsorger wegen Zurückleitung verführter Personen auf den Weg der Zucht und Sitte schon mehrmals von bösen Buben nächtlich angefallen und

---
*) So erzählt Eduard v. Schenk in seiner Charitas 1838.

thätlich mißhandelt worden, solches jedoch immer geduldet und verschwiegen habe.

Diese Berichte mußten meine Sehnsucht, Wittmann persönlich kennen zu lernen, sehr erhöhen und schon am Tage nach meiner Ankunft ging ich in Begleitung eines Freundes zu ihm. Er wohnte in dem Seminar, dessen Leitung ihm schon seit vielen Jahren anvertraut war. Wir trafen ihn in dem einzigen Zimmer, welches er besaß und das einer Klosterzelle glich. Wenige Stühle, ein Tisch, ein Schrank, alles von gewöhnlichem Holz, ein niedres und hartes Bett und eine kleine Büchersammlung bildeten die ganze Einrichtung des Zimmers. Er empfing uns ohne das übliche Lächeln der Höflichkeit, mit wenigen, aber freundlichen Worten. Während er die Briefe las, die ich ihm übergeben, hatte ich Zeit, ihn zu betrachten. Es war eine Gestalt von mittlerer Größe, etwas gebückt, in einfachem schwarzen Talar, das Haupt gesenkt, das dunkle Haar kurz abgeschnitten, die Züge mehr fein als groß, das Auge wie ein Sonnenstrahl durch Wolken, die Stimme gedämpft und leise, die Sprache weder rasch noch lebhaft, die ganze Erscheinung das Bild jener tiefsten und innersten Demuth und Abtödtung, durch welche das Bewußtsein geistiger oder sittlicher Ueberlegenheit, um so mehr jedes äußere Zeichen derselben niedergehalten wird. Er war übrigens schon damals im Alter vorgerückt und stand im dreiundsechzigsten Lebensjahre.

Nach einem Gespräche über einige Angelegenheiten der Religion und Kirche, worin sich die größte Bestimmtheit und Klarheit seiner Ansichten, sowie die reinste Innigkeit seines Gemüthes zu erkennen gab, verließen wir ihn. Der Eindruck, welchen er auf mich gemacht hatte, war unauslöschlich.

Erst sieben Jahre später sah ich ihn wieder. Als ich 1826 nach Regensburg reiste, um Sailer zu besuchen, führte derselbe mich, als Vorstand des obersten Kirchen= und Schulrathes, in alle der Religion und Erziehung gewidmeten Anstalten jener Stadt, daher auch in das Klerikal=Seminar, welches erst vor Kurzem in das schöne Gebäude des ehemaligen Reichsstiftes Obermünster verlegt worden war. Wittmann war seitdem Domkapitular und Dompfarrer geworden, aber noch Regens des Seminars geblieben.

Er empfing uns an der Spitze sämmtlicher Zöglinge. Ein Gang mit ihm durch alle Räume des Gebäudes, durch die Museen, die Schlafsäle, den Speisesaal, den Garten u. s. w. zeigte mir allenthalben das Gepräge der größten Einschränkung und Einfachheit, aber zugleich der größten Ordnung und Zweckmäßigkeit; auch hier war sein eigenes Zimmer das kleinste, am ärmlichsten eingerichtete. Die Zöglinge hingen mit liebender Verehrung an ihm und betrachteten ihn wie ihren Vater; er belehrte sie nicht bloß durch seine Vorträge, sondern auch durch sein Beispiel, ja, schon sein Anblick war ein lebendiger Prediger.

Bei meinen folgenden Besuchen in Regensburg sah ich Wittmann nicht. Jeder scheute sich, die kostbare, zwischen Arbeit, Studium und Gebet getheilte Zeit dieses Mannes durch irgend ein anderes als nothwendiges Geschäft zu unterbrechen und er selbst wich mich gerne allem nicht unbedingt Nothwendigen aus, wenn dadurch die Erfüllung irgend einer Berufspflicht auch nur im entferntesten gestört wurde. Ein Beispiel dieser strengen Pflichterfüllung habe ich selbst erfahren. Als ich im Jahre 1829 auf ein paar Tage bei Sailer in Barbing war, wünschte ich Wittmann zu sprechen. Es blieb mir hiezu nur eine Nachmittagsstunde übrig, ich ließ ihn wissen, daß ich um diese Stunde in die Stadt kommen und ihn besuchen würde. Ich war damals Minister des Innern und jeder andere würde sich beeilt haben, meinem Wunsche zu entsprechen. Er aber meldete mir in wenigen ehrerbietigen Zeilen, daß er um jene Zeit die Christenlehre in der Schule zu Stadtamhof halten müsse und dieses ihm höchst wichtige Geschäft weder verschieben, noch aussetzen könne, mich daher um eine andere Stunde bitte. Mir blieb keine mehr übrig und ich reiste fort, ohne ihn gesehen zu haben. Das Motiv seines Nichterscheinens aber machte ihn mir noch ehrwürdiger, als es sein Erscheinen gekonnt hätte.

In öftere, jedoch nicht sehr häufige Berührung kam ich mit ihm seit meiner Uebersiedelung nach Regensburg als Präsident der dortigen Regierung. Er war indessen Dompropst, Generalvikar und Weihbischof mit dem Titel von Miletopolis geworden, dabei aber Regens des Seminars geblieben. Alle Pflichten dieser verschiedenen Würden und Aemter erfüllte er mit der strengsten Gewissenhaftigkeit, fehlte nie im Kapitel und im Chor, predigte noch häufig in der Seminarkirche, war in vielfacher Beziehung die Stütze des Bischofs, unermüdet auf seinen Firmungs- und Visitationsreisen, fortwährend der Vater der Alumnen, selbst noch der Vater seiner frühern Pfarrkinder, obgleich er die Pfarrei aufgegeben hatte. Seine Wohlthätigkeit stieg mit seinem Einkommen; er verschenkte beinahe alles, was er hatte, jedoch immer mit Auswahl, so weit dieses möglich; seine Hand war, wenigstens nach seinem Wissen und Willen, nur für wahrhaft Dürftige und Würdige geöffnet.

Nach Sailers Tod bezeichnete die einmüthige Stimme des Volkes, des Clerus und der Laien der Diöcese Regensburg sogleich den Weihbischof Wittmann als Sailers würdigsten Nachfolger im Episcopat. Wie standhaft er auch selbst jeden Gedanken hieran zurückwies, und wie sehr er auch fühlte, daß ihm seine unbeugsam strengen Grundsätze über die bischöflichen und kirchlichen Rechte und Pflichten in manchen Conflikt mit der Staatsverwaltung bringen könnten, so war doch seine Erhebung auf den Stuhl des heil. Wolfgang beinahe zur Ehrensache geworden und nur mit zagendem Erröthen hätte jeder Andere diesen Stuhl besteigen können, dem ein Wittmann so nahe stand.

Von diesem Verhältnisse wurde König Ludwig unterrichtet, als er im Sommer 1832 Regensburg besuchte. Unter den Männern, welche den Monarchen bei seiner Ankunft bewillkommten, befand sich auch Wittmann; der Platz vor dem Gasthofe war vollgedrängt von jubelndem Volke. Nachdem der König die ihn Empfangenden entlassen hatte, blieben die Reihen des Volkes dicht geschlossen für die zurückkehrenden Staatsbeamten und Stabsoffiziere; Wittmann erschien und wie unwillkürlich theilte sich die Menge vor ihm und öffnete dem demüthigen Manne voll Ehrfurcht einen Weg, durch welchen er dahin ging. Am folgenden Morgen besuchte der König den Dom, hörte daselbst die Messe, ließ sich dann an Sailers Grabstätte führen und eröffnete erst hier auf die sinnvollste Weise dem ehrwürdigen Wittmann, daß er ihn zu Sailers Nachfolger ernannt habe.

Wittmann wagte es nicht, diese huldvolle Ernennung abzulehnen, deren Kunde sich sogleich verbreitete und allenthalben mit hoher Freude aufgenommen wurde; er that aber auch keinen Schritt, die nothwendige päpstliche Bestätigung derselben zu erwirken. Er ließ der Sache ihren vorgeschriebenen Gang durch die Ministerien und die Nuntiatur und nur nach langem Zögern und Zureden entschloß er sich, die erforderliche Bitte um jene Bestätigung nach Rom gelangen zu lassen. Dieses fast ganz passive Verhalten von seiner Seite war der hauptsächlichste Grund, daß die Erledigung der Sache sich beinahe ein Jahr lang verzog, denn die seltene Würdigkeit des Mannes war auch in Rom anerkannt.

Indessen hatte Wittmann, — ein vierundsiebzigjähriger Greis, — das fünfzigste Jahr seines Wirkens im Dienste der Kirche erreicht und empfing bei dieser Veranlassung das Ehrenkreuz des Ludwigs-Ordens. Obgleich Feind jedes Prunkes, ließ er doch zu Ehren des Königlichen Geschenkes geschehen, daß ihm dasselbe von mir in einem Saale des Seminars vor dem versammelten Klerus, dem Magistrate und den Schulvorständen von Regensburg mit einer kurzen Rede feierlich überreicht wurde. Doch trug er dieses Ordenszeichen nur einmal, als er mir am folgenden Tage für dessen Ueberreichung zu danken kam.

Einige Zeit darauf ergriff ihn, der fast immer gesund gewesen, plötzlich eine Krankheit. Er ließ mich sogleich, noch spät am Abend, zu sich bitten. Ich fand den frommen Greis in seiner ärmlichen Stube auf hartem Lager am Boden liegend, zu den Füßen eines Cruzifixes. Er entfernte seine Wärter, raffte sich empor und sagte zu mir: „Ich habe Sie zu mir bitten lassen, um eine mir höchst wichtige Erklärung in Ihre Hände nieder zu legen. Sie wissen, daß ich nur mit Widerstreben die Gnade des Königs, als er mich zum Bischof von Regensburg ernannte, angenommen habe. Ich fühlte mich für dieses Amt zu alt, zu gebrechlich; ich finde mich jetzt dessen ganz unwürdig und unfähig. Doch hat der heil. Vater bereits entschieden und demnächst wird meine Präconisirung in Rom erfolgen. Gott weiß, ob ich sie erleben werde; mein Leben steht in seiner Hand. Für jeden Fall aber bitte ich Sie, meine förmliche und unwiderrufliche Verzichtleistung auf den mir vom Könige zugedachten bischöflichen Stuhl zu Protokoll nehmen und an Seine Majestät gelangen zu lassen. Ich werde nie, ich kann niemals Bischof von Regensburg werden. Diese Diöcese erheischt dringend einen noch rüstigen, an Geist und Körper kräftigen Mann zum Oberhirten. Ich bin dieß nicht mehr." —

Ich brauche kaum beizufügen, daß ich ihn von diesem Gedanken abzuwenden, denselben nur als das Erzeugniß seines hoffentlich bald vorübergehenden Unwohlseins darzustellen und seiner Demuth meine Ueberzeugung von seiner höchsten Würdigkeit zu jenem Kirchenamte entgegenzustellen suchte. Er aber beharrte auf seiner Erklärung, bezeichnete mir sogar die Männer, die er für den Bischofsstuhl von Regensburg, dann für die Leitung des Klerikal-Seminars als die geeignetesten erachtete und ich mußte ihm versprechen, von seiner Erklärung des Königs Majestät in Kenntniß zu setzen.

Nach zweien Tagen besuchte ich ihn wieder; seine Krankheit hatte sich seitdem sehr verschlimmert und die Aerzte zweifelten an seinem Aufkommen. Doch fand ich ihn, ohngeachtet seiner körperlichen Leiden, noch kräftigen Geistes und Willens; seinem nahen Heimgang entgegensehend, sagte er mir, daß er sich zuvor noch aufraffen wolle, um einigen jungen Klerikern die Weihen zu ertheilen, indem dieselben nach seinem Tode vielleicht zu lange darauf warten müßten. Seine Aerzte und Freunde aber hielten ihn natürlich davon zurück. Als er mit mir allein war, äußerte er: „Es bedarf nun meines Verzichtes auf das Bisthum Regensburg nicht mehr, Gott selbst nimmt mir diese schwere Gewissensbürde ab, ich werde nur noch wenige Tage mehr zu leben haben." —
Er erhob sich dann von seinem Lager, schlug die Hände wie zum Gebet zusammen und sprach mit lauter, feierlicher Stimme: „Nein, mein Herr und Heiland Jesus Christus, du hast es nicht dulden können, daß ein so gebrechlicher und elender Mensch, wie ich, Bischof werde in einem der größten Sprengel deiner Kirche! Du nimmst mich von der Erde hinweg, ehe diese Last mir auferlegt wird, die ich nicht tragen kann! Dein Name sei gepriesen!"

Er sprach dann noch Mehreres mit mir und gab mir seinen Segen. Ich verließ ihn und sah ihn nicht mehr wieder. Wenige Tage darauf starb er und sein letztes Wort war: „Ich sterbe unter dem Kreuze," — denn er hatte seine Lagerstätte am Boden unter dem Cruzifixe nicht verlassen.

Die Trauer des Volkes um Wittmann war noch größer als um Sailer, denn er hatte ein halbes Jahrhundert hindurch unter diesem Volke, für dieses Volk gelebt und gewirkt. Zahllose Thränen flossen bei seinem Leichenbegängnisse und an seiner Gruft im Dome, in die er als ernannter Bischof von Regensburg unter dem Segen des ehrwürdigen Bischofs von Passau, Carl von Riccabona, hinabgesenkt wurde. Einige Wochen später hielt Domkapitular Diepenbrock die Leichenrede für ihn, die allgemein bekannt ist als ein Meisterwerk geistlicher Beredsamkeit. Mit Hilfe reicher Beiträge des Diöcesanklerus und der Bisthumsgläubigen wird ihm, ebenfalls durch Eberhards Hand, im Dome ein würdiges Denkmal von Marmor gesetzt, ihn als Leiche darstellend, über ihm das Bild des Gekreuzigten, unter dem er gestorben.

Sein schönstes Denkmal ist aber die Verehrung der Gläubigen, welche täglich auf seiner Grabstätte knieen, nicht um für ihn zu beten, sondern um seine Fürbitte anzurufen, denn die Stimme des Volkes nennt ihn einen Heiligen, und alle, die ihn kannten, sagen: Er war ein Mann aus den ersten apostolischen Zeiten der Kirche.

IV. Das Leben der armen Schulschwester Maria Alexia Pettmesser,

gestorben zu Milwaukie am 18. März 1853 [*]).

Den Baders-Eheleuten Pettmesser zu Nähermittenhausen, einer Filiale der Pfarrei Rohrenfels bei Neuburg an der Donau, wurden neben mehreren Kindern, die der Tod nun bis auf zwei weggerafft hat, zwei Mädchen, Theresa und Walburga geboren. Beide besaßen, wie ihre Geschwisterte alle, treffliche Anlagen des Geistes und wuchsen bei christlicher Erziehung zu sittigen, beschei-

---

[*]) Alte Sion, 1858.

benen, guten Mädchen heran. Die jüngere, Walburga, zeigte immer eine große Neigung zu innerlichem, stillen Leben; die ältere, Therese, unterstützte die Mutter in ihren häuslichen Arbeiten. Durch die Vermittlung eines benachbarten Geistlichen, der Walburga vorbereitete, ward deren sehnlichster Wunsch erfüllt — sie durfte am 30. März 1846 als Kandidatin in das Mutterkloster der armen Schulschwestern auf den Anger in München eintreten.

Leider sollte ihre Freude nur kurze Zeit dauern. Kränklichkeit nöthigte sie, bis zur völligen Wiederherstellung ihrer Gesundheit, einstweilen das Kloster zu verlassen und nach Hause zurückzukehren, und heute noch ist es ihre Freude, an die seligen Tage im Kloster zu denken, und heute noch lebt sie der fröhlichen Hoffnung, noch einmal diese stillen Mauern zu betreten und als arme Schulschwester, wie ihre Schwester, zu enden. Denn wunderbar sind Gottes Wege! Kaum war die jüngere Schwester nach Hause gekommen und hatte da mit heiliger Begeisterung von dem stillen klösterlichen, und doch so thätigen Leben den Ihren erzählt, da faßte ihre ältere Schwester, Therese, den Entschluß, eine arme Schulschwester zu werden und so einstweilen, bis die liebe Schwester nachfolgte, dem Orden einen Ersatz zu geben.

Alles Abreden, gut und übelgemeintes, scheiterte an dem beharrlichen Willen der Therese, der eitlen Welt, die sie noch kaum recht gesehen, zu entsagen und Jesu Braut zu werden. Sie bat den erwähnten Priester, um sie vorzubereiten zum Eintritte, der ihr bereitwilligst gewährt wurde. Begleitet von den Segenswünschen der Ihrigen und aller, die die freundliche, gute Jungfrau kannten, schied sie aus der Heimath.

Wie gerne wäre ihre kränkliche Schwester mit ihr gezogen! Wie glücklich wären beide Schwestern gewesen! Gott wollte es nicht. Therese kam 1846 in ihrem 19. Lebensjahre in's Mutterkloster nach München, wo alles sie liebgewonnen. Man hörte und las aus den Briefen nur Gutes.

Man denke sich das Erstaunen der Pettmesser'schen Familie, als ihre Therese 1848 auf einmal in der Kleidung der Kandidatinnen in ihre heimathliche Stube trat und erklärte, sie sei gekommen, um ihre Aeltern um die Erlaubniß, als arme Schulschwester in's Kloster Baltimore, in Amerika, treten zu dürfen, und um ihren Segen dazu zu bitten. Amerika ist noch nicht in allen Landen als das Eldorado irdischen Glückes bekannt und die Aeltern, Geschwisterte und Bekannte erschraken wegen des fremden Landes, der schrecklichen Seereise, des Klima's u. s. w. Da alles Bitten um diese Erlaubniß bei den Eltern vergeblich war, fügte sie sich ächt christlich so edel und schön in Gottes Willen, als ob sie gar nichts gewollt hätte und ging vom sorglichen Vater begleitet, wieder in ihr liebes Kloster auf den Anger.

Sie war vom älterlichen Hause, von der braven Mutter, von ihrer Walburga geschieden, um sie nie wieder zu sehen. Wer mochte es ahnen? Der Mensch denkt, Gott lenkt, dieß erwahrte sich hier. In München angekommen, ließ sich der Vater bewegen, die Erlaubniß zur Reise nach Amerika zu ertheilen und ihr älterliches Vermögen auszufolgen, das nachgeschickt wurde. Nur wenige Tage waren noch bis zur Abreise; es war unmöglich, noch einmal die Mutter und Geschwisterte zu sehen.

Die Liebe zur Jugend, zur Ehre Gottes, trieb die fromme Jungfrau von Heimath und Vaterland in's ferne Amerika.

Im Spätherbste 1848 reis'te sie mit noch 9 Genossinnen, unter Begleitung des unterdessen gestorbenen Hr. Hr. Alois Schmid nach Amerika. Die Reise war zu See keine ganz glückliche und mag wohl mitunter Ursache zu ihrer spätern Kränklichkeit gewesen sein. Die Annalen der Verbreitung des Glaubens, Aprilheft Nro. 88, des Jahres 1849, enthalten S. 134—137 einen Bericht des Hrn. P. B. Haffenscheid, der von Southampton aus auf demselben Schiffe mit den 10 Kandidatinnen nach New=York fuhr. Dieser H. H. sagte: „Diese Reise war eine immerwährende Abtödtung: Regen, Gegenwind, Hagel, Schnee, unerträgliche Kälte, war unser Loos während der ganzen Zeit, so daß wir in Wahrheit sagen konnten: propter te mortificamur tota die; d. i. „Wegen Dir leiden wir den ganzen Tag." Das heilige Weihnachtsfest brachten sie zu ihrem Schmerze auf der See, ohne heilige Messe zu. Der Johannestag war der schlimmste und traurigste der ganzen Reise. Um 2 Uhr in der Nacht erhob sich ein fürchterlicher Orkan. Alles auf dem Schiffe erwachte, bange und voll Schrecken erwartete man, was da kommen werde. Von Stunde zu Stunde erhoben sich höher die Wogen und fürchterlicher brüllte der Sturm. ... Das Vordertheil des Schiffes wurde angegriffen, weggerissen die Kajüte der Matrosen, die kaum ihr Leben gegen den Andrang des Wassers zu sichern wußten. Auf einmal bringt uns Hr. Schmid die Nachricht, daß das Schlafzimmer der Klosterfrauen eingestürzt sei und alle im Wasser stünden. Ich eilte auf's Verdeck, nicht betrachtend die Gefahr, der ich mein Leben aussetzte. Da fand ich den Kapitän Johnston allein am Steuerruder, wie ein Held dem Meere trotzend. Ich stellte ihm den traurigen Zustand der armen Schwestern vor, und auf der Stelle gab er mir die Erlaubniß, die Klosterfrauen, wo ich nur konnte, unterzubringen und ihr Leben zu sichern. Es war 6 Uhr Abend, finstere Nacht. Ach, wie kann ich Ihnen die Wehmuth meines Herzens ausdrücken, die mich befiel, als ich diese frommen Kinder, einige mit entblößten Füßen und im höchsten Grade krank, getragen auf den Armen ihrer Mitschwestern, sah, nachdem sie Alle eine Stunde lang in dem kalten Meerwasser, welches eingedrungen war, den Tod vor Augen hatten. Dennoch hörte man kein Klagewort aus ihrem Munde, keine, die es nicht zu bedauern schien, daß sie nicht für das liebe Jesukind jetzt das Leben habe hingeben können. Dank sei dem barmherzigen Gott für die glückliche Rettung aus diesen Gefahren, denn nur 24 Stunden dauerte dieser furchtbare Orkan. Am folgenden Tage mußte das Schiff mitten auf dem Meere beinahe gänzlich stille stehen, denn die Dampfmaschine war durchaus so beschädigt, daß die Klugheit es forderte, das Ganze einer strengen Untersuchung zu unterwerfen. ... Kapitän Johnston hat uns später eingestanden, er habe seit 26 Jahren langdauernde und entsetzliche Stürme auf dem Meere erlebt, dennoch habe keiner derselben das Schiff so plötzlich überfallen und keiner habe es so hartnäckig und furchtbar hin- und hergeschleudert, als dieser letzte Orkan."

Das amerikanische Dampfschiff „Washington" kam nach diesen Gefahren glücklich in New-York an. Solches kostete es die 10 Jungfrauen, bis sie Amerika's Boden erreichten.

Sie kamen glücklich nach Baltimore, und Therese erhielt hier am 18. August 1849 das Ordenskleid und den Namen Maria Alexia. Wegen ihrer Kränklichkeit wurde sie als Lehrerin in das Kloster nach Buffalo versetzt, machte dort Profeß und kam im Oktober 1852 nach Milwaukie. Während ihres Aufenthaltes in Amerika hatte sie den Ihren, die um sie, besonders nach der Nachricht von der üblen Seereise, immer in großer Besorgniß waren, noch einige Briefe geschrieben, worin sie stets ihr Glück, in diesem Kloster sein und die Jugend erziehen zu dürfen, schilderte und den Ihren, und besonders ihrer Schwester, Walburga, die rührendsten Lehren und Mahnungen ertheilte. Längere Zeit hatte sie nicht mehr geschrieben. — Da schrieb sie auf wiederholte Briefe ihrer Aeltern im Frühlinge dieses Jahres noch einmal an sie, es war das letzte Mal. Man hatte gehofft, sie sei nun ganz wohl — als auf einmal ein Brief mit schwarzem Siegel und nicht genauer Adresse ankam. Man öffnet — und findet die Todesnachricht, mitgetheilt vom Mutterkloster in München und beigelegt die aus einer wahrscheinlich in Milwaukie erscheinenden deutschen Zeitung ausgeschnittene, vom Kloster dem Drucke übergebene Todesanzeige. Sie lautete so:

† Gestern, den 18., Abends um 6 Uhr, starb in dem hiesigen Ordenshause der Schulschwestern von Notre dame die Profeß-Schwester Maria Alexia, nachdem sie mehrmals mit den heiligen Sterbsakramenten versehen worden war. Sie war kaum 25 Jahre alt und starb als ein Opfer der Liebe für die Kinder, deren Erziehung sie mit außerordentlichem Eifer sich hatte angelegen sein lassen. Durch ihre ungewöhnlichen Anstrengungen hatte sie schon in Buffalo sich ein ernstliches Brust- und Lungenleiden zugezogen. In der gesunden Luft von Milwaukie hoffte man, daß sie sich wiederherstellen, oder wenigstens erholen würde. Doch bald stellte sich ihr Uebel als ein hoffnungsloses heraus. So lange sie konnte, schleppte sie sich in die Kapelle hinunter, um da die heilige Kommunion zu empfangen, bis sie in den letzten Wochen auch dieses nicht mehr konnte. Diese Woche endlich schwebte sie fast beständig zwischen Leben und Tod. Ihre Freude und Sehnsucht nach dem himmlischen Vaterlande war aber so groß und an-

dauernd, daß sie noch wenige Augenblicke vor dem Tode ganz freudig lächelte und ihre Arme nach dem Himmel ausstreckte. Sie wurde bisweilen so von Freude mitten in ihren großen Leiden überwältiget und überströmt, daß sie den Augenblick nicht erwarten zu können glaubte, der sie dem Ziele ihrer Sehnsucht zuführen sollte. Ihr letzter Kampf war so leicht, daß die Umstehenden fast eine Stunde lang im Zweifel blieben, ob sie wirklich verschieden sei; ganz unvermerkt war sie hinübergeschlummert. Es war ein Freitag, der Sterbtag unsers Herrn, und zwar der Freitag der Passionswoche, der dem Andenken an die Schmerzen der seligsten Jungfrau geweiht ist. Die Verstorbene war ein Schutzkind Mariä, deren Orden sie angehörte. Als Profeß-Schwester trägt sie im Tode noch die Dornenkrone, welche ihr am Tage ihrer Gelübbeablegung als Sinnbild gänzlicher Abtödtung um Jesu willen auf das Haupt gesetzt worden ist. Sie hält ihr Ordensgelübde, nach dem sie gerichtet wird, in ihren erkalteten Händen; ihre Obern geben ihr das Zeugniß, daß sie dasselbe gewissenhaft, ja mit Aufopferung ihres Lebens als Lehrerin und Erzieherin gehalten habe. So möge sie denn sanft ruhen und den Lohn für ihre Mühen und Leiden mit den Martyrern empfangen, denen sie durch ihren Opfertod ähnlich geworden ist; sie hat redlich ihren Antheil zum Wohle der Menschheit beigetragen, ihr Andenken möge daher unter uns gesegnet bleiben. Sie ruhe im Frieden. Das Begräbniß findet am Sonntag um 4 Uhr Nachmittags Statt. Es mögen Alle, denen diese Todesnachricht zukommt, der Seele der verstorbenen Ordensschwester im frommen Gebete eingedenk sein.

O ruhe sanft du liebes Herz,
In Jesu ruhe aus.
Dich rief Er von der Erde Schmerz
In's große Vaterhaus.

Du bringst drei Kränzchen wunderhold
Zu deinem Vater hin,
Ihr Glanz beschämt das reinste Gold,
Beschämt der Sterne Glüh'n.

Der eine Kranz so zart und rein,
Mit Blüthen rings umfaßt,
Es ist der Jugend holder Schein,
Die du geopfert hast.

Der and're strahlet wunderbar,
Und himmlisch ist sein Glanz;
Das ist dein Sinn so rein und klar,
Es ist der Unschuld Kranz.

Der dritte flammt wie Diamant,
Er glüht wie Morgenroth;
Das ist dein Herz, von Lieb' entbrannt
Für Kindlein und für Gott.

Für Jesus, der dein Alles war,
Dem du dich hast vermählt,
Ihm bringe diese Kränzlein dar,
Die du für Ihn gewählt.

Und was wird Er nun geben dir?
Die Kron' der Herrlichkeit!
Der Himmelsbürger schönste Zier,
Die Kron' der Seligkeit.

Und wenn dein Haupt die Krone trägt,
Dein Mund den Vater preist,
Dein Herz in Himmelsfreuden schlägt,
Dann Schwester bitt' für uns!

V. Abbé de la Salle, Joh. Bapt. und die Congregationen der Schulbrüder.

Der um das Schulwesen des siebenzehnten Jahrhunderts hochverdiente Abbé de la Salle wurde im Jahre 1651 als der Sohn eines Justizbeamten zu Rheims geboren, zeigte frühzeitig Neigung zur Zurückgezogenheit und Frömmigkeit und erhielt daher schon in seinem 17ten Jahre ein Canonicat an der Metropole seiner Vaterstadt. Im Seminar von St. Sulpice, der damaligen Pflanzstätte ausgezeichneter Kleriker, erhielt auch sein Geist eine wahrhaft priesterliche Richtung und so empfing er, nach Rheims zurückgekehrt, 1678 die heiligen Weihen. Bald gewannen dem jugendlichen Canonicus Berufseifer und Sittenstrenge die allgemeine Achtung. Seine besondere Neigung zum Unterricht der Jugend aber verdankte er dem Einflusse seines Beichtvaters, Abbé Roland, der 1674 eine Schwester-Gemeinde vom Jesus Kind zum unentgeltlichen Schulhalten gestiftet, und unserem de la Salle die Mitleitung anvertraut hatte. Nach dem Tode Roland's war dessen ganzes Unternehmen in seine Hände gelegt, und glücklich vollendete de la Salle dasselbe; erhielt nicht bloß die Bestätigung seiner Stiftung durch den Erzbischof und den Magistrat von Rheims und durch königliche Patentbriefe, sondern errichtete auch eine Art von Seminar, um die Schwestern gehörig auf ihren Beruf vorzubereiten. Indeß weckte diese Oberleitung in de la Salle den Plan zur Gründung einer ähnlichen Anstalt für Knaben. Die Ausführung desselben gelang um so leichter, als Charlotte Roland, Frau von Maillefer, dieselbe unterstützte, und so sah Rheims 1673 die erste Knabenschule, deren Oberleitung de la Salle übernehmen mußte. Daher entwarf er für die Lehrer Regeln, gab ihnen Anleitung zum frommen Wandel, leitete ihre Uebungen, nahm sie zu sich und bildete so aus ihnen eine wirkliche Congregation (1681), deren Superior er selbst wurde. Schon im folgenden Jahre erhielten die Städte Rhétel und Guisse, und 1683 auch Laon solche Schulbrüder und de la Salle legte, um ganz seiner Stiftung leben zu können, sein Canonicat nieder, während er sein Vermögen den Armen schenkte, da 1684 in der Champagne und einem großen Theile Frankreichs eine Hungersnoth ihre verheerende Geißel schwang und er in Bezug auf sein Werk ganz der Vorsehung vertrauen wollte. Nunmehr widmete er sich demselben mit allen Kräften, wollte allererst die Lehrer zu wahren Christen bilden, ließ sie zu diesem Ende 1684 Gelübde auf drei Jahre ablegen, gab ihnen auch eine besondere Kleidung, und nannte sie Brüder der christlichen Schulen und hielt zu ihrer Erbauung und Aufmunterung selbst Schule.

Da aber die Einrichtung, daß stets je zwei Brüder in Einen Ort geschickt wurden, in sofern hinderlich war, als Ortschaften, welche nicht zwei Lehrer unterhalten konnten, ohne solche bleiben mußten, so gründete er auch eine Genossenschaft von Landschullehrern und eine andere für solche Knaben, die geeignet schienen, Schulbrüder zu werden. Leider kamen diese Anstalten nach seiner Abreise von Rheims schnell in Verfall. Auf vielseitigen Wunsch ließ sich nämlich de la Salle 1688 in der Pfarrei St. Sulpice zu Paris mit zwei Brüdern nieder und gründete schon 1690 ebendaselbst eine zweite Schule; auch eröffnete er 1691 ein Noviciat zu Baugirard, wohin sich während der Ferien auch die Lehrer zurückzogen, um sich durch fromme Uebungen auf's Neue für ihren Beruf zu stärken. Dagegen mißlang der abermalige Versuch zur Gründung einer Anstalt zur Ausbildung der Landschullehrer. 1699 ließ er mehrere Schulen in der Diöcese Chartres durch seine Brüder besorgen, was bald auch zu Troyes, Avignon, Marseille, Darnetal und Rouen, in welch' letztere Stadt 1705 das Noviciat verlegt wurde, und in vielen andern Städten geschah. Die Eifersucht der weltlichen Lehrer, denen natürlich unentgeldliche Schulen nicht behagten, bereitete de la Salle viele Widerwärtigkeit. Unterdessen erschöpften Reisen und Arbeiten jeglicher Art seine Lebenskraft. Er zog sich daher in das Noviciat Rouen zurück, wo er 1719 starb. Seine Verdienste um Hebung christlichen Schul-Unterrichtes sind leider noch nicht allseitig anerkannt worden. Was er aber für seine Zeit war, und was sein Vorbild auch unsern Tagen nützen könnte, erhellt aus dem Buche: „Die christlichen Schulbrüder, gegründet durch de la Salle." Augsb. (Collmann.)

Außer diesen „Brüdern der christlichen Schulen" oder „Von St. Yon," welche der edle Abbé de la Salle gründete und welche mit Ausnahme des Statuts, „eine Schule nur für je drei ihrer Mitglieder zu übernehmen, allen spätern Congregationen gleichsam als Fundament dient, zählt Frankreich seit dieser Zeit noch zehn andere Schulbrüdercongregationen.

1) Die Brüder von St. Anton mit dem Hauptsitz Paris;
2) Die Brüder der christl. Lehre in der Diöcese Straßburg;
3) Die Congregation des christl. Unterrichts in der Bretagne.

Von dieser schreibt ein Artikel vom Oktober des Jahres 1841 aus der Bretagne folgendes: Die Congregation der Brüder des „christlichen Unterrichts," gegründet durch den eben so demüthigen als unermüdlichen Abbé J. M. de la Mennais, dessen Name in der Bretagne von dreißigtausend Kindern gesegnet wird, beginnt zu den großen Verdiensten, die sie sich in Frankreich erworben, noch neue zu fügen, und den Ruhm ihres Namens auch in fernern Welttheilen zu verbreiten. Bereits sind nämlich am 28. Sept. zwölf solche Brüder auf ferne Missionen, theils nach Amerika auf die Antillen, theils nach Afrika an den Senegal abgegangen. Ihre Abreise war eines der rührendsten Schauspiele, die man sehen konnte, besonders dadurch, daß ein sechzigjähriger Vater seinen Sohn auf die Missionen geleitete, um seine letzten Kräfte dem Dienste Gottes und der Seelen zu weihen. Es bewies dieser Abschied wieder recht deutlich, was es Schönes ist um katholische Opferfreudigkeit und Großes um die Kirche, welche diese Freudigkeit erzeugt.

4) Die Brüder der christl. Lehre in der Diöcese Nancy;

5) Die Congregation des christl. Unterrichts in der Diöcese von Valence;

6) Die Congregation der Brüder von St. Joseph in Mans;

7) Die Brüder des christl. Unterrichts vom heil. Geiste in der Vendee;

8) Die Brüder des christlichen Unterrichts in der Diöcese Viviers;

9) die Brüder Mariens zu Bordeaux. Der Stifter dieser Congregation ist der Abbé Chaminade in Bordeaux. In dieser Gesellschaft gibt es drei Klassen. Christliche Schulbrüder und Arbeiter. Die ersteren sind mit der Leitung des Ganzen beschäftigt, und der Superior (Superieur général) ist immer ein Priester. Ihm sind drei Assistenten beigegeben, von welchen der eine den geistlichen Angelegenheiten, der zweite dem Schulwesen, der dritte, (meist ein weltlicher Religiose) den Handwerken, dem Ackerbau ꝛc. ꝛc. vorsteht. Die Kleidung ist — Angloise (marron) schwarze Pantalons, Hut ꝛc. ꝛc. Die Regel — einfach: eine Stunde des Tags Betrachtung, ein Tag im Monat retraite (geist-

liche Zurückgezogenheit), und am Ende des Jahres acht Tage Exercitien. Dann öftere Beicht und Communion; übrigens sieben Stunden Schlaf, Nachmittags und Abends Recreation, am Donnerstag Spaziergang. Die Hauptsache aber ist Arbeit, innerliches Leben, Eingezogenheit. Die Hauptpunkte in der Regel dieser Congregation sind folgende:

„Die Gesellschaft Mariens schickt nicht weniger als drei Brüder in je eine Schulanstalt." Der Hauptzweck, welchen diese Schulbrüder verfolgen, ist, **Gemüth und Geist der ihnen anvertrauten Kinder zur Religiosität, zur Tugend und Sittlichkeit heranzubilden.**

Sie wenden eine gemischte Unterrichtsmethode an, d. h. die des gemeinsamen und des wechselseitigen Unterrichts miteinander.

Im Elsaß werden zwei Sprachen, nämlich die deutsche und französische, und jene in den Morgen-, diese in den Nachmittagsstunden, gelehrt.

In den Schulen, die von drei Brüdern geleitet werden, gibt es drei Klassen: die Anfangs-, Mittel- und Oberklasse. In der Anfangsklasse, die gewöhnlich hundert bis hundertzwanzig Kinder in dem Alter von fünf bis zehn Jahren zählt, lehrt man das Lesen mittelst Tabellen und Syllabirbüchern; das Schreiben auf Schiefertafeln und Papier; das Kopfrechnen; auch werden Verstandesübungen vorgenommen 2c. 2c.

In der Mittelklasse, welche gewöhnlich fünfzig bis siebzig Schüler zählt, lehrt man das Lesen und Schreiben in beiden Sprachen, die Arithmetik, die Regeln der Grammatik, das Uebersetzen aus einer Sprache in die andere, die Anfangsgründe der Geographie und des Zeichnens.

In der Oberklasse, die gewöhnlich aus dreißig bis vierzig Zöglingen besteht, übt man dieselben in dem Schreiben in verschiedenen Schriftarten, im Lesen von Geschriebenem und von Lateinischem, und in der gesammten Arithmetik, im Zeichnen und in der Feldmesserei. Auch wird die Grammatik und die Denklehre behandelt, es werden Aufsätze und Uebersetzungen aufgegeben, und endlich wird Geschichte des Landes, die heilige und alte Geschichte vorgetragen, auch Unterricht im Gesang ertheilt 2c. 2c.

In jeder Klasse wird täglich eine halbe Stunde dem Unterricht in der Religion und Sittenlehre gewidmet.

Jede Woche einmal erhalten die Schüler aller Klassen eine Belehrung über den Anstand und die Höflichkeit.

Die tägliche Schulzeit beläuft sich auf sechs Stunden, drei Vormittags von 8—11, und drei Nachmittags von 1—4 Uhr.

Täglich, mit Ausnahme der strengsten Winterzeit, gehen die Kinder vor der Schule zur heil. Messe, bei der sie von den Schulbrüdern an den Werktagen, wie bei dem Gottesdienst an Sonn- und Feiertagen beaufsichtigt werden.

Die Schulen sind entweder ganz und gar oder doch zum Theil Freischulen. In den eigentlichen Freischulen bekommen die Schulbrüder von den Gemeinden je sechshundert bis achthundert Franks Gehalt, in den theilweise freien Schulen, in welchen die vermöglichen Eltern für ihre Kinder Beiträge bezahlen, je drei bis fünfhundert Franks für den Mann.

Die ersten Kosten der Errichtung der Schulen, so wie der dürftigen Hauseinrichtung für die Brüder, tragen stets die Gemeinden.

Die Dauer des Schuljahres beträgt eilf Monate; dasselbe endet immer mit einer Preisevertheilung auf Kosten der Gemeinden.

In den bedeutenderen Städten hält man außer den Communalschulen auch besondere Schulen für die Kinder vornehmer Eltern, die im nämlichen Local, wie die Communalschulen aber abgesondert von diesen, unterrichtet werden und jeden Monat drei Franks Schulgeld entrichten.

Außer den Inspektionen der Akademie und des Departements, werden in manchen dieser Schulen auch noch durch Mitglieder des Localcomités öffentliche Prüfungen abgehalten.

Um körperliche Züchtigung und Einsperrung zu vermeiden, haben die Schulbrüder gute Noten, Fleißzettel, Ehrenplätze, besondere Spaziergänge u. dgl. eingeführt, um den Wetteifer der Kinder zu erregen.

Die jungen Schulbrüder werden erst dann für Lehrerstellen verwendet, wenn sie durch die Prüfungscommission für den öffentlichen Unterricht ihr Befähigungszeugniß erhalten haben.

10) Das Institut der Schulbrüder zu Sion-Vaudemont.

Im Jahre 1837 erwarben drei Brüder, die H.H. Baillard, alle drei Geistliche, der eine Pfarrer, der andere Vicar zu Faviéres, der dritte Pfarrer zu Sautrures, das ehemalige Kloster Sion, an dem Orte Sion-Vaudemont, wo eine noch jetzt sehr stark besuchte Wallfahrt zur Verehrung der heiligen Jungfrau ist. Sie faßten den Entschluß, unter dem Schutze Gottes und mit dem Beistande frommer Gläubigen dort in den geräumigen, wiederherzustellenden Localitäten der Klostergebäude eine dreifache vereinigte Anstalt zu gründen, nämlich 1) eine höhere Bürgerschule (école primaire supérieure) mit einem Pensionat für auswärtige Zöglinge; 2) ein Schullehrerseminarium (école normale) und 3) ein Pfründnerhaus und Unterstützungsanstalt für emeritirte Priester. Die Schule mit dem Pensionat sollte besonders für Söhne von Bauern und Handwerkern bestimmt sein. Mit dieser Lehr- und Erziehungsanstalt sollten zugleich industrielle Werkstätten verbunden sein, wo Handwerkslehrlinge aufgenommen würden. Die Unternehmer sprechen sich über den ersten Theil der Anstalt — Schule und Pensionat in einem Prospectus folgendermaßen aus:

„Seit längerer Zeit schon haben wohlgesinnte und nachdenkende Beobachter unserer jetzigen Zustände eingesehen, daß das einzige Mittel, dieselben zu verbessern, darin liegt, daß man der Religion den ihr gebührenden Antheil bei der Leitung der Erziehung zurückgibt.

Die Religion allein scheint ihnen fähig, den Geist und das Herz der Jugend wahrhaft zu bilden, die Leidenschaften zu zügeln, den flüchtigen Wechsel der Neigungen und Bestrebungen auf sichere Grundlagen zurückzuführen und gute Staatsbürger zu bilden. Diese Ansicht ist um so wichtiger und beachtenswerther, weil Unterricht und Bildung nun fast ein allgemeines Bedürfniß geworden sind und daher die Folgen und Wirkungen derselben von unberechenbarer Ausdehnung und Stärke sind, zum Glück oder Unglück der Welt, je nachdem die Quelle, aus welcher man Unterricht und Bildung schöpft, rein oder verdorben ist.

Gerade die Jugend unserer Zeit, welche so aufstrebend, so voll von Ansprüchen an das Leben und die Genüsse des Lebens ist, bedarf es um so mehr, daß eine heilsame Leitung frühzeitig in ihr den Keim der Tugend und Sittlichkeit pflegt und sie diesen aufstrebenden Geist mit ihren sittlichen und religiösen Pflichten vereinigen lehrt. Dieses also, wir bekennen es laut, die Wiederherstellung des frühern Einflusses der Religion auf die Erziehung, dieses ist der Hauptzweck der neu gegründeten Anstalt zu Sion rc." — Nach Aufzählung der Lehrgegenstände der höhern Bürgerschule fährt dann der Prospectus weiter fort: „Niemand sind die Gefahren und Uebelstände unbekannt, welche den jungen Handwerker während der Lehrzeit bedrohen. Nicht selten geht ein junger Mensch unverdorben und fromm aus dem väterlichen Hause, und kommt verdorben und gottlos aus der Werkstätte zurück, und bringt die Keime einer moralischen Verpestung aus der Fremde in die Heimath mit. Um diesem Uebelstande zu steuern, soll die Anstalt zu Sion Werkstätten verschiedener Art haben, wo die gangbarsten Handwerke, als der Schreiner, Wagner, Schlosser u. a. erlernt werden können. Außerdem soll Gelegenheit zur praktischen Erlernung und Uebung des Ackerbaues gegeben werden." — Von dem mit der Anstalt verbundenen Schullehrerseminar wird weiter bemerkt: „Ein vortheilhaft bekannter Verein, dessen reißend schnelle Zunahme zeigt, daß er das Bedürfniß unserer Zeit richtig aufgefaßt hat, die unter dem Namen der heil. Maria zu Bordeaux bestehende Anstalt der Brüder der christlichen Lehre wird die oberste Leitung des Schullehrerseminars übernehmen..... Das Noviziat der bei uns eintretenden Brüder wird einen religiösen Charakter haben, aber die Ordnung, welcher sie sich zu unterwerfen haben, wird dabei entfernt von jeder übertriebenen Strenge und dem vorgesetzten Zwecke angemessen sein. Die Anstalt wird nie vergessen, daß sie weniger die Aufgabe hat, nur einen frommen Ordensmann, als vielmehr einen mit den seinem besondern Stande nöthigen Tugenden und Fähigkeiten versehenen Lehrer aus jedem Zöglinge zu bilden..... Von diesem Mittelpunkte aus und gleichsam von dieser Mutterschule werden dann nach dem Verlangen der Dorf= und

Stadtgemeinden Lehrer ausgesendet werden. Die von Sion ausgesendeten Brüder bleiben immer der Regel des Mutterhauses unterworfen; sie können durch ihre geistlichen Ordensobern jederzeit ermahnt, ja zurückgerufen werden, und geben auch dadurch den Gemeinden eine Bürgschaft ihres regelmäßigen Lebenswandels und ihres Eifers."

"Wenn wir uns nicht irren, (schließen die drei Gründer der Anstalt ihre Anzeige) so liegen in dem eben dargelegten Plane reiche Keime einer segensreichen Zukunft. Mit der Hilfe Gottes und rechtschaffner Menschen kann man viel bewirken, auch noch in unserer Zeit; das sind die zwei Stützen, auf welche auch wir bauen. Die Zukunft wird zeigen, ob unsere Hoffnungen grundlos waren 2c. 2c." — Das Unternehmen erhielt die Genehmigung und den Beifall des Bischofs von Rosa, Coadjutors von Nancy. Er sprach sie in folgendem, dem Prospectus beigedruckten Aktenstücke aus: „Der Segen, welchen Gott mehreren frommen Unternehmungen der drei Brüder Baillard, Priestern der Diözese Nancy, schon geschenkt hat, verbürgt uns die Hoffnung eines gleichen göttlichen Segens für das ausgezeichnet christliche Werk des Wiederaufbaues des Klosters Sion zur Gründung eines Schullehrerseminars der Brüder der christlichen Schulen, eines Pensionates für Knaben und einer Anstalt für alte Priester. Wir schätzen uns glücklich, diesem heilsamen Werke unsern Beistand geben zu können. Schon sind zwar bedeutende Summen zusammengebracht, aber der Preis des Ankaufes und die Wiederherstellung eines fast in Trümmern liegenden Gebäudes erfordern überaus große Ausgaben. Wir laden daher die Geistlichkeit und die übrigen Gläubigen der Diözese ein, nach den Mitteln, welche die göttliche Vorsicht ihnen verliehen hat, zu einem in jeder Beziehung so empfehlenswerthen Unternehmen mitzuwirken. Nancy den 27. April 1837. † Ferdinand, Coadjutor von Nancy und Toul."

Ehre den eifrigen Oberhirten, die in solcher Weise kräftig für das Gute wirken! Möchten sie überall Nachahmung finden; aber mögen auch alle Oberhirten, die dieses thun wollen, unge-

hindert ihr geiftliches Amt und ihren gebührenden Einfluß ausüben können!

So weit war das Unternehmen gediehen, als der Bifchof
feine Genehmigung und Unterftützung ausgefprochen hatte. Man
fieht, das Ganze war mehr nur noch ein Plan; jedenfalls ein
fchwacher und unficherer Anfang. Vergleichen wir nun damit,
in welchem Zuftande die Anftalt jetzt fich befindet nach dem neueften
vor uns liegenden Rechenfchaftsberichte vom 15. Mai 1837
(unterzeichnet von den drei Brüdern Baillard und Abbé Robin,
Superieur et Directeurs de l'établissement de Sion-Vaudémont.
Nancy. Imprimerie de A. Paullet.) In diefem intereffanten Akten-
ftücke wird zuerft kurz noch einmal der Hauptzweck der ganzen
Anftalt angedeutet und dann der jetzige Beftand derfelben angegeben. Wir heben daraus folgende Stellen aus:

„Der Hauptzweck der Anftalt zu Sion ift die Gründung
eines geiftlichen Ordens zur Beforgung der Volksfchulen. Fern
von uns ift der Gedanke, als wollten wir einen unbedingten Tadel
gegen die jetzt beftehenden andern Schuleinrichtungen, oder gegen
die jetzt geltenden Methoden ausfprechen. Wir fagen nur, daß
man nach unferer Anficht dem religiöfen Geifte nicht genug Rech=
nung getragen zu haben fcheint, in Bezug auf die Perfon der
Lehrer, auf die Unterrichtspläne, und auf die Lehrbücher; wir
fagen, wenn die jetzigen Einrichtungen auch nicht fchlecht find, fo
kann man fie doch noch verbeffern. Diefes Beffere nun ift es,
wornach wir ftreben. Möge der Himmel uns dabei helfen und
mögen die Wohlgefinnten uns ihre Anerkennung zu Theil werden
laffen. Wer könnte auch die guten Seiten, welche unfere Anftalt
in der eben angegebenen Beziehung darbietet, in Abrede ftellen?
Die Lehrer, welche das Haus zu Sion den Gemeinden zufenden
kann, find durch feierliche religiöfe Gelübbe verpflichtet, beftändig
überwacht, können immer von ihrer Stelle zurückgerufen werden;
fie haben jenen Geift, den man vorzugsweife nur in den geiftlichen
Affociationen fchöpft, und den fie dort durch geiftliche Uebungen
von Zeit zu Zeit erneuern. Ihr Beruf ift in feiner Wirkfamkeit
nicht durch die Sorge für eine Familie zerftreut noch gehemmt,
was fonft auch bei dem eifrigften Lehrer nicht zu vermeiden ift.

Ihre Berufsthätigkeit ist nicht durch Rücksichten persönlichen Eigennutzes gestört; sie ist gegen viele Versuchungen besser als die des weltlichen Lehrers geschützt. Unsere Brüder widmen den größten Theil der wenigen Zeit, welche die Ausübung ihres Lehrberufes übrig läßt, den vorgeschriebenen Pflichten ihres Ordens. Ihre strenge und einfache Lebensweise, ihre gesellschaftliche Stellung, ihr Ordenskleid sogar, Alles trägt dazu bei, beständig das Gefühl ihrer Pflicht und ihrer Würde in ihnen aufrecht zu erhalten, wenn sie sich je vergessen könnten.

Der Plan, welchen wir vor einigen Jahren dem Publicum darlegten, ist kein bloßes Projekt mehr; er ist nun verwirklicht. Das Ordenshaus der Brüder zu Sion-Vaudemont ist unter dem doppelten Schutze der geistlichen und weltlichen Obrigkeit gegründet. Es beginnt erst seine Wirksamkeit; und doch rechtfertigt es schon die früher gefaßten Hoffnungen. Fünfzig Brüder haben inzwischen das Ordenskleid angelegt; zehn derselben sind dem Dienste des Hauses und des Pensionates gewidmet, welches nur geistliche Lehrer hat. Fünfundzwanzig haben in zehn auswärtigen Schulen Lehrerstellen, mit Meßnerdiensten verbunden. Ohngefähr zwölfhundert Kinder im Ganzen sind ihrer Sorge anvertraut und entsprechen im Allgemeinen durch ihre Aufführung und ihre Fortschritte unsern Hoffnungen und dem Zutrauen ihrer Eltern. Vierzig Candidaten sind gegenwärtig im Noviziate und berechtigen zu schönen Hoffnungen. Die Landwirthschaft auf dem mit dem Hause verbundenen Gute macht Fortschritte. Die Werkstätten für Wagner, Schreiner, Schmiede, Schuster und Schneider sind eingerichtet und haben Lehrlinge. Alles dieses ist zwar erst ein Anfang; aber ein schöner und ermuthigender Anfang. Wir sehnen uns nach dem glücklichen Zeitpunkte, welcher uns gestatten wird, den zahlreichen Gesuchen um Zusendung von Lehrern zu genügen, welche von Orten innerhalb und außerhalb Frankreichs zu uns gelangen."

Hierauf ist die Rede von den großen Bedürfnissen der Anstalt und von dem Vertrauen, das die Leiter derselben zu der Mildthätigkeit christlicher Gönner haben, und dann schließt der Bericht mit dem Zurufe: „So strebt denn muthig vorwärts, ihr alle, welche ihr die Gefahren und Mängel unseres gesellschaftlichen Zustandes in denselben Erscheinungen wie wir, ihre Heilung aber auch in derselben Quelle wie wir erblicket! Muthig voran mit uns ihr, die ihr wißt und erkennt, wie viel mit Gottes Hilfe der Geist der Vereinigung, der Eifer und die Ausdauer vermögen! Muthig voran, ihr alle, die ihr die Religion für höher haltet, als das äußere Gesetz, den lebendigen Glauben höher, als das todte Wissen, die Sitten höher, als den Gelderwerb; oder vielmehr, die ihr glaubt, daß die Gesetze weise, das Wissen festbegründet, die Gewerbsthätigkeit wohlthätig sein könne nur unter dem Schutze und mit der Hilfe der Religion."*)

VI. Louise Leclerc,
Schwester der christl. Schule und die Congregationen der Schwestern für den Unterricht.

Die Schwester Louise Leclerc ist die Tochter des Geometers Peter Leclerc zu Mirecourt, einer Stadt in Lothringen, dem Geburtsort des sel. Petrus Forerius. Sie erblickte das Licht der Welt 1783, also um die Zeit der bald ausbrechenden französischen Revolution. Das Haus ihrer Eltern war in Folge ihrer Frömmigkeit damals ein Asyl für die verfolgten Priester. Es wurden daselbst im Geheimen die heil. Messen gelesen, und die heiligen Sakramente gespendet, so oft es sein konnte, und nothwendig war. Es athmete deßhalb das Mädchen schon in zartester Jugend den Wohlgeruch der durch Leiden geprüften Tugend ein. Als Louise ihre erste heilige Communion empfing, wurde in einem Zimmer des Hauses ein Altar errichtet, und noch auf ihrem Todbette sprach sie von der süßen Freude, die sie damals genossen. Gegen die Vergnügungen der Welt zeigte sie anfangs nur Ekel und Widerwillen. Leider aber schien sich im Verlaufe der Zeit eine Art Hinneigung zu den Lüsten und Freuden der Welt in ihrem Her=

---

*) Wir fügen diesen Mittheilungen noch die Bemerkung bei, daß der Verein der armen Schulschwestern mit keinem dieser Institute in Verbindung steht.

zen einbürgern zu wollen. In ihrem achtzehnten Jahre aber zog sie sich auf einmal, wie durch göttliche Weisung, von der Welt zurück in die Einsamkeit ihrer Seele. Gegen eine Freundin, die großen Gefahren ausgesetzt war, und welche sie auch glücklich für Gott gerettet hatte, sprach sie zum ersten Male das Verlangen aus, sich ganz Gott zu weihen. Das war nun freilich ein Entschluß, welcher in seiner Heldenmäßigkeit leicht verkannt werden konnte. Kein Wunder, daß ihr Vorhaben keinen Anklang fand. Sie gab sich ruhig darein, und beschäftigte sich in ihren wenigen freien Stunden in den Hütten der Armen und Kranken, gleichsam als in einer Vorschule für ihren künftigen Beruf. Wie oft sah man sie nicht verwahrlosten Kranken das Zimmer reinigen, das Bett machen! Wie viel mag sie sich an ihrem eigenen Munde abgespart haben, um Hungernde zu speisen, und Durstende zu tränken. Um diese Zeit ging der Bischof von Nanch d'Osmond damit um, eine Congregation der Schwestern von der christlichen Schule wieder herzustellen. Das Vorhaben gelang und die erste Niederlassung geschah in dem Hause eines Juden; ein einfaches Kämmerchen wurde zur Kapelle verwendet. Louise hatte kaum davon gehört, als sie auch schon ihren Eltern den Wunsch aussprach, in die Congregation eintreten zu dürfen. Es kostete große Mühe und lange Zeit, bis endlich die zärtlichen Eltern sich entschließen konnten, ein so liebenswürdiges Kind dem Herrn ganz abzutreten. Doch Gott, der mit ihr Großes vorhatte, lenkte alles, und im Jahre 1804 begann sie mit einer andern Jungfrau das Noviziat. Ihre Obern waren entzückt über die glücklichen Anlagen der frommen Gottgeweihten. Schon den 2. Febr. 1805 im zweiundzwanzigsten Jahre ihres Lebens opferte Louise mit Maria sich ganz dem Herrn durch das Anziehen des klösterlichen Kleides. Die Einkleidung hatte P. Doré gehalten, einer der ausgezeichnetsten Priester jener Periode, der nämliche, welcher von da an bis zum Jahre 1816 mit himmlischer Weisheit ihre Seele die Wege des Heiles führte. Unter demselben legte Louise auch die jährlichen Gelübde der Keuschheit und des Gehorsams, nach einiger Zeit dann das Gelübde der Armuth; endlich aber die ewigen drei heil. Gelübde ab. Das letzte war aber nur ein Zugeständniß, welches man ihr ausnahmsweise wegen ihrer hohen Vorzüge gemacht hatte. Die Obern hatten auch in Louise keineswegs zu viel Vertrauen gesetzt, sie bewies sich als eine möglichst vollkommene Ordensperson. Die General-Oberin und alle ihre Mitschwestern geben ihr dieses Zeugniß. Sie versah fast achtundbreißig Jahre lang das Geschäft einer Schaffnerin mit einer solchen Pünktlichkeit, daß man sie scherzweise eine Jüdin nannte. Ueberall war sie die Erste. Dabei war sie nichts weniger als skrupulös, quälte sich also keineswegs nach Art weniger vollkommenen Seelen damit ab, ob sie in diesem oder jenem Punkte gesündigt habe, oder nicht. Sie betrachtete die geringste wie die größte Verrichtung als einen Akt des Gehorsams gegen Gott. Ihre Regel war für sie ein zweites Evangelium; daher wich sie auch von derselben nicht um ein Jota ab. Da aber der Unterricht, die Erziehung der Kinder der wesentliche Zweck ihrer Regel war, so kann man erst dann ein vollgiltiges Urtheil über sie fällen, wenn man sie auch in diesem Punkte treu und gewissenhaft findet. Als Louise mit einer Schule betraut wurde, da fühlte sie sich erst recht glücklich. Sie vergegenwärtigte sich, so oft sie ihre meist armen Kinder vor sich hatte, die Zärtlichkeit des göttlichen Kinderfreundes. Ihr Wahlspruch bei der Bebauung der zarten Kinderherzen war: **Alles für Gott und für die Kinder.** Die christliche Erziehung der Kinder war ihr Hauptaugenmerk. Sie suchte die Kinder lebhaft zu durchdringen mit dem Gedanken: „Gott ist allwissend und allgegenwärtig." Dabei aber versäumte sie keineswegs, die Schülerinen im Lesen, Schreiben und den andern gemeinnützigen Gegenständen zu unterrichten. Als sie später zur Oberin eines Erziehungsinstitutes zu Nancy bestimmt worden war, zeigte sich ihr Eifer erst im hellsten Lichte. Sie betrachtete die ihr anvertrauten Kinder als eine Pflanzschule neuer Frömmigkeit. Daher ging ihr ganzes Streben dahin, ihre Zöglinge zu wahren Christen zu machen; denn sie wußte gar wohl, welche Macht eine fromme Frau und Mutter üben könne. Dies erwünschte Ziel zu erreichen war ihr keine Mühe, kein Opfer zu schwer. Es konnte nicht ausbleiben, daß hin und wieder Unannehmlichkeiten mit den Eltern der Kinder entstanden. Leider sind ja oft die Eltern gegen das Glück ihrer Kinder, und oft nur zu sehr bereit, denselben auf Kosten der Lehrer zuzuhalten. So war denn auch einmal eine zänkische Mutter in ähnlicher Unvernunft zur Schwester Louise gelaufen, und hatte ihr nach vielen Schmähungen in ächt weibischer Vernunftlosigkeit einen Backenstreich, wahrscheinlich zum Danke für die Sorgfalt und Mühe der Lehrerin versetzt. Eine weniger fromme Erzieherin hätte dieser wahnsinnigen Affenmutter die Thüre gewiesen, oder vielleicht Recht gesucht, und das wäre gar nicht sündhaft gewesen; hören wir dagegen, was Schwester Louise that. Sie reichte lächelnd der Sinnlosen die andere Wange dar. Wir werden es nicht wunderlich finden, daß die Heißblütige wieder kaltes Blut in ihren Adern verspürte. Doch darf man nicht glauben, daß die Schwester Louise nicht ernst und streng zu sein verstand, wo es gegolten hat. Sie flocht aus Stricken Geißeln, um diesmal im Bilde zu sprechen, besonders wenn ein Mädchen der Lüge fröhnte. Um es kurz zu machen, man kann von ihr sagen, was der heil. Vincenz von Paul einmal ausgesprochen hat: „Heilige machen wieder Heilige." Fürwahr, eine fromme Erzieherin wird selten unfromme Kinder großziehen. Wenn aber von einem schlechten Baume ein schlechter Same ausgestreut wird, und dann schlechte Früchte zu Tage treten, so ist das wahrlich kein Weltwunder.

Das Gelübde der Armuth erfüllte Schwester Louise mit möglichst größter Vollkommenheit. Wenn sie im Garten herabgefallene Früchte, oder auch nur Theile von denselben erblickte, so las sie dieselben mit emsiger Sorgfalt zusammen. Man könnte das kleinlich finden, aber es kennzeichnet ihre Liebe zur heil. Armuth. Ihre Zelle enthielt kaum das allernothwendigste; nie wechselte sie weder den Stoff noch die Form der Kleider, sie trug sich gleich im Winter und Sommer, auf der Reise und in stürmischen Regentagen.

Von ihrer jungfräulichen Reinigkeit zeigt schon der große Einfluß, den sie oft bloß durch ihren Blick auf junge, der Verführung ausgesetzte Herzen übte. Woher aber schöpfte sie für sich und Andere solche Kraft? Aus der täglichen Kommunion, die ihr gleichsam zur Belohnung gegönnt war.

Den Gehorsam betreffend zog sich Schwester Louise während fünfundvierzig Jahren auch nicht den Schatten eines Vorwurfes zu. Sie befolgte den Grundsatz des heil. Franz von Sales: „Nichts wünschen, nichts verlangen, nichts zurückweisen." Ihrer besondern Gabe wegen, mit Hartnäckigen, Widerspenstigen umzugehen, wurde sie mit der keineswegs liebenswürdigen Aufgabe betraut, solche harte Herzen zu erweichen. Es gelang ihr das aber auch immer.

Einem Mädchen, das sich gar nicht fügen wollte, und dem sie vergebens in jeder nur möglichen Weise zugesetzt hat, sagte sie zuletzt noch die Worte: „Geh' mein ärmstes Kind, entsage, fasse Muth," und es war gewonnen. Als ihre Abreise bekannt geworden war, kamen eines Tags mehrere Mütter, deren Kinder Louise in ihrer Obhut hatte, sich beklagend und sie beschwörend von dem Vorhaben abzustehen. „Gerne wollte ich, erwiderte die Schwester, nach euerm Willen thun, ich bin aber nur ein armes Werkzeug in den Händen meiner Obern. Ich bin das Messer, welches verwundet, aber dabei zugleich dem gehorcht, der dazu den Inpuls gab; das Messer fühlt nichts, so auch theile ich euern Schmerz, ohne ihn verhindern zu können." Der Gehorsam Louisens war im höchsten Grad vollkommen. Die Stimme ihrer Obern galt ihr als Befehl Gottes. Ihr Leben war ein fortgesetzter Gehorsam. Gar oft nannte sie den Ton der Convent=Glocke den Ruf des wollenden Gottes. Man konnte sie durch gar nichts aus ihrer ruhigen Fassung bringen.

Immer beschäftigt für das Heil der Seelen zur Ehre Gottes, erlangte sie von ihren Obern die Erlaubniß, eine Bibliothek von guten Büchern anlegen zu dürfen. Sie wußte gar wohl, was das Lesen guter Bücher nützen könne. Doch damit begnügte sie sich noch nicht. Sie ließ selbst auf kleine Blätter heilsame Gedanken, kräftige Gebete zumeist um die Bekehrung für Sünder drucken und unentgeltlich verbreiten. Lange lag sie zu diesem Zwecke dem Trappisten Pater Geramb an, ihr in dieser Weise sein Werkchen: „Nur eins ist nothwendig, das Ende kommt zc. zc." zum Druck und zur Verbreitung zu überlassen. Pater Geramb, der aus guten Gründen nicht darauf eingehen konnte, schickte ihr gleichsam zum Troste einen Todtenkopf. Oft nahm sie Reisende auf, um von ihnen für ihre Büchersammlung zu gewinnen. Die Buchhändler kannten ihre Gesinnungen und schickten ihr nur religiöse Bücher. Geschah bisweilen doch das Gegentheil, so nahm sie auch keinen Anstand, sich strenge darüber auszusprechen. So kam eines Sonnabends der Reisende eines Lyoner Hauses, mit welchem sie viele Geschäfte hatte, zu ihr. Er bat sie, mit ihm die Rechnung abzuschließen, weil er des andern Tages in der Frühe wieder fort wolle. „Wie! erwiederte ihm Schwester Louise, Sie wollten den ganzen Tag reisen ohne eine heilige Messe zu hören? Das geht nicht an, morgen ist Sonntag und der Reisende eines so religiösen Hauses darf nicht also thun. Ich weiß gewiß, Sie werden dieß berücksichtigen, gehen Sie morgen nach Nancy, erfüllen Sie dort ihre Christenpflichten, dann werden wir unsere Geschäfte ganz nach Belieben besorgen." Der junge Mann lächelte und erröthete zugleich, ging aber folgsam zur bestimmten Stunde in die bezeichnete Kirche.

So wirkte Schwester Louise überall wo sie konnte Gutes. Ihr Leben floß dahin gleich einem Bächlein, das überall an seinen Gestaden Blumen und Früchte zurückläßt. Ihr Wohlthun war aber ein Verborgenes. Sie sagte oft: „Gott gibt uns das Verdienst und den Nutzen unserer guten Werke, er behält aber für sich die Ehre." Ein frommer Priester äußerte sich in dieser Beziehung über Schwester Louise also: „Das Leben der Schwester Louise zu Nancy war wahrhaftig ein Leben voll guter Werke aber verborgen in Gott. Immer gesammelt that sie das Gute und viel Gutes, ohne Geräusch und ohne die Heiterkeit ihrer schönen Seele zu verlieren. Wann ich sie wegen eines guten Werkes um Rath fragte, blieb sie einige Minuten lang im stillen Gebete, dann sagte sie mir in wenigen Worten ihre Meinung und zwar so trefflich, daß die Sache immer gut ausfiel. In den Zeiten der Verfolgung des Unglücks wiederholte sie mir die Worte: Bleiben wir in Gott vereinigt. Diese Vereinigung mit Gott ist ohne Zweifel das Geheimniß ihrer Erfolge auf dem Felde der Liebe. Diese beständige Vereinigung mit Gott war auch der Urgrund der seltenen Fortschritte, welche sie im geistlichen Leben und in der klösterlichen Vollkommenheit machte."

Während der Mission zu Nancy im Jahre 1825 war sie, man darf es wohl sagen, die eifrigste Mitarbeiterin der Missionäre. Es gab damals eine Menge rein bürgerlicher und sündhafter Ehen. Viele derselben wurden geregelt, die meisten durch die Bemühungen der Schwester Louise, da sie das allgemeine Vertrauen auch solcher Unglücklichen besaß. Man konnte fast jeden Tag Männer mit ihren Frauen bei Louise finden, sich die gehörigen Belehrungen und Verhaltungsregeln für die gänzliche Aussöhnung mit der Kirche durch die Priester zu erholen. Da sich der Clerus von Nancy überzeugt hatte von der Geschicklichkeit der Schwester Louise für die Unterweisung besonders solcher junger Leute, denen die Religion fast ganz abhanden gekommen war, so übergab er ihr recht gerne solche Bekehrungsgeschäfte.

Eine vortreffliche junge Person wurde ihr zu diesem Zwecke empfohlen. Das Mädchen betrachtete die Nonne als eine intolerante, abergläubische Betschwester, sie nannte die Schwester Louise Schwarzwild. Zu diesen ganz und gar ungünstigen Gesinnungen gegen die Ordenspersonen kamen noch viele andere nicht minder bedeutende Hindernisse. Zunächst war ihr Stolz beleidigt durch den Gedanken, als eine Unbekehrte gelten zu sollen. In der That vermochte auch Schwester Louise in den ersten 6 Monaten nichts über die Unglückliche. Da kam die Zeit der üblichen geistlichen Uebungen. Nur mit großem Widerstreben machte das Mädchen sie mit. Es verflossen ohne besondere Veränderungen auch die nächsten sechs Monate. Auch dießmal schloß sie sich den Uebungen an, und siehe! die Gnade hatte endlich das Herz erweicht, die Seele war gerettet. Sie betrachtete von jetzt an täglich eine Viertelstunde und schenkte sich zuletzt Gott ganz und gar. Es ist nicht zu beschreiben, mit welch' zärtlicher Sorgfalt und Liebe Louise dieses Mädchen gepflegt hatte. Nur um sie auf die Probe zu setzen, fragte die Oberin Mutter, ob sie denn nicht befürchte, dieses Mädchen zu sehr und zuviel geliebt zu haben. Alsobald antwortete Louise, ich glaube nicht, meine liebe Mutter. Dann fügte sie nach einigem Nachdenken hinzu: "Nein, ich glaube nicht, sie zu sehr zu lieben, ich liebe sie in Gott und für Gott. Die Sorge für sie hindert mich nicht im Geringsten in meinen Pflichten, wenn aber mein Leben nothwendig wäre zu ihrer Bekehrung, würde ich mich unendlich glücklich schätzen, für sie sterben zu können.

Als im Jahre 1836 zu Nancy das Institut der guten Hirtinnen errichtet werden sollte, da jubelte ihre Seele hoch auf, vorausschauend die große Zahl geretteter Seelen. Schwester Louise führte die erste Büßende in das fromme Asyl. Sie zahlte für diese wie für die vielen Andern, die sie noch weiter dem Institute übergab. Gingen ihr die Mittel aus, so versagte ihren frommen Bitten um Unterstützung Niemand die Gewährung. Oft besuchte sie ihre Pflegekinder. Sie umarmte dann immer diese unglücklichen jungen Mädchen mit mütterlicher Zärtlichkeit, hörte ihre Klagen und suchte sie zu trösten. Man fragte sie einmal, wozu denn diese zärtliche Sorgfalt dienen solle? da antwortete sie: „Diese Beweise von Güte erheben die armen Unglücklichen in ihren eigenen Augen und flößen ihnen Hoffnung ein, die Achtung der Welt wieder gewinnen zu können. Was mich betrifft, so habe ich persönlich mehrere Beweggründe, so zu thun: einmal finde ich so eine schöne Gelegenheit mich zu demüthigen, dann Gott zu preisen, welcher mich vor einer ähnlichen Verirrung bewahrt hat, und endlich mich mehr und mehr für die von dem göttlichen Erlöser geretteten Seelen zu begeistern."

Eine junge gutgezogene Person wurde eines Tages durch einen vornehmen Fremden entführt, man weiß nicht, ob mit ihrer Einwilligung. Genug sie lebte 18 Monate lang dem Laster. Ihren Vater hatte unterdessen der Gram um's Leben gebracht. Das Mädchen kehrte jetzt wohl zurück, aber ihr Herz war der Sünde einmal verfallen, daher sie nach kurzer Zeit zum zweiten Mal das väterliche Haus verließ, dießmal aber, um in ein öffentliches Haus einzutreten. Die trostlose Mutter wußte nur bei der Schwester Louise Rath. Diese erforschte vor allen den Aufenthaltsort der Ausschweifenden. Als sie darüber Gewißheit erlangte, nahm sie die Mutter und den Vormund des Mädchens mit sich und fuhr geraden Wegs auf das bezeichnete Lasterhaus zu. Schwester Louise und die Mutter traten beherzt hinein und trafen die Unglückliche in dem unzüchtigsten Aufzuge von der Welt; die Mutter, außer sich, versetzte ihrer entarteten Tochter eine Ohrfeige und befahl, ihr zu folgen. Die Vorsteherin des Hauses, ein wahrer Satan, wollte der Mutter gegenüber ihre Rechte geltend machen, rief laut nach der Polizei und zerrte die beiden vor die Thüre hinaus. Endlich gelang es der Schwester Louise, der unglücklichen Verführten einige Worte voll Liebe und Ernst zugleich zuzuflüstern. Siehe da, da stürzt das Mädchen auf ihre Knie, wirft die schmachvolle Kleidung von sich und stürzt sich in die Arme ihrer beiden Mütter. Ein angemessener Aufenthalt im Hause des guten Hirten vollendete ihre Bekehrung. Man könnte sagen, Schwester Louise habe hier unklug gehandelt, aber die Liebe kennt kein Gebot.

In ihren Privatunterhaltungen ahmte Schwester Louise das Beispiel des heil. Aloysius von Gonzaga nach; sie wußte in alle Gespräche etwas Frommes einzumischen. Bald erzählte sie von frommen Priestern und ihrem Wirken, dann wieder von Beispielen der Geduld und Sanftmuth, am liebsten aber von dem schon früher erwähnten Pater Doré.

Ihr ganzes Leben war eine fortwährende Predigt; denn sie war ein Muster aller Tugenden. Dieß alles waren Gaben, welche ihr Gott zum Lohne ihrer Liebe geschenkt hat. Ihr Herz war im beständigen Frieden. Mit ihrer Oberin Mutter hatte sie den Vertrag geschlossen, sich gegenseitig auf alle Unvollkommenheiten aufmerksam zu machen, welche sie an sich bemerkten. Wann sie die heil. Kommunion empfing, vergoß sie immer reichliche Thränen, ihr Antlitz leuchtete und sie versank immer in lange und tiefe Betrachtungen. —

Der heilige Geist spricht: „Sei nicht saumselig im Besuche der Kranken, und dadurch wirst du dich in der Liebe Gottes befestigen."

Die Pflege der Kranken war das liebste Geschäft der Schwester Louise. Alle ihre Mitschwestern geben ihr dieß Zeugniß. Wenn daher eine von ihnen erkrankte, so durfte sie sicher darauf rechnen, die Schwester Louise fast immer um sich zu sehen. Da sorgte sie nicht etwa bloß für die leiblichen Bedürfnisse, ihr besonderes Streben ging darauf hinaus, den Kranken die rechte

Ansicht über das Kranksein zu zeigen, und ihnen fromme Gesinnungen beizubringen. Niemand verstand es auch so gut, unfromme Kranke fromm zu stimmen, und fromme noch frömmer zu machen. Sie war unerschöpflich in Aufbringung von Motiven zum Leiden. Christus hat gelitten, Er, die Unschuld selbst, sagte sie da oftmals; wie könnten wir uns des Leidens weigern, wir Schuldbeladne? Gott will es, sagte sie ein anderes Mal; wohlan, ich will es auch; alles, was er will, alles, wie er es will. Ihr lebendiger Glaube ließ sie in den Kranken Christus den Herrn selbst schauen; ihren Opfermuth schöpfte sie aus den göttlichen Worten: Ich war hungrig ꝛc. Alles, was ihr diesen gethan habt, habt ihr mir gethan. Man kann aus dem Gesagten unschwer abnehmen, welch' mütterliche Sorgfalt Schwester Louise erst den Sterbenden widmete. Sie war ihnen der Engel, der sie in die Ewigkeit hinübergeleitete.

Unterdessen war Algier in den Besitz der Franzosen übergegangen. Afrika, das einen heiligen Cyprian und Augustinus auf seinen Fluren wandeln gesehen hatte, sollte auf's Neue der katholischen Kirche gewonnen werden. Dupuch war zum Apostel von Algier auserlesen worden. Er wollte Schwestern der christlichen Schule, und wandte sich deßhalb nach Nancy. Die Obern der Congregation stellten es den Schwestern frei, in ihrer Weise das verlangte Geschäft als Missionäre anzunehmen und auszuführen. Sie hatten auf den Eifer ihrer Mitglieder gerechnet, und wahrlich, sie hatten sich nicht getäuscht. Sehr viele erbaten sich das zu hoffende Marterleben als die höchste Gnade. Unter diesen war unsre Schwester Louise nicht die Letzte. Mit Lobpreisung gegen Gott nahm man gerade ihr Anerbieten auf; denn es entging Niemand, welch' glückliches Zeichen für das gelingende Unternehmen der Entschluß Louisens war. Wir machen aber diese Lobsprüche nicht ohne Gründe. Schwester Louise war damals schon siebenundfünfzig Jahre alt, und durch Mühe und Arbeit fast ganz aufgerieben. Ihr Herz hing mit tausend Fäden an ihren vielen Mitschwestern, die fast zum größten Theil durch sie herangebildet worden waren. Doch die starkmüthige Seele achtet nicht auf Fleisch und Blut, ihr Blick richtet sich vom Irdischen hinweg zum Ueberirdischen. Alle Welt lobte diese edlen Gesinnungen der Schwester Louise, nur eine Welt=Dame konnte sie nicht billigen.

„Arme Schwester Louise, schrieb sie ihr, als sie die Nachricht vernahm von ihrer nahen Abreise, o arme Schwester Louise! ich kenne sehr gut Ihre Lage. Ich weiß ganz gewiß, daß so lange Madame de Faillonnet leben wird, Sie nicht Vorsteherin der Congregation werden können. Wenn Sie sich also wollen emporschwingen, so thun Sie gut, nach Afrika zu gehen; es ist dieß ganz einfach." — Also spricht die Welt mit ihren kindischen Anmaßungen; sie ist verblendet. Ueber dergleichen Gedanken würde man sich ärgern, wenn nicht eine tiefe Empfindung des Mitleids das christliche Herz betrüben würde.

Wir wollen eine andere Sprache hören. Die Schwester Louise zeigt einer ihrer Freundinnen ihre nahe Abreise an: „Vielleicht haben Sie schon gehört, daß ich mich dem Unterrichte der Afrikaner gewidmet habe. Ich reise am 3. Mai, am Feste der Erfindung des heil. Kreuzes, ab, meinen Jesus bekannt zu machen, seine Geheimnisse, seine Güte, seine Barmherzigkeit 2c. Es sind unser sechs. Unser Herz hüpft vor Freude und Dankbarkeit, für diese Arbeit gewählt worden zu sein. Wir haben weder Furcht, noch Angst, Jesus wird bei uns sein. Welches Glück, wenn wir ihn lieben und ihm dienen können. Wir wollen Alles thun für dieses große Werk. Ich habe meinen Angehörigen Lebewohl gesagt. Meine Mutter, obgleich sehr bekümmert, hat mit glaubensvollem Auge meine Bestimmung erschaut; und dieses hat mich getröstet ... Es ist möglich, meine gute Freundin, daß ich einst wiederkehre; ich bin in Gottes Hand; ich bin seine Braut, und er wird seinen Willen an mir vollziehen. Es ist immer gut, wenn man die göttliche Vorsehung walten läßt, die Ehre Gottes im Auge hat, das eigene und des Nächsten Seelenheil sucht. Das Leben ist nicht von langer Dauer, bald werden wir im Himmel sein, wo wir Gott schauen."

Als die Abreise der Schwester Louise bekannt wurde, besuchten sie noch viele Leute. Unter andern besuchte sie auch ein sehr geachteter Mann; die kurze Unterhaltung mit ihr wird uns den

Glaubensmuth und den Eifer dieser beherzten Seele zeigen. „Sie reisen nun fort, meine liebe Schwester," sagte er, „fällt es Ihnen nicht schwer, ihr Vaterland zu verlassen?" — „Mein Vaterland," erwiederte sie, „ist überall, mein Herr, wo ich nach dem Willen Gottes leben, wo ich zu seiner Ehre arbeiten, und dem Nächsten nützen kann." — „Aber haben Sie all' das Unangenehme einer so langen Reise schon reiflich überlegt?" — „Ja, mein Herr." — „Kennen Sie aber auch die verschiedenen Gefahren, das wogende Meer, das brennend heiße Klima, das tödtliche Fieber, welches so viele Menschen dahinrafft, die Sittenlosigkeit dieses Volkes? Haben Sie dieß alles wohl überdacht?" — „Ich habe alles erwogen, mein Herr, aber ich denke, daß es auch anderswo dieselben Gefahren, oder andere ebenso schreckliche gibt. Nirgends sind wir geschützt, wenn nicht Gott uns schützt. Alles, was Sie mir Schreckliches bei diesem Unternehmen nur vorgezeigt haben, findet sich anderswo auch; der Tod und die Sünde sind in Algier nicht allein zu finden. Stirbt man nicht in Frankreich, wie in Afrika auch? Ist man nicht auch hier wie dort immer der Gefahr ausgesetzt, Gott zu beleidigen?" — Dieser Mann, erstaunt über so großmüthige Antworten, endigte seine Vorstellungen, indem er sagte: „Nach solchen Antworten, meine liebe Schwester, habe ich keine Gegenantwort mehr zu machen; wollen Sie mir erlauben, Ihnen Lebewohl zu sagen."

Die Abreise nach Algier erfolgte endlich am Feste der Kreuzerfindung, 3. Mai, gegen 10 Uhr Morgens. Es ist unbeschreiblich, mit welchen Liebesbeweisen die abreisenden Schwestern, besonders aber Louise, noch überhäuft wurden. Sie schrieb darüber aus Marseille also:

„Unsere Augen waren noch thränenbenetzt des letzten Abschiedes von Maiziéres wegen, als unsere guten Schwestern von Neuschâteau auf der Post uns erwarteten, uns in ihre Arme nahmen und uns auf das herzlichste empfingen, was nun unsere Thränen trocknete."

Ueberhaupt wurden sie überall mit der größten Herzlichkeit empfangen; zu Rourmont wurden sie von ihren Mitschwestern, zu Dijon von den Schwestern der christlichen Liebe, zu Lyon von ben Frauen des heiligsten Herzens; zu Avignon von den guten Hirtinnen begrüßt. Unter den Mitreisenden befand sich ein Kaufmann von Marseille, ein ausgezeichneter Mann, welcher ihnen nicht nur die größten Dienste auf ihrer Reise leistete, sondern auch für all' ihre Bedürfnisse in dieser Zeit sorgte. Schwester Louise pries die Güte des Herrn, der ihnen diesen treuen Führer geschickt hatte, wie einst dem jungen Tobias einen Engel.

„Nicht genug kann ich sagen," fügte sie ihrem Briefe bei, „wie bewunderungswürdig uns die Werke des Schöpfers schienen auf unserer Reise, namentlich in den Umgebungen von Marseille. Wir hatten kein Buch nöthig zur Betrachtung, denn Alles, was wir sahen, redete viel eindringlicher von Gott, als Bücher und Anmuthungen, und auch selbst als die Seele voll von den süßesten Gefühlen von Bewunderung, Liebe, Vertrauen und Dankbarkeit."

Zu Toulon ruhten die Schwestern acht Tage aus und besuchten das Spital der Galeeren-Sklaven, welches von den Töchtern der Weisheit besorgt wurde. Dortselbst brachte Schwester Louise durch ihre kräftigen Zusprüche viel Freude und Trost unter diese Unglücklichen. Nachdem sie dann einen heftigen Sturm (21. Mai) und (mit Ausnahme der Schwester Louise) alle die Seekrankheit überstanden hatten, landeten sie endlich glücklich im Hafen von Algier und wurden von dem Bischofe mit größter Freude aufgenommen, aber bald nach Constantine geschickt.

Schwester Louise schrieb von da aus an Madame de Faillonnet: „Gute, theuere Mutter! wir können Ihnen nie genug danken, daß Sie uns in dieses Land geschickt haben. Wenn der gute Gott Opfer von uns fordert, so gibt er auch die nöthige Gnade dazu. Unsere Schwestern sind gut, eifrig, heiter und sind Ein Herz und Eine Seele. Die Art von Unthätigkeit, in der ich uns Anfangs versetzt sah, brachte einigemale schon düstre Wolken auf meiner Stirne hervor, aber der Gedanke: Gott befiehlt es also, zerstreute sie alsbald wieder."

In einem andern Briefe an ihre verehrte General-Oberin drückt sie ihre und ihrer kleinen Gesellschaft Wünsche zum neuen Jahre 1842 aus. Sie fügt hinzu: „Unsere Stellung hat sich nicht geändert. Der gute Gott verdoppelt unser Vertrauen zu ihm, wir leben in vollkommener Sicherheit, ohne Furcht und ohne Verlangen. Wir unterwerfen uns mit Freuden, und Gott macht unser Glück aus; nichts hindert uns, gesammelt zu sein; wir leben ruhig fort in der Gegenwart Gottes. Wer hat gedacht, daß wir so lange Zeit in unserer so süßen Einsamkeit sein werden, um uns auf das uns bestimmte große Werk besser vorbereiten zu können! Ich bitte Sie, theuerste Mutter, betrüben Sie sich nicht über die Widersprüche, die wir von manchen Seiten erfahren, die göttliche Vorsehung sorgt für uns, es gereicht uns Alles zum Heile. Ich erinnere mich, daß ich mit mehreren unserer Schwestern einmal sprach über unser Fortkommen aus dem Mutterhause. Einige sagten, dieß sei vom großen Vortheile, uns in der Tugend üben zu können. Andre meinten, sie würden nicht Gelegenheit finden, Geistessammlung zu erlangen. Den Letzten antwortete ich, daß man überall Gott findet; daß man mit seiner Gnade überall die Hindernisse des Heiles wegschaffen kann. Heute, um sie zu bestärken, sagte ich ihnen noch folgendes: Sobald man nur Gott sucht, zeigt er sich uns überall als guter Vater, Bräutigam und guter Freund; er beobachtet alle Opfer; er erleuchtet uns, die Fallstricke des bösen Feindes zu entdecken und zu vermeiden. Nicht genug kann ich wiederholen: Gott allein nur! Gott allein! Hingebung in seine Hände ohne Zurückhaltung und freudige Annahme des Kreuzes, welches er uns auflegt!" —

Man wird ohne Zweifel vergeben, dieses lange Bruchstück des Briefes der guten Schwester Louise aufgezeichnet zu haben. Es ist nichts nützlicher zum Troste und zur Erbauung für betrübte Seelen, deren es so viele gibt, als ihnen die Gesinnungen bekannt zu geben, welche die Gerechten aus der Quelle des Glaubens geschöpft haben, die Kraft, die sie darin fanden, und die Freuden, die sie kosteten.

Am 4. Mai 1842, als am Jahrestage ihrer Abreise von Nancy, schrieb die Schwester Louise an ihre liebe Subpriorin. Sie hatte wieder das Opfer, das sie dem Kreuze aus ihrem ganzen Herzen geweiht hatte, erneuert. In ihrem Briefe redet sie von den Hoffnungen auf eine definitive Niederlassung zu Constantine, welche M. Dupuch in ihr erregt hatte.

„Es beunruhigt mich nichts, ich erwarte einige Dörner, die uns der Herr auf unsere Pfade streuen wird; aber sie werden uns nicht verwunden. Ich erwarte von seiner unendlichen Güte alle Hilfe." — Unterdeß waren nach Bône und Phillipville gleichfalls Schwestern der christlichen Schule verlangt worden. Schwester Louise hatte den Auftrag, die neuen Niederlassungen zu ordnen; sie war entzückt über diesen glücklichen Erfolg. Wie sie übrigens stets bemüht war, Gutes zu thun, möge man aus dem nachstehenden Briefe eines französischen Offiziers, den sie wieder zum Glauben bekehrt hatte, ersehen:

Meine gute Schwester Louise!

„Sie verdemüthigen sich zu sehr vor mir. Ich bin gequält vom Durst, und Sie sollen mir ein Glas Wasser der Liebe reichen; ich bin ermüdet, und Sie geben mir den Stab in die Hand, auf welchen ich mich stützen kann. Ich leide in der tiefsten Tiefe meines Innern und das unheilbare Böse rauscht mir vor den Ohren; doch es gibt ein Heilmittel, wovon man alles hoffen kann. Sie bitten mich, Ihnen zu verzeihen ...! Der Ausdruck des unveränderten Glückes, welches Sie genießen, die lebendige Hoffnung, welche Sie mir offenbarten, hat mich zum Guten gebracht. Ich habe schon zehnmal Ihren Brief gelesen. Er hat in mir die Erinnerung rege gemacht an meine frühern Tage. Ich habe mein ganzes Leben überdacht von meinen Kinderjahren an, wo ich knieend bei meiner Mutter zum heil. Schutzengel und der heiligen Jungfrau Gebete stammelte, bis zu diesem gegenwärtigen Jahre her. O Gott! Wo betete ich mehr? O überaus traurige Erwägungen! ...

Sie wissen nicht, gute Schwester, daß ich alles Gebet versäumt habe seit meinem zwölften Jahre. Sie wissen aber auch nicht, was das heiße, allein in Paris zu sein, ohne Führer, ohne Rath, mit einem so jugendlichen Herzen. Ich war siebenzehn Jahre alt, leidenschaftlich für alles Neue, und begierig, Alles zu wissen! Wie doch die schlechten Glaubenslehren die jugendlichen Herzen einnehmen und verführen!..."

Im Jahre 1845 mußte Schwester Louise nach Frankreich zurück, um Geschäfte zu besorgen und neue Schwestern einzuführen. Ueber zwei Anstalten hatte sie noch für sie zu verfügen. Sie hatte große Opfer zu bringen. Sie hat darüber an einen Freund also geschrieben:

„Das Kreuz hat sich mir gezeigt, ehe ich Afrika verlassen hatte. Ich war zu Bône; vierzehn Tage vor meiner Einschiffung erhielt ich von unserer theuern Mutter einen Brief, worin sie mir den Tod meiner Mutter anzeigte. Dieser Schlag überraschte mich nicht, aber er rührte mich. Meine gute Mutter hatte von meiner nahen Rückkunft gewußt, sie erneuerte ihr Opfer, als sie ihren nahen Tod voraussah; am 15. April starb sie; ich empfehle sie Ihren Gebeten. Ich kam nach Nancy am 23. Mai, ich fand unsere gute Mutter krank und im Bette liegend." Schwester Louise vergoß viele Thränen während dieses Aufenthaltes in Frankreich, aber die Religion hielt sie aufrecht. Die Ergebung verhärtete ihr Herz nicht, sie unterwarf sich immer dem anbetungswürdigen Willen des göttlichen Meisters. Im Jahre 1849 mußte Schwester Louise zum Generalkapitel zum zweitenmal nach Frankreich reisen. Hier überfiel sie eine Krankheit; die Aerzte riethen, sie wieder nach Afrika zu schiffen, weil das dortige Klima ihr besser zusage.

Als Schwester Louise nach Constantine zurückgekommen war, schleppte sie sich wohl noch einige Wochen fort; bald aber wurde ihr Zustand hoffnungslos. Aus dem Tagebuche einer ihrer Mitschwestern erfahren wir Näheres über ihre Leiden und über die rührenden Gesinnungen, welche diese schöne Seele in ihrem letzten Kampfe zeigte. Dieß Tagebuch beginnt mit dem 23. Dez. 1849. Es gibt uns einen deutlichen Begriff von ihrem Heldenmuth und ihrer vollkommnen Ergebung in den Willen Gottes. Es ist schön und tröstlich, des Gerechten Tod zu schauen.

Am 21. Dezember hatte sie eine schreckliche Nacht. Dreimal mußte man aufstehen, um ihr zu Hilfe zu kommen. Sie hatte heftige Anfälle, mit Erbrechungen begleitet. Da Schwester Louise selbst glaubte, ihre letzten Augenblicke seien gekommen, so beauftragte sie Morgens 8 Uhr ihre Mitschwestern, ihren Angehörigen die letzten Wünsche und Grüsse zu überbringen. Bei diesem Auftrage füllten sich ihre Augen mit Thränen, denn innig und zärtlich war Louisens Liebe zu den Ihrigen. Im Verlaufe des Tages schrieb sie auch die Art und Weise ihres Begräbnisses vor. „Ich wünsche, daß man mich in unsre Kapelle trägt, und nicht in die Pfarrkirche. Thut für mich nicht mehr, als für unsre zwei verstorbenen Mitschwestern; denn wegen einer Armen macht man keine ungewöhnlichen Anstalten."

Um 4 Uhr Abends fand sie der Arzt sehr schwach, versprach ihr aber doch eine gute Nacht. Schwester Louise jedoch antwortete ihm lächelnd: „Nein, meine Stunde ist gekommen, Bazio! (so hieß der Arzt). Beunruhigen Sie sich nicht, ich fürchte den Tod nicht. Mein Todestag wird auch zugleich mein Vermählungstag sein. O wie sehne ich mich nach dem Himmel und seinen unaussprechlichen Freuden."

Nach diesem Besuche sagte sie zu einer ihrer Mitschwestern: „Manchmal befürchte ich, noch lange auf dieser Erde bleiben zu müssen. Es ist dieß eine Versuchung, welche ich zurückweisen will. Gerne will ich dem Willen Gottes mich ergeben, unter seine Hand mich beugen und mich auf ihn verlassen, wie ein Kind, das am Herzen seiner Mutter ruht."

Die Nacht vom 22. auf den 23. war nicht schlimmer; die Kranke ruhte ein wenig. Um 6 Uhr des Morgens brachte man ihr die heilige Communion, und nachdem sie ihr Dankgebet verrichtet hatte, schlief sie eine halbe Stunde lang. Beim Erwachen bezeigte sie lebhaftes Bedauern hierüber und sagte zu einer ihrer Mitschwestern: „Sieh, so sind die Kranken; sie haben keine Empfindung mehr. Man darf sich nicht darauf verlassen, in diesen Augenblicken seinen guten Gott noch lieben zu können. Kommet, sagte sie, betet mir einige Gebete vor, vorerst die Vorbereitung zum Tode, und dann die Gebete, die man während der heiligen Oelung spricht." Man las ihr das Gebet des P. de la Colombière vor. Sie brach in Thränen aus und sagte: „O ich empfinde jetzt einen unaussprechlich großen Trost, daß ich manchmal verläumbet und für Nichts geachtet wurde. Die Leiden, die ich in meinem Leben mit Hingabe an den Willen Gottes ertrug, flößen mir großes Vertrauen ein. O wie gut ist es, gedemüthiget zu werden!" — Schwester Louise war jederzeit tief durchdrungen von der Pflicht, sich in Allem dem Willen des Herrn zu unterwerfen. Von ihr konnte man in Wahrheit sagen, daß ihre Speise war, den Willen Gottes zu erfüllen. Sie übertrug alle die verschiedenen Verhängnisse, die ihr die göttliche Vorsehung zusandte, mit vollster Hingabe.

Schwester Louise wünschte, ihren theuern Angehörigen kleine Andenken zurücklassen zu können, und bezeichnete gewisse Gegenstände, die man aber nur mit Erlaubniß der Oberin vertheilen durfte.

Für das Eine bestimmte sie ein Portrait des sel. Peter Forerius von Mattaincourt, das Bildniß des heil. Ludwig für ein Anderes, und mehrere Abbildungen unsers Herrn Jesu Christi und ein Andachtsbuch für verschiedene Glieder ihrer Familie. „Was meine Uhr betrifft, sagte sie, so kommt sie wohl von meiner Familie, und es wäre möglich, daß man sie zurückverlangen könnte; jedoch seid ihr hier meine Familie, und ich überlasse dieselbe daher der Schwester Edmunda, welche keine besitzt und so sehr bemüht war um mich."

Schwester Louise legte auch noch eine Generalbeichte ab, um sich noch mehr zu verdemüthigen, und vor dem Richterstuhle des gerechten Richters gänzlich gereiniget erscheinen zu können. Diese Beichte erstreckte sich auf jeden Schein eines Fehlers, den nur ein so klarsehendes Auge wie das ihrige, zu entdecken vermochte. In einem Augenblicke, wo der Feind des Heiles ihr Gedanken des Mißtrauens gegen Gott einflößte, rief sie Schwester Renata zu sich und sagte: „Lesen Sie mir schnell irgend Etwas über das Vertrauen auf Gott vor." Auf die Frage derselben, wo sie hierüber etwas finden könnte, erwiederte Schwester Louise: „Im Werke des P. Doré." Sie kannte den Inhalt dieses Werkes vollkommen, ließ sich dessen Gedichte mehrmals vorlesen und hörte sie immer wieder mit neuer Freude.

Wenn ihre Anfälle minder stark waren, empfing sie verschie=

bene weltliche Personen, welche sie zu sehen wünschten. Nur tief gerührt verließ man immer ihr Zimmer, und bewundernswerth war ihre liebenswürdige Heiterkeit und Freude, mit der sie vom Tode als von einem Festtage sprach.

Ein glaubensloser Herr, welcher Schwester Louise kannte, und sie ihrer Tugenden wegen sehr hochschätzte, äußerte sich gegen eine ihrer Mitschwestern: „Wenn Schwester Louise Wunder thun wird, werde ich glauben." Sie erflehte ihm wirklich hierauf von Gott die unschätzbare Gabe des Glaubens!

Nachdem sie am Weihnachtsfeste die heil. Communion empfangen hatte, bat sie den Pater, der ihr selbe gebracht hatte, von allen ihren Mitschwestern ihr Verzeihung zu erbitten für die Fehler, welche sie begangen, und für die schlechten Beispiele, welche sie ihnen vielleicht gegeben habe. Sie verlangte von ihnen als letztes Geschenk das Versprechen, den heil. Regeln der Congregation stets pünktlichst treu zu bleiben. Alle Schwestern stellten sich um das Bett der theuern Kranken, und jede hielt eine Wachskerze in der Hand. In Thränen zerfließend versprachen sie ihr, nach allen Kräften ihren letzten Willen zu erfüllen.

Am nämlichen Tage sagte sie zu ihren Schwestern: „O wie sehr muß ich Gott danken für die vielen Gnaden, die er mir erwies! Als es sich darum handelte, mich nach Afrika zu schicken, verharrte ich in Erwartung des göttlichen Willens. Ich habe keinen Wunsch ausgesprochen, war aber entzückt, zu meiner Familie wiederkehren zu können. In Nancy wurde ich vielfach gestört durch Besuche von Schwestern, die mich kannten, ich konnte mich deßhalb nicht immer mit Gott beschäftigen, und dessen ungeachtet, wie glücklich war ich da!" — Sie trug ihren Schwestern auf, sie dem Andenken des Bischofes von Nancy zu empfehlen, und ihm ihre Abschiedsgrüsse zu melden. Den nämlichen Auftrag gab sie ihnen auch für ihre geliebte Oberin, indem sie hinzufügte: Sie würde tiefen Schmerz fühlen, wenn sie mich so krank sähe. O, wie gut ist es, daß ich hier bin!

Gegen den Abend wurde sie von der Gemahlin des Arztes besucht. Lächelnd begrüßte Schwester Louise diese Dame und sagte: „Meine Stunde ist gekommen, Madame; bald, recht bald wird der Augenblick nahen, worauf ich mich so sehr freue." Die Dame fing an zu weinen und sagte: „Aber, liebe Mutter! ich finde Sie nicht so übel, als Sie glauben." — „Sie möchten mir eben auch das Unangenehme versüßen," erwiederte fröhlich Schwester Louise, „es wird Ihnen aber nicht gelingen; ich weiß gar wohl, daß mein Uebel von Tag zu Tag zunimmt."

Die folgende Nacht war eine der schlimmsten; man glaubte nicht, daß sie den Tag noch erleben werde. Am Morgen sagte sie zu ihren Mitschwestern: „Diese Nacht besuchte ich die armen Seelen im Fegfeuer, und ich habe gefunden, daß ich noch weit weniger zu leiden habe, als sie. Der gute Gott legt uns Schwereres nicht auf, als wir tragen können. Ich konnte ohne Unterbrechung meinen Kreuzesweg gehen; es ist dieses viel, und ich danke dafür dem guten Herrn."

Als am Morgen der Arzt kam, befand sie sich besser; ja sie sang ihm, ehe sie auf seine Fragen antwortete, eine Strophe aus den Gesängen des P. Doré, über den Tod, vor. Der gute Mann, der eben nicht dieselbe Denkungsart, wie die geliebte Schwester Louise hatte, war höchlich erstaunt. Er wußte nichts Besseres zu thun, als ihr Hoffnung zu geben, daß sie noch zur heil. Messe und zur Vesper in die Pfarrkirche werde gehen können, und ihr die Wiederkehr der Gesundheit, wenn das Frühjahr käme, zu versprechen. Er mißbilligte die Freude, die sie über ihren nahen Tod, der doch nicht erfolgen werde, aussprach. „O! sagen Sie mir nichts," erwiederte sie ihm, „verbittern Sie mir die Freude nicht, die ich empfinde! O wie glücklich bin ich über das Zunehmen meiner Krankheit!" — Den Tag über war sie sehr heiter und bat, daß alle Schwestern an der Erholung Theil nehmen möchten, sie wolle sich selbst versorgen.

Darnach ließ sie sich mehrere Psalmen vorlesen. Bei den Worten: „Gedenke nicht, o Herr! der Sünden meiner Jugend," fing sie zu weinen an, und ließ sich diesen Vers dreimal wiederholen. Ein wenig später sagte sie im Aufblicke zu Gott: „Ja, Herr! Du hast mir vergeben, ich vertraue fest darauf."

Am 27. drohte sie, der heftigsten Anfälle wegen, fast zu ersticken. „Ich glaube, es ist Zeit," sagte sie, „mir die hl. Oelung zu geben. Erschrecket nicht hierüber. Wir wissen ja durch den Glauben, daß manchmal dieß heil. Sakrament sogar den Kranken die Gesundheit wiedergibt, und daß deßwegen die Gefahr nicht größer ist. Der Wille Gottes geschehe!" — Sie ließ sich die Sterbegebete vorsagen; die Schwestern weinten. Schwester Louise sagte aber lächelnd: „Habet Muth, ich lebe ja noch! Der heutige Tag wird der feierlichste meines Lebens sein. Errichtet vor meinem Lager einen Altar, damit ich beim Empfange meines Heilandes ihn recht nahe sehen kann. Hierauf ließ sie die Statuen der heil. Anna und des heil. Augustin darauf stellen. Mit dem Ausdrucke der seligsten Freude und des süßesten Glückes rief sie aus: „Mir ist, als wäre heute der Tag meiner ersten heiligen Communion oder der meiner Einkleidung. Bei diesen beiden Ceremonien war ich allein in einem Zimmer und hatte einen Altar, wie diesen hier." Sie erzählte dann, was P. Doré bei ihrer Einkleidung über den Gehorsam gesagt hatte. —

Um 9½ Uhr brachte P. Creusat, Pfarrer von Constantine, ehemals Pfarrer in Lunéville, der theuern Kranken die heil. Wegzehrung. Sie sprach das Glaubensbekenntniß mit lauter Stimme, antwortete deutlich auf Alles mit einem außerordentlichen Eifer und bat Schwester Constantia, in ihrem Namen öffentliche Abbitte zu leisten. Nach beendigter Ceremonie wendete sie sich mit Thränen in den Augen an die Waisen des Hauses, welche anwesend waren, und sprach: „Meine Kinder! liebet innigst den guten Gott, und hänget euer Herz nicht an's Vergängliche. Es wird einst ein Tag anbrechen, wo auch ihr auf euerm Todesbette liegen werdet, gleich mir; alsdann werdet ihr euch glücklich schätzen, die Gebote Gottes beobachtet, und euch nur an ihn gehalten zu haben. Trachtet daher, meine Kinder, daß wir uns bereinst alle im Himmel wieder finden."

Nach dieser kurzen Anrede lag sie da mit gefalteten Händen, ohne die mindeste Bewegung zu machen. Thränen rollten über ihre Wangen, und sie sah ganz erhitzt aus. Als man sie erinnerte, daß das viele Weinen schädlich sein könnte, antwortete sie: „O nein, laßt mich nur weinen. Diese Thränen verschaffen mir im Gegentheile Linderung; denn glaubet nicht etwa, Schmerz oder

10 *

der Gedanke an den Tod pressen sie mir aus, nein, sondern die Erinnerung an die zahllosen Gnaden, die ich von meiner Geburt an bis zu diesem Augenblicke von Gott empfing. Ich bin in Wahrheit ein bevorzugtes Kind des guten Gottes! Leset mir den Psalm Credidi, das Te Deum, das Magnificat und das Nunc dimittis in französischer Sprache recht langsam vor, damit ich jedes Wort wohl erfassen kann." Sie war unermüdet im Beten, und wenn man ein Gebet gesprochen hatte, gab sie wieder ein anderes an.

Schwester Louise und ihre Mitschwestern verstanden die arabische Sprache nicht vollständig und mußten daher einen Ausleger haben. Dieser war ein Jude. Die gute Schwester ließ ihn kommen, nahm ihn bei der Hand und sagte: „Mein Lieber, ich achte Sie sehr; wenn Sie aber nicht ein Christ werden, werde ich Sie nie mehr sehen. Mein Freund! Bald werde ich sterben,' und ich freue mich darüber; der Glaube läßt mich den Tod wünschen, weil ich hoffe, Gott genießen, und die unvergänglichen Freuden kosten zu dürfen. Ich werde bei Gott für Sie bitten, damit er Ihnen Kraft gebe, die Hindernisse, welche sich ihrem Eintritte in die wahre Religion entgegenstellen, zu beseitigen." —

Der Zustand der körperlichen Leiden und Beängstigungen dauerte noch beinahe 3 Monate fort, um den Glanz ihrer Krone noch zu vermehren; denn diese ausgezeichnete Schwester verlor keinen einzigen Augenblick, keines ihrer Leiden, ohne sie verdienstlich zu machen für den Himmel. Sie schlummerte häufig, besonders einige Tage vor ihrem Tode, obwohl sie gewünscht hätte, beständig sich mit Gott beschäftigen zu können. Um dem Hindernisse, welches ihr durch diesen lästigen Schlaf zukam, zu begegnen, bat sie die Schwestern, sie von Zeit zu Zeit zu wecken, damit sie die Bedürfnisse ihrer Seele, welche Hunger und Durst nach Gott fühle, befriedigen könne. Die Schwestern fügten sich ihrem frommen Verlangen.

Am 27. März um 6 Uhr Morgens beichtete Schwester Louise nochmals bei vollem Bewußtsein. Gegen 2 Uhr kam P. Creusat zu ihr und empfing von ihr den lebhaftesten Dank für all' seine Güte. Darnach zählte sie noch alle Gnaden insbesondere auf, die sie von Gott seit ihrer Geburt, und besonders während ihrer Krankheit erhielt. Weinend sagte sie: „O mein Gott, wie gut bist Du doch! ich möchte aller Welt Deine Barmherzigkeit verkünden!" Der Pater fragte sie, ob sie lieber im Himmel oder zu Constantine das Abendmahl feiern möchte, und sie antwortete: „Wie der liebe gute Gott es wird haben wollen." Dieß waren ihre letzten Worte. Sie übergab am nämlichen Tage noch, Nachts 11 Uhr, ihre schöne Seele in die Hände ihres Schöpfers.

Welch' rührendes Beispiel! welch' schönes tugendhaftes Muster der Nachahmung! Der sicherste Weg, um eines eben so köstlichen Todes zu sterben, ist ein heiliges Leben. Möchten doch Alle, die diese einfache Erzählung von den frommen Uebungen der guten Schwester Louise, von ihren erhabenen Gesinnungen, von der Lebendigkeit ihres Glaubens, von der Gluth ihrer Liebe, von ihrer tiefen Demuth, von ihrer gänzlichen Hingabe, von ihrer Zärtlichkeit und ihrem Danke gegen Gott lesen, möchten sie doch Alle getreu in ihren Fußstapfen wandeln! Sie konnte in den letzten Tagen ihres Lebens mit St. Paulus sagen: „Die Zeit meines Todes naht heran, ich habe meinen Lauf vollendet; es erübrigt mir nur noch zu empfangen die Krone der Gerechtigkeit, welche mir aufbewahrt ist." (Timoth. 4, 6.)

Man kleidete den Leichnam nach der Gewohnheit des Hauses und setzte ihn im Sprachzimmer desselben aus. „Während 30 Stunden hatten wir den Trost," sagt Schwester Renata, „eine Menge Menschen sich herandrängen zu sehen, um mit tiefster Hochachtung die theuern Ueberreste zu sehen und zu küssen und ihre Thränen mit den unsrigen zu vermischen. Ihre sanften Züge hatten gar nichts Abschreckendes, so daß man glauben konnte, sie sei im Gebete. Der Arzt bemerkte das Außerordentliche, daß ihr Körper nicht den mindesten üblen Geruch aushauche, obschon sich der Brand schon zwei Tage vor ihrem Tode an ihren Gliedern zeigte.

Das Leichenbegängniß fand am heil. Charfreitage um 2 Uhr statt. Sie hatte sich als Gnade ausgebeten, in der Kapelle beerbiget zu werden: man glaubte aber, diesem frommen Wunsche nicht folgen zu sollen. Der Zusammenlauf der Menschen war unermeßlich. Niemals noch sah man zu Constantine eine so ansehnliche Leichenbegleitung. Der Statthalter, der Präsident des Gerichtshofes, der General mit seinem Generalstab und beinahe alle Offiziere und Unteroffiziere der Garnison fanden sich dabei ein. Die Militair-Musik würde gekommen sein, um ihre klagenden und traurigen Töne hören zu lassen, wenn man nicht befürchtet hätte, daß es der Schwestern wegen sich nicht gezieme.

Der Bürgermeister der Stadt und drei der angesehensten Bürger hielten die Enden des Leichentuches. Acht Jünglinge stritten sich um die Ehre, den ehrwürdigen Leib dieser frommen Schwester zum Kirchhofe tragen zu dürfen und wollten nicht dulden, daß sie durch Andere, welche gewöhnlich zu diesem Dienste verwendet wurden, dahin gebracht werde. Sechs Polizeibeamte gingen dem Zuge voran, um Ordnung zu halten und den Juden und Arabern, welche sich auf den Straßen befanden, Stillschweigen zu gebieten. Die Leichenfeier endete mit einer Grabesrede, in welcher in Kürze die vorzüglichsten und erbaulichsten Züge des so christlichen und religiösen Lebens der theuern Schwester Louise dargelegt wurden.

In dieser Zeit erhielt Frau von Faillonnet, General-Oberin der Congregation, einen Brief des verehrten P. Creusat, Pfarrer von Constantine. Er ist im nämlichen Sinne gehalten, wie die rührende Erzählung der Schwestern. Er ist datirt vom 23. April 1850 und lautet wie folgt:

Ehrwürdige Frau!

Ich sehnte mich nach einem Augenblicke, um Ihnen über den seligen und überaus glücklichen Tod der guten Schwester Louise zu schreiben, obgleich sie schon ohne Zweifel alle Einzelnheiten des so erbaulichen und herrlichen Hinganges der theuern Entschlafenen werden vernommen haben.

Ich habe Gelegenheit gehabt, ganz nahe diese heil. Seele zu schauen; ich bin in das Innerste ihres Lebens eingedrungen; ich war am öftesten Zeuge ihrer Gesinnungen während so langer Leidenszeit. Ich danke dafür Gott alle Tage meines Lebens, weil ich hier sah, was ich noch nie so klar gesehen habe, nämlich das Glück und die Freude einer gerechten Seele in ihren letzten Augenblicken. Welch' tiefer Friede, der kaum einen Augenblick leicht nur getrübt wird! Welch' süßes Vertrauen auf die Verdienste Jesu Christi! Welch' heil. Ungeduld zu Gott zu kommen! Welch' ein Eifer, durch jedes Wort die Ehre Gottes zu befördern, selbst dann noch, als sie kaum mehr athmen konnte! Aber auch zu gleicher Zeit, welche Thränen der Betrübniß über ihre Fehler, und welche Bußwerke aus Furcht, Gott nicht genug geliebt und andere zu gleicher Liebe entflammt zu haben! Lange noch wird dieß schöne Schauspiel meinem Geiste vorschweben. Glauben Sie sicher, verehrte Frau! es ist kein geringer Trost für Sie, in der Gesellschaft, über die Sie gesetzt sind, so oft Wunder der Gnade sich zeigen zu sehen. Ebenfalls ist es auch kein geringer Vortheil für die ganze Genossenschaft, ohne Aufhören solche Beispiele zur Nachahmung vor Augen zu haben. Die ganze Bevölkerung hat einen glänzenden Beweis geliefert, wie hoch sie die Tugend der guten Schwester Louise schätzte; denn es verherrlichten die angesehensten Personen der Stadt durch ihr Erscheinen die Leichenfeier, und die Menge der Menschen war unzählbar.

Ich fühle mich glücklich, mich dieser Pflicht gegen Sie zu entledigen, indem ich Ihnen diese Zeilen sende, und versichere Sie meiner tiefsten Achtung, mit der ich bin

Ihr ergebner Diener,

J. B. Creusat, Pfarrer."*)

Außer den Schwestern der christlichen Schule, zu welchen die Schwester Louise gehörte, bestehen derartige Congregationen in Frankreich und anderswo noch nachfolgende:

1) **Die Congregation der Schulschwestern zu Ruille sur Loire**, Diöcese Mans in Frankreich. Stifter dieser Congregation ist ein eifriger katholischer Pfarrer, der Pfarrer des genannten Ortes in der beregten Diöcese, Dujarrie genannt, derselbe, der auch eine Schulbrüder-Congregation an seinem Pfarrsitze begründete, die eine von jenen ist, die den Namen „Josephs-Brüder" führen.

---

*) Diese kurze Lebensbeschreibung ist aus dem Französischen eines hochgestellten Geistlichen übersetzt.

Die Congregation der Schulschwestern, von denen hier die Rede ist, dehnte sich 1844 nach dem Almanach des Clerus von Frankreich über 209 Mitglieder aus, die auf 57 Niederlassungen vertheilt waren, d. i. 57 Schulen besorgten in 12 Diöcesen. —

2) Die Congregation der Schulschwestern von Rouen, begründet von la Suire, beiläufig der vorigen gleich an Anzahl der Mitglieder, nicht jedoch an Ausdehnung, da der Wirkungskreis zunächst nur die Erzdiöcese ist. —

Hier müssen wir einen Anhang machen, wir müssen noch Erwähnung von Schulschwestern machen, die solche sind, ohne so zu heißen, und wir müssen bekennen, daß dieser Anhang ein langer sein wird, da solche Congregationen sehr zahlreich sind. So sind noch Schulschwestern, um uns einigermaßen an eine alphabetische Ordnung zu halten: die „Töchter des hl. Andreas" oder „Töchter vom Kreuze," gestiftet durch den franz. Priester Andreas Hubert Fournet 1806 mit dem Haupthause la Suhe in der Diöcese Poitiers. — Die Schwestern der hl. „Christina," zugleich neben Schulunterricht auch mittelst mehrerer ihrer Mitglieder Krankenpflege übend. Haupthaus zu Metz. Die „englischen Fräulein," ein weitverbreiteter Verein, begründet zur Erziehung der weiblichen Jugend, durch die Engländerin Maria Ward, mit Häusern in England, Irland, Belgien, Frankreich, Deutschland, Italien und Ungarn — wohl jetzt ein Tausend Mitglieder zählend, da die im Umfange des Königreichs Bayern sich befindlichen nach dem Schematismus von München-Freising allein im Jahre 1852 mit Einschluß der 38 Kandidatinnen die Zahl von 386 erreichen. Die „Töchter unserer lieben Frau" in Belgien, gestiftet von Maria Louise Franziska Blie de Bourbon mit dem Haupthause zu Namur, über ganz Belgien verbreitet und mit Kolonien zu Cincinnati und im Oregon-Gebiet in Nordamerika. — Die „Töchter des guten Heilandes," gestiftet von Anna Leroy, mit dem Haupthause zu Caen. — Die „Schulschwestern von der Heimsuchung" in Irland, gestiftet durch die Irländerin Nano Nagle, Haupthaus Cork. — Zwei Congregationen von Schwestern des „heiligsten Herzens Jesu," die eine gestiftet in Frankreich mit dem Haupthaufe Paris, ausgebreitet bis nach Nordamerika und in der Hauptstadt der Kirche allein drei Niederlassungen, zusammen aber in 60 Häusern an 2000 Mitglieder nach den neuesten Berichten; die andere Congregation dieses Namens, begründet von der Venetianerin Anna Brünetti, mit einem Hause zu Verona. — Die Töchter vom „heil. Herzen Maria" mit ihrem Haupthause zu Niort, in der Diöcese Poitiers. — Die Schwestern des „heil. Ignatius" zu Manila und an mehreren andern Orten der philippinischen Inseln. — Die frommen Meisterinnen von „Jesus" zu Rom und in einigen andern größeren Städten Italiens. — Die „Josephitinnen" oder Schwestern des heil. Joseph in mehreren Congregationen, unter denen sich die mit ihrem Haupthause zu Cluny, im Bisthum Autun, an Schnelligkeit der Ausbreitung und Großartigkeit der Leistungen auszeichnet. Wir müssen noch bemerken, daß viele andere Orte mit der Wirksamkeit derselben erfüllt wurden, so außer Tunis noch Jerusalem; und in neuester Zeit Trapezunt, Visagapatam. — Die Schwestern der „christlichen Lehre" von Nancy, bis nach der Nordküste von Afrika verbreitet. Nur in Frankreich allein ertheilen nach dem Almanach des Klerus von Frankreich (1844) 400 dieser Schwestern 15,500 Kindern ihres Geschlechtes Unterricht. — Drei Congregationen von „Lorenttinerinnen," eine in Frankreich, eine in den nordamerikanischen Freistaaten, von dem belgischen Priester Nerinkz gestiftet, die dritte in Irland, sämmtlich weit verbreitet. — Die Schwestern der heiligen „Martha," im südlichen Frankreich theilweise hieher gehörend, da sie neben Krankenpflege auch die Erziehung armer Mädchen bethätigen. — Die Damen des heil. „Maurus" mit ihrem Haupthause zu Paris (Rue Saint Maur Saint Germain Nro. 8) und 70—80 andere Anstalten. — Die Damen vom heil. „Michael," ebenfalls theilweise hieher gehörend, da Bewahrung der noch unschuldigen Jugend vor Fehltritten einer ihrer Hauptzwecke ist. — Die „Mutter-Gottes-Schwestern" mit ihrem Haupthause zu Paris. — Die Damen von „Nevers" in Frankreich mehr als 200 Schulen besorgend. — Die Schwestern von der „Opferung Mariä" in einigen Congregationen in Irland, Belgien, Polen, hauptsächlich aber in Frankreich verbreitet, wo mehr als 600 derselben Schulen und Waisenhäuser leiten. Hauptsitz der Letzteren Bourg St. Andeol, Diöcese Biviers. — Die Damen von der „Vereinigung," von dem Priester Debrabant zu Donai, Erzdiöcese Cambrai, gestiftet. — Die Schwestern von der „Vorsehung," in mehreren Congregationen über Frankreich und Nordamerika ausgebreitet. — Die „Weihnachtsschwestern" mit ihrem Haupthause zu Valence. — Die Töchter der „Weisheit," theilweise hieher gehörig, da auch Krankenpflege in dem Bereiche der Wirksamkeit liegt, eine der bedeutensten Congregationen von allen, Haupthaus: St. Laurent sur Sevre, Diöcese Lucon. — Endlich noch von den allerneuesten: die Schwestern vom „Kinde Jesu," erst vor wenigen Jahren in Aachen begründet, wo schon 400 Mädchen der jungen Congregation übergeben sind, die auch schon Niederlassungen zu Cöln, Bonn und Düsseldorf erhalten hat. — Die Schwestern der „Barmherzigkeit," mit dem Haupthause zu Castres, mit Ausdehnung ihrer Wirksamkeit bis in das ferne Guinea hin. — Alles dieses sind noch Schulschwestern, und dennoch sind wir noch nicht zu Ende.

Zum dritten Male öffnet sich eine Reihenfolge und auch ihr müssen wir, wenigstens doch einigermaßen nachgehen, weil sonst unsere Darstellung der Vollständigkeit immer noch entbehren würde. Noch gibt es viele weibliche Genossenschaften, die zwar unter keine der beiden von uns berührten Rubriken gehören, Genossenschaften, deren Hauptzweck entweder das betrachtende Leben, oder wenn auch das nach Außen wirkende, dennoch ein anderes wirkendes Leben ist, nämlich: Krankenpflege, Besorgung der Irrenhäuser, Wiederaufrichtung Gefallener u. s. w., aber auch diese Genossenschaften gehören noch theilweise hieher, indem sich in sehr vielen solcher Häuser wenigstens einige Mitglieder dem Jugend-Unterrichte widmen. — So, um nur einiger zu gedenken, unterhalten die Ursulinerinnen, Clarissinnen, die Dominicanerinnen u. s. w. Schulen, so sammeln die Schwestern vom „guten Hirten," deren Hauptzweck es zwar ist, den Gefallenen ihres Geschlechtes wieder aufzuhelfen, oder in Gefahr sich Befindliche vor Fehltritten zu bewahren, in ihren Häusern zu Paris, Rom, Turin, Kairo in Aegypten und in Amerika u.s.w. auch Tausende von Mädchen um sich, um ihnen den ersten Unterricht zu geben, ja selbst die durch ununterbrochene Nachtwachen an dem Krankenbette fast aufgezehrten Töchter des heil. Vincenz von Paul finden noch so viel Zeit, um Schule zu halten, und auch in dieser Hinsicht ihrem Namen: „Töchter der Liebe" die vollste Rechtfertigung vor Gott und der Welt zu geben. Nach den Annalen der Verbreitung des Glaubens, Jahrg. 1850, vereinigen die Häuser der barmherzigen Schwestern zu Konstantinopel jeden Tag 715 kleine Mädchen, denen unentgeltlich Unterricht ertheilt wird, ferner wurde auch noch ein Internat von 160 Zöglingen begründet und dazu noch 50 Waisenkinder unterhalten. Zu Smyrna sind mehr als 300 und zu Alexandrien in Aegypten eben so viele Mädchen in ihrer Schule, dieß ist nur an drei Orten in der Türkei. — Die Diöcese Louisville in Nordamerika liefert uns ein ähnliches Resultat. So unterrichten sie, nach einer Mittheilung des Missionärs Böswald, Annalen 1851, zu Nazareth 130, zu Louisville 90, zu Morganfield 60, zu Lexington 42 kleine Mädchen und so ähnlich an andern Orten.

VII. Leben heiliger Kinder. *)

Flora.

Flora war aus einer gemischten Ehe, zu Cordova in Spanien geboren; ihr Vater war ein Muhamedaner und die Mutter eine Christin. Der Vater starb schon, da Flora noch im zartesten Alter sich befand. Um so ungestörter konnte das Kind im Christenthume erzogen werden, und wirklich übertrafen seine Fortschritte in der Frömmigkeit bald alle Erwartungen der Mutter. Der Same des göttlichen Wortes schlug in ihrem reinen kindlichen Gemüthe täglich tiefere Wurzel, und jeder Funke göttlicher Wahrheit, welcher in ihr Herz fiel, erglühete schnell zu einem alles Irdische in ihrer Brust verzehrenden Feuer. Flora unter-

---

*) Nach Heuser.

warf sich schon frühzeitig, und zwar insgeheim den strengsten Buß=
übungen, besonders in der heiligen Fastenzeit. Die Mutter be=
merkte dieß allmälig, und bediente sich ihres ganzen Ansehens, um
das Kind zu einiger Milderung ihrer strengen Bußübungen zu
vermögen.

Flora hatte einen ältern Bruder, welcher, in der Religion
des Vaters erzogen, ein sehr heftiger Muhamedaner war. Aus
Furcht vor diesem Bruder wagte sie es nur selten, in die Kirche
zu gehen und dem heiligen Opfer beizuwohnen, welches jedesmal
ihr Herz mit himmlischem Entzücken erfüllte. Dieses Zwanges
endlich müde, entfernte sie sich heimlich aus dem Hause, suchte
und fand Zuflucht bei den frommen Bewohnerinnen eines nahe
bei Cordova gelegenen Frauenklosters. Als der Bruder sah, daß
seine Schwester entflohen war, zweifelte er keinen Augenblick mehr
an dem, was er längst schon geahnet hatte, daß nämlich Flora
eine Christin sei und in ihrem Herzen dem großen Propheten,
d. i. dem Muhamed fluche. Sein Zorn ergoß sich nun über alle
Christen ohne Unterschied; er erregte ihnen allerlei böse Händel,
bewirkte sogar die Verhaftung mehrerer derselben; und in der vol=
len Ueberzeugung, daß seine Schwester in einem Kloster verbor=
gen sein müsse, wurden Gott geweihte Jungfrauen ein Haupt=
Gegenstand seiner Wuth. Sobald Flora das feindselige Betragen
des Bruders vernahm, entschloß sie sich sogleich, ihren stillen Zu=
fluchtsort zu verlassen, sprechend: „Es wäre eine Sünde für mich,
wenn ich zugäbe, daß meinetwegen die Gemeinde der Christen,
zumal der Klosterfrauen, noch länger gekränkt und gelästert würde."
Sie kehrte also wieder in das väterliche Haus zurück, und sprach
nun zu ihrem Bruder: „Hier bin ich, ich weiß, daß du mich
suchest, aber wisse auch, daß ich eine Christin bin und um des
Namens Jesu willen Alles leiden will." Der Bruder bemühete
sich, durch Schmeichelworte und lockende Versprechungen die Schwe=
ster für seinen Wahn zu gewinnen. Als aber alle seine Mühe
verloren war, schritt er zu Drohungen, zu Schlägen und den
gröbsten Mißhandlungen, und klagte sie beim muhamedanischen
Richter an. Flora wurde unmenschlich mit Peitschenhieben zer=
fleischt, am Kopfe und an der Hirnschale stark verletzt; sie aber,

alles dieses für gering achtend, sprach: „Von der zartesten Kind=
heit an bin ich eine Anbeterin Jesu Christi gewesen, und werde
das sein und bleiben, was man auch mit mir beginnen möge."
Nachdem ihre Wunden wieder geheilt waren, verließ Flora heim=
lich die Stadt und ging in einen mehrere Meilen von Cordova
entlegenen Flecken zu einer ihr bekannten christlichen Matrone.
Mit dem größten Wohlwollen nahm diese die arme Flora auf und
pflegte ihrer mit christlicher Liebe.

In stiller Zufriedenheit lebte hier die Dulderin, mit Gebet
und frommen Uebungen beschäftigt. Aber immer mächtiger ward
in ihr der Wunsch, das Bekenntniß ihres Glaubens mit ihrem
Blute zu besiegeln. Sie kehrte wieder nach Cordova zurück; und
in der Stadt angekommen, begab sie sich zuerst in die dem heili=
gen Martyrer Aciscolus geweihete Kirche, um durch dessen Für=
bitte sich Kraft und Stärke von Gott zu erflehen. Nun ging sie
zum muhamedanischen Richter und sprach: „Ich bin diejenige,
welche du im verflossenen Jahre so grausam mit Peitschenhieben
hast zerfleischen lassen. Ich hatte bisher die Schwachheit, mich
zu verbergen; aber jetzt, gestärkt durch die Gnade meines Herrn
und Heilandes, komme ich, um noch einmal laut und öffentlich
zu bekennen, daß ich Jesum Christum als wahren Gott anbete,
euere Religion aber und euere Propheten von ganzem Herzen
verabscheue." Flora wurde nach vielen Drohungen in's Gefäng=
niß gebracht; sie aber empfahl sich Gott durch Beten und Fasten;
und der Herr, welcher in's Verborgene sieht, hörte ihr Flehen und
tröstete sie.

Unterdessen hatte Flora's Bruder erfahren, daß seine Schwe=
ster wieder in der Stadt, und zwar im öffentlichen Gefängnisse
sei. Eine höllische Wuth hatte in diesem Menschen alle Gefühle
der Natur erstickt, und er ging sogleich zum Richter und drang
in diesen, den Prozeß seiner Schwester zu beschleunigen. Flora
wurde wieder vorgeführt. „Kennst du diesen da?" fragte der
Richter, auf den Bruder zeigend. Sie erwiederte: „Ja; dem
Fleische nach ist er mein Bruder." Der Richter fragte weiter:
„Woher kommt es, daß dein Bruder unserer Religion treu blieb,
du aber eine Christin wurdest?" Flora sprach: „Gleich mei=

nen Vätern saß ich ebenfalls in dem Schatten des Todes; aber erleuchtet durch Gottes Gnade ward ich eine Christin, und werde bis zum letzten Augenblicke meines Lebens den Namen Jesu freudig bekennen." Nachdem der Richter sie zum letzten Male gefragt, ob sie bei diesem Bekenntnisse beharren, und Flora mit einem Ja und Amen es bekräftigt hatte, wurde sie wieder in's Gefängniß zurückgeführt, und zehn Tage darauf auf den Richtplatz. Noch einmal mit dem Zeichen des heiligen Kreuzes sich bezeichnend, empfing sie den tödtlichen Streich. Vier und zwanzig Stunden lang ward ihre Leiche den Vögeln und Hunden preisgegeben und dann in den Fluß geworfen. Dieß geschah im Jahre 851.

Flora ging, ihres Glaubens wegen, durch ein Meer von Trübsal und Leiden; sie freuete sich mit den Aposteln, um des Namens Jesu willen Schmach zu leiden und in den Tod zu gehen; sie gab ihren Geist auf **unter dem Zeichen des heiligen Kreuzes.** Auch euch, l. K., sei das Kreuzzeichen stets ehrwürdig und heilig, bezeichnet euch oft mit demselben in Andacht, besonders dann, wenn euerm Glauben oder euerer Tugend irgend Gefahr drohet. Durch das Kreuzzeichen bekennet vor Gott und den Menschen, daß ihr katholische Christen seid, daß ihr an die heiligste Dreifaltigkeit glaubet, daß ihr nur im Kreuzestode Jesu Christi Heil und Leben suchet. Der heilige Augustinus schreibt: „Das Zeichen Christi tragen wir auf der Stirne, ohne uns dessen zu schämen. Daburch bekennen wir öffentlich, daß wir keine Gemeinschaft haben mit den Feinden des Kreuzes Christi; denn das Wort vom Kreuze, sagt der heilige Paulus, ist Denen eine Thorheit, die verloren gehen; aber Jenen, die selig werden, ist es eine Kraft Gottes." 1. Cor. 1, 18. Daher sprechet mit demselben Apostel: „Es sei ferne von mir, daß ich mich in etwas Anderm rühme, als in dem Kreuze unseres Herrn Jesu Christi." Gal. 6, 14.

Anna Böß.

Anna war geboren zu Kaufbeuren in Schwaben am 20. Oktober 1682. Ihre Aeltern waren fromm und gottesfürchtig, und mußten durch Handarbeit das tägliche Brod für ihre Kinder gewinnen. Unter denselben zeichnete sich die kleine Anna durch ihr frommes und bescheidenes Wesen aus. Sie war von äußerst zarter Leibesbildung, und aus ihrem freundlichen Auge leuchtete die lautere Sanftmuth und Güte. Ihre Mutter Lucia sagte oft: „An meiner Anna werde ich einst recht viele Freude erleben; denn schon als kleines Mädchen thut sie den Aeltern Alles zu Lieb, was sie ihnen an den Augen ansehen kann." Die Mutter hatte den richtigen Grundsatz, man müsse die Kinder frühzeitig zur wahren Furcht und Liebe Gottes erziehen. Daher lehrte sie ihre Kinder, sobald sie einige Worte deutlich aussprechen konnten, den Namen Gottes, das Vater unser und andere kurze Gebete, welche die Kleinen nachsprechen und verstehen konnten. Manche Viertelstunde erheiterte sie dieselben mit Erzählungen aus den heiligen Büchern, und wußte jedesmal die lehrreichsten Bemerkungen anzuknüpfen. Besonders freute sich die kleine Anna, wenn es Abend wurde; denn sobald die Kirchenglocke den englischen Gruß verkündigte, stand der Vater Matthias von seinem Webstuhle auf, betete mit den Kindern, und las ihnen darauf aus dem Leben der Heiligen oder aus den Betrachtungen über Jesu Leiden und Tod vor. Alle saßen dann um ihn her, aber Anna schmiegte sich immer so nahe als möglich an den Vater, um ja kein Wörtchen zu überhören; und wenn er zu Ende war, konnte sie ihm das Gelesene mit solcher Genauigkeit wiederholen, daß er sich über das gute Gedächtniß und den liebenswürdigen Vortrag der kleinen Erzählerin wundern mußte.

Die Mutter Lucia nahm sich besonders der armen und verlassenen Kranken liebevoll an, und unterstützte sie mit Rath und That, so gut sie nur immer konnte. Waren auch die Gaben, die sie den Dürftigen reichte, nicht groß, so waren sie doch ein angenehmes Opfer vor Gott, der auf die fromme Gesinnung und die freundlichen Worte sah, womit sie ihre Liebesdienste stets begleitete. Sie sagte oft zu ihren Kindern: „Was man aus Liebe zu Gott den Armen thut, das belohnt Jesus so, als ob man es Ihm selber gethan hätte." Das Wort und Beispiel der Mutter wirkten auf die Kleine vortheilhaft ein, und erweckten frühzeitig die thätige Nächstenliebe in ihr. Wenn z. B. während des Essens ein Armer um ein Almosen bat, so legte Anna den Löffel sogleich nieder, hob ihre Händchen bittend zu den Aeltern empor, lief hurtig mit ihrem Teller zur Thüre, gab ihre Speise den Armen und freute sich, den lieben Heiland in einem armen Mitmenschen gespeiset zu haben. Ebenso liebevoll war sie gegen ihre Geschwister. Ein Geschenk, das sie empfangen hatte, machte ihr nur dann Freude, wenn sie auch ihren Geschwistern davon mittheilen durfte. Gegen Jedermann war sie stets freundlich und bereitwillig, wer immer ihre kleinen Dienste in Anspruch nahm.

Nach alter christlicher Sitte wurde im älterlichen Hause jeder Tag mit gemeinschaftlichem Morgengebete angefangen; auch pflegte die fromme Mutter, von der kleinen Anna begleitet, täglich dem heiligen Meßopfer beizuwohnen, und in diesen heiligen Stunden des Gebetes vergaß das Kind Alles um sich her, und ihre ganze Seele war in Gott versenkt. Oft kniete Anna stundenlang vor den Altären, und wer sie sah, glaubte einen Engel Gottes zu erblicken. Ihr stilles Kämmerlein hatte sie zu einem Gotteshause gemacht, und oft, wenn die Aeltern sie suchten, fanden sie das Kind betend auf die Kniee gesunken.

Als Anna fünf Jahre alt war, wurde sie in die deutsche Lehrschule geführt, und schon im ersten Jahre hatte sie sich den Ruf der besten und fleißigsten Schülerin erworben. Mit größter Aufmerksamkeit horchte sie auf jedes Wort während der Lehrstunde; und da sie die Gabe besaß, das Vorgetragene schnell zu fassen und fest im Gedächtnisse zu behalten, so mußten ihre Lehrer die schnellen Fortschritte des Kindes bewundern.

Die liebsten Lehrstunden waren ihr stets diejenigen, in welchen der Seelsorger den Religions-Unterricht ertheilte und den Katechismus erklärte. Hier war sie ganz Ohr, und in ihrem Gesichte konnte man ihre Freude und lebhafte Theilnahme lesen. In den Sonntags-Christenlehren in der Kirche mußte sich auch die erwachsene Jugend einfinden. Jene Fragen, welche selbst die Größern nicht beantworten konnten, lös'te die kleine Schülerin so ausführlich und lieblich, daß der Seelsorger mehrmal sagte: „Mein Kind, du hast sicherlich einen höhern Lehrmeister." Aber die Religion war für Anna nicht nur ein Gegenstand des Gedächtnisses, sondern die Richtschnur all' ihres Thuns und Lassens. Deßhalb nahm sie der Priester, obgleich sie erst ihr siebentes Lebensjahr vollendet hatte, zur ersten heiligen Communion; und von dieser Zeit an genoß sie jeden Sonntag mit ihrer gottesfürchtigen Mutter das Brod des Lebens im heiligsten Altarsakramente. In diesen Stunden der heiligen Feier sah man die Flamme himmlischer Andacht über das ganze Wesen des Kindes ausgegossen. Niemand konnte sie sehen, ohne von ihrer innigen Andacht bis zu Thränen gerührt zu werden. So war Anna überall, in der Kirche, zu Hause und in der Schule ein leuchtendes Vorbild des freudigen Gehorsams, des unermüdeten Fleißes und des himmlisch reinen Wandels für ihre Geschwister und für alle Kinder. Nie fand sie sich bei Kinderspielen ein, wo es lärmend zuging. Sittsam, ohne auf der Straße zu verweilen, sah man sie täglich von der Schule nach Hause eilen, um der lieben Mutter in der Arbeit zu helfen und den Schwestern zu erzählen, was sie heute in der Schule wieder gelernt habe. Auch sah man Anna niemals traurig und verdrießlich, sondern die unbefangene Heiterkeit des unschuldigen Herzens glänzte auf ihrem Angesichte. Nur Eins konnte sie traurig machen, wenn sie nämlich sah, daß Andere sündigten.

Nachdem Anna mit den besten Zeugnissen die Schule verlassen hatte, mußte sie den Vater am Webstuhle, und die Mutter in der Besorgung der Hausgeschäfte unterstützen. Gewissenhaft benützte sie ihre Zeit zum Gebete und zur Arbeit, und vom frühen Morgen bis zum Abende ging sie keine Viertelstunde müssig. Die freien Stunden benützte sie, um ihren Geschwistern im Lesen und Schreiben nachzuhelfen, oder die Lectionen des Katechismus mit ihnen zu wiederholen. Im ganzen Orte wurde Anna „die fromme Webersstochter" genannt. In Anna's Geburtsorte war ein Frauenkloster, der Mayerhof genannt. Sie besuchte oft die

Klosterkirche; und wenn sie dann die Gebete und Psalmen des Chors hörte, da pries sie jedesmal diese Frauen selig, die der Herr aus dem gefahrvollen Treiben der Welt in die Sicherheit dieser stillen Mauern geführt. Schon als Kind hatte sie an die Mutter oft die Frage gestellt: „Nicht wahr, wenn ich einmal erwachsen bin, darf ich eine Klosterfrau werden?" Je länger sie ihre Besuche zur Klosterkirche fortsetzte, um so mehr regte sich in ihrer Seele der Wunsch, in klösterlicher Abgeschiedenheit, in Gebet und Arbeit und in Uebung christlicher Nächstenliebe ihre Lebenstage zubringen zu dürfen. Am 5. Juni 1703 nahm Anna vom älterlichen Hause Abschied und wanderte voll Freude dem Kloster zu, das nun ihre zweite Heimath werden sollte. Hier führte sie unter dem Namen „Maria Crescentia" ein überaus gottseliges Leben, und übte die Tugend der Armuth, des Gehorsams und der Herzensreinheit und Demuth in ausgezeichnetem Grade.

Anna war schon in ihrem achten Lebensjahre für würdig befunden worden, zum Tische des Herrn zu gehen, und von jener Zeit an pflegte sie jede Woche die heiligen Sakramente der Buße und des Altars zu empfangen, mit der tiefsten Demuth, der glühendsten Andacht und reinsten Liebe. Und in der That, es ist eine überaus heilsame und wichtige Sache, sein Gewissen öfter von den Sünden zu reinigen und seine Seele zu stärken mit dem Manna des Lebens. Das öftere Beichten ist ein wirksames Mittel wider die Sünde, und befördert sehr die Reinigkeit und Zartheit des Gewissens. Darum spricht der heilige Franz von Sales in der Philothea: „Beichte in Demuth und Andacht alle acht Tage, wirft gleich dein Gewissen keine schwere Sünde dir vor; denn durch diese Beicht empfängst du nicht nur die Lossprechung von allen läßlichen Sünden, deren du dich anklagst, sondern überdieß eine hohe Kraft, in Zukunft sie zu meiden, eine große Erleuchtung, sie zu erkennen, und eine reichliche Gnade, allen Schaden zu ersetzen, den sie dir zufügten. Ueben wirst du zugleich die Tugenden der Demuth, des Gehorsams, der Einfalt und Liebe, und in dem einzigen Werke der Beicht der Tugenden mehr wirken, als in jedem andern. Hege allzeit ein großes Mißfallen an den Sünden, die du beichtest, wie gering sie auch sein mögen, und einen festen Vorsatz, fortan dich zu bessern." Die heilige Communion ist das süße Band der Liebe und Vereinigung mit dem göttlichen Erlöser, das Unterpfand der Unsterblichkeit und künftigen Glorie; sie ist ein feierliches Bekenntniß des Glaubens zur Ehre des Herrn und zur Erbauung des Nächsten. O wie unrecht thun jene Christen, die geistiger Weise sterben, da es doch so leicht ist, das Leben der Seele durch die allerheiligste Speise des Leibes Jesu zu erhalten! Der göttliche Richter dürfte zu ihnen bereinst sprechen: „Warum, ihr Elenden, starbet ihr, da die Frucht und Speise des Lebens euch doch zu Gebote stand?" In Betreff der öftern Beicht und Communion soll man sich nicht irre führen lassen durch die Rede und das Beispiel der Kinder dieser Welt. Der heiligen Katharina von Siena wurden eines Tages wegen ihrer öftern Communion Vorwürfe gemacht, und man sagte zu ihr: Der heilige Augustinus tadele weder, noch lobe er die tägliche Communion. Sie gab zur Antwort: „Nun denn, wenn der heil. Augustinus sie nicht tadelt, so tadelt ihr sie auch nicht, und hiermit will ich zufrieden sein." Fragt man dich: warum du so oft zum Tische des Herrn gehst, so antworte mit Franz von Sales: „Um Gott lieben zu lernen, mich von meinen Fehlern zu reinigen, von meinem Elende mich zu befreien, in meinen Trübsalen mich zu trösten, in meiner Schwachheit mich zu stärken."

Helena.

Helena war von zarter Kindheit an eine stille und sanfte Seele; sie war der Trost ihrer frommen Aeltern und die Freude ihrer Seelsorger und Lehrer. Unschuld und Demuth leuchteten aus ihrem ganzen Wesen hervor, und eine zarte Innigkeit zeichnete sie vor andern Kindern aus. Diese guten Eigenschaften gingen in ihr, noch während sie die Sonntagsschule besuchte, in wahre Frömmigkeit und Gottseligkeit über. Sie lernte Jesum immer mehr erkennen und von ganzem Herzen lieben. Eines Tages, da sie die heilige Communion empfangen hatte, machte sie mit einer Freundin einen Spaziergang und erzählte, welche unaussprechliche Gnade ihr am Tische des Herrn zu Theil geworden sei. Sie sprach: „Den Trost und die Himmelsfreude, die heute mein Herz erquicken, kann ich dir nicht beschreiben. Ich habe aber auch meinem Heilande Treue und Liebe versprochen bis in den Tod. Nichts ist im Stande, mich von Jesus zu trennen. Und nicht wahr, fuhr sie fort, so oft wir künftighin zusammen kommen, wollen wir von Jesus reden. Wir wollen Ihn von ganzem Herzen lieben, und uns zur Treue gegen Ihn immer ermuntern und stärken."

Den folgenden Sommer hatte Helena Vieles zu leiden durch Kränkungen und Verfolgungen, und ihre Liebe zu Jesus und ihr Heiligungseifer wurde sehr auf die Probe gestellt. Oft weinte sie bittere Thränen und klagte, welch' großen Kampf sie dieses koste. Allein sie blieb standhaft und sprach mit edler Entschiedenheit: „Von Gott und meinem Erlöser lasse ich mich nie mehr trennen." Einmal ging es ihr sehr hart, und da kamen ihr die Worte der heil. Schrift in den Sinn: „Wenn auch eine Mutter ihres Kindes vergessen könnte, so kann doch dein Gott dich nicht verlassen;" — und sie empfand wieder den seligsten Trost, als ob eine Stimme zu ihr spräche: „Ich bin dein Vater; fürchte dich nicht!" Im Herbste legte sie eine kindliche Beicht ab, und ihre Liebe zum Herrn und ihr Eifer zum Guten gewann von diesem Tage an einen neuen kräftigen Aufschwung. Sie lebte nun ganz für ihren Heiland. Sie sagte hievon: „Sobald ich erwache, ist Jesus mein erster Gedanke. In Seinem Namen fange ich an. Alles Ihm zu Liebe, Alles Ihm zum Opfer! Das ist mein Sinn und Streben." Mußte sie eine Arbeit verrichten, die sie über ihre Kraft anstrengte, so dachte und sprach sie: „Bei Dir, geliebter Jesus, will ich einmal ausruhen; auf Erden verlange ich keine Ruhe mehr."

Zum Lobe Gottes, Den sie über Alles liebte, war ihr Herz stets bereit, und sie war voll von Dank und Anbetung gegen Ihn besonders um der Barmherzigkeit willen, die Er uns in Christo Jesu erzeigt. Daher ihre Andacht, mit welcher sie zur Kirche ging und daselbst verweilte, und wovon sie mehrmals gestand: „Schon wenn ich die Kirche erblicke, freuet es mich und es kommt mir der Gedanke: Siehe, dieß ist der Ort, wo dein lieber Heiland wahrhaft gegenwärtig ist. Und komme ich in die Kirche, so sage ich gleich beim Eintritte: Sei mir gegrüßt, Du Geliebter meiner Seele! O, ich bitte Dich recht kindlich um Deinen göttlichen Segen!" Das Wort Gottes war ihr überaus theuer und eine liebliche Nahrung ihrer Seele. Beim heiligen Meßopfer war sie voll Ehrfurcht und Anbetung. Dasselbe war ihr besonders trostvoll von der Wandlung bis zur Communion. Sie sprach: „Da kann ich recht vertraulich mit meinem göttlichen Erlöser reden, und Ihm alle Anliegen meines Herzens an Sein göttliches Herz legen." Die Beicht- und Communiontage waren ihr in Wahrheit heilig und heilsam. Sie äußerte sich an vertraute Seelen: „Wie wohl und leicht ist es mir nach dem Sündenbekenntnisse; und oft kann ich mich der Thränen nicht enthalten, daß mein lieber Heiland zu mir schwachem Geschöpfe kommt." An Sonn- und Festtagsabenden, wenn andere junge Leute dem Vergnügen nachliefen, ging sie nochmal in die Kirche, um da ungestört beten zu können, wozu sie besonders die Ruhe und Stille einlud, welche jetzt im Gotteshause herrschte. Zu Hause hielt sie sich am liebsten in ihrem Kämmerlein auf. Sie sprach oft: „Da kann ich mein Herz vor meinem Gotte ausgießen, Seine Liebe recht betrachten und Ihm mein Leid klagen. Da habe ich schon so manche innere Freude und Tröstung empfunden. Ich kann mich oft nur so ausdrücken: „O mein Jesus! o mein Geliebter! o mein Alles! Du bist ganz mein und ich will ganz Dein sein!" Und wenn sie sich recht kindlich ausdrückte, so sprach sie: „Nicht wahr, liebster Jesus! Du gibst mir Dein Herz und ich gebe Dir mein Herz!" Sie sagte: „O es wird mir so wohl und leicht um's Herz, wenn ich recht kindlich mit Ihm rede." Ehe sie des Abends sich zur Ruhe legte, las sie noch in einem guten Buche oder betete Stunden lang. Ihre Lieblingsbücher waren das neue Testament, Thomas von Kempis und Sailer's Gebetbuch. Sie versicherte oft: „In diesen Büchern finde ich den größten Trost." All' ihr Vertrauen war auf Gott gerichtet, und sie sprach: „Alle Sorgen lege ich in den Schooß des himmlischen Vaters; denn Er sorgt am besten." Zu einer Freundin sagte sie: „Meinst du, ich sorge ängstlich? O, auch du sorge nicht; laß du nur Ihn sorgen." Ihre Liebe zu Gott machte sie auch liebevoll gegen die Menschen, besonders gegen Arme, Kranke und Leidende. Jeder konnte es ihr ansehen, wie fröhlich sie war, wenn sie einem Kranken Speise reichen, oder eine andere milde Gabe einem Armen überbringen konnte. Sie äußerte sich: „Wenn ich nur recht viel zum Mittheilen hätte, das wäre meine größte Freude. Ich denke bei jedem Almosen: ich gebe es Jesus." Wenn ein Festtag des Herrn oder sonst ein Fest kam, so reichte sie von ihrem Ersparnisse Etwas den Armen und sagte: „Ich muß meinem lieben Heilande doch auch ein kleines Festgeschenk machen." Auch dadurch bewies sich ihre Liebe zu Gott und zum Nächsten, daß es ihrem Herzen äußerst wehe that, wenn sie sehen oder hören mußte, daß Gott durch Sünde beleidigt werde, besonders durch Fluchen und Schwören. Sie klagte oft darüber und setzte dann hinzu: „Je mehr sie fluchen, desto öfter lobe und preise ich Gott und meinen Heiland."

An einem Neujahrstage war Helena bei einer vertrauten Freundin auf Besuch. Als sie mit einander redeten, überfiel auf einmal Beide eine große Bangigkeit und Schwermuth, eine bange Ahnung künftiger Leiden und Kämpfe. Erstaunt blickten sie einander an und sprachen: „O, was wird noch über uns kommen!" Doch sie trösteten sich mit dem Gedanken: „Komme, was da wolle, wenn nur Jesus uns beisteht mit Seiner Gnade; wenn nur Er uns Stärke gibt zum Kämpfen, Dulden und Leiden, und im letzten Todeskampfe uns nicht verläßt. O, wäre Er gegenwärtig, sagten sie, in die Hand wollten wir's Ihm versprechen, daß wir Ihn lieben und Ihm treu sein wollen bis in den Tod." Und in ihrer kindlichen Einfalt legten sie ihre Hand in die Hand eines Christus-Bildnisses und versprachen, Ihn nie zu verlassen, weder in Freude noch in Leid, weder im Leben, noch im Sterben. Und Er, Der so gerne die annimmt, welche sich vertrauensvoll an Ihn wenden, erfüllte ihr Herz mit überschwänglichem Troste. Dieser Tag blieb den beiden frommen Mädchen äußerst wichtig; und von da ab redete Helena oft vom Tode und sprach mehrmal: „Bald sterbe ich; ich ahne, daß es mit mir bald ein

Ende nimmt; bald komme ich heim zu meinem Heilande." Einmal sagte sie zu einigen Freundinnen: „Weinet nicht an meinem Grabe, sondern singet ein fröhliches Alleluja und freuet euch mit mir, daß ich meine Leiden auf dieser Welt überstanden habe." Ein anderes Mal äußerte sie: „Jetzt habe ich mir vorgenommen, meine Leiden nicht mehr so sehr den Menschen zu klagen; ich fühle es recht, daß es viel heilsamer ist, wenn man vor den Menschen schweigt und es nur dem lieben Gott klagt. O, es reuet mich, über Leiden so oft geklagt zu haben; und wenn ich manchmal ohne Leiden bin, so bitte ich den lieben Gott gleich wieder, daß Er mir Ein Leiden und Seine Gnade dazu gebe." Sie erkrankte und war dabei sehr heiter. Sie versicherte, sie fühle gar nicht viel von körperlichen Leiden, vor lauter Freuden und Tröstungen des Geistes. Als sie von dieser Krankheit wieder zu genesen anfing, da fingen ihre innern Leiden an. Einer Freundin vertraute sie dieses an und sprach: „Bei Gott wirst du es einmal sehen, was ich oft von Innen zu leiden habe." Als sie später einmal von Jemanden mit Verachtung behandelt und zurückgewiesen wurde, that es ihr sehr wehe. Doch ermannte sie sich bald wieder und faßte, dem Menschentroste entsagend, den schönen Entschluß: „Jetzt will ich mein Wanderstäblein recht fest halten und mit meinem lieben Heilande auf dem Wege des Kreuzes muthig fortwandern. Wenn man bald da, bald dort stehen bleibt, und Trost sucht, kommt man nicht näher zum Ziele. Er wird mir schon Seine Hand reichen, daß ich nicht unterliege."

Ihre liebste Festzeit, der Advent und Weihnachten, waren dieses Mal für sie Tage innerer Trostlosigkeit und bitterer Leiden. Sonst glühete sie in dieser Zeit von Eifer, Freude und Andacht; jetzt aber war ihr Herz kalt und trostlos. Doch voll Ergebung sagte sie zu ihrer Freundin in ihrer gewohnten Herzlichkeit: „Nicht wahr, das holde Kindlein in der Krippe nimmt doch mein Herz zum Opfer an, wenn es schon so trocken ist wie Stroh. O, ich lasse nicht mehr von Ihm, wenn Er mich auch schon auf lauter dunkeln Wegen führt." Der Herr prüfte sie noch auf verschiedene Weise, und als wieder eine harte Versuchung überwunden war, sagte sie zu derselben Freundin: „Du wirst sehen, wie dieser Stein in der Krone funkeln wird; der hat viel Kampf gekostet." Wenn ein Leiden ihr Thränen auspreßte, so pflegte sie zu sagen: „Jetzt wird aber an meiner Krone gearbeitet; es fehlen noch einige Perlen."

Eines Abends, als die Gemeinde eben in die Kirche zur Fastenbetrachtung versammelt war, brach in der Nähe ihrer Heimath Feuer aus. Alles strömte aus der Kirche, das Feuer zu löschen. Sie eilte vor Allem, ihre Bücher zu retten; und als dem Weitergreifen des Brandes glücklich Einhalt gethan war, sprach sie zu einer Freundin: „Komm doch wieder in die Kirche und laß uns Ihm danken für Seinen Beistand; denn Er hat da geholfen." Nachher sagte sie: „O, laß uns doch recht ernstlich nach der Tugend streben und Ihn, den Liebenswürdigsten, von ganzem Herzen lieben. Die Tugend und die Liebe zu Gott kann kein Feuer verzehren und kein Dieb uns rauben." Bald darauf erkrankte sie, ließ eine ihrer Freundinnen zu sich kommen und sprach: „Dieses Mal sterbe ich, und ich freue mich herzlich; den Tod fürchte ich nicht, derselbe ist mir recht willkommen." Die Krankheit nahm schleunig zu, und drei Tage darauf wurde Helena mit den heiligen Sakramenten versehen. Glühend war ihre Sehnsucht nach der heiligen Wegzehrung. Sie lag sehr schwach da, als sie vernahm, daß eben der Priester komme, um ihr das Brod des Himmels zu reichen. Sie rief voll Freude: „Jetzt kommt Er! Jetzt kommt mein lieber Jesus zu mir, wie freue ich mich auf Ihn." Und so empfing sie voll Freude und Sehnsucht ihren lieben Heiland. Des andern Tages waren ihre Leiden und Schmerzen sehr groß, und ihre Seele fing an trostlos zu werden. „O mein Gott, seufzte sie, wenn es Dein heiliger Wille ist, so löse mich auf! Hilf mir und rette mich aus dieser Noth und laß mich nicht zu Grunde gehen!" Man holte ihren Beichtvater, welcher ihr die Leiden des Heilandes sehr nachdrücklich vorstellte; sie ward wieder getröstet und sprach dann öfter: Sein heiliger Wille geschehe! Alles will ich Jesus zu Liebe leiden. Er thue, wie es Ihm gefällt; ich bin bereit zu leben und zu sterben." Die folgende Nacht wachten zwei ihrer Freundinnen bei ihr; sie war sehr ruhig und getrost und ver=

langte öfter das kleine Bild des Gekreuzigten zu küssen, und reichte es auch ihnen zum Küssen hin. Sie sagte: „O, Er ist der Beste! Lasset euch doch nicht mehr von Ihm abbringen. In den Stunden heißer Leiden lernt man Seine Liebe erst recht kennen." Dann umarmte sie Beide und küßte sie und sprach: „Ihr seid meine lieben Schwestern." Sie wurde merklich schwächer, doch äußerte sie stets ihre große Liebe zum Herrn. „Es wäre mir freilich das Liebste, wenn Er mich zu Sich nähme; doch wie Er will." Da eine Freundin sie zutraulich fragte: „Macht dir der Feind alles Guten gar keine Unruhe mehr?" — erwiederte sie mit der größten Ruhe: „O nein!" zeigte auf ihr Sterbekreuz und sprach: „Siehe, Dieser verwehrt es ihm. Wer Jesum kennt und liebt, kann ruhig von dieser Welt scheiden und fürchtet keinen Tod, kein Gericht und keine Ewigkeit." Mit dieser Ruhe ihres Geistes und voll Verlangen nach Jesus entschlief sie sanft und selig im Herrn, in der Blüthe ihrer Jahre.

Helena starb in der Blüthe ihrer Jahre; sie starb aber reich an guten Werken für's ewige Leben. Und da heißt es in der Schrift: „Selig sind die Todten, die im Herrn sterben!" Von nun, spricht der Geist, sollen sie ausruhen von ihren Mühseligkeiten; denn ihre Werke folgen ihnen nach." Geh. Off. 14, 13. Kein Alter, kein Geschlecht, kein Stand schützt vor dem bittern Tode, der das Loos aller Menschen ist. Der Apostel sagt: „Es ist dem Menschen gesetzt, Einmal zu sterben, worauf das Gericht folgt." Hebr. 9, 27. Wenn der Herr über Leben und Tod ruft, dann muß folgen der Starke wie der Schwache, die blühende Jugend wie das hinfällige Alter. Die Blume des Feldes, die noch unlängst durch ihre Farbenpracht und ihren Wohlgeruch die Sinne ergötzte, steht auf Einmal verwelkt und abgestorben da; so auch der Mensch. Daher heißt es im Buche des Propheten Isaias: „Alles Fleisch ist wie Gras und alle Herrlichkeit desselben wie die Blume des Grases. Das Gras verdorret, seine Blume fällt ab." Is. 40, 6—8. Auch die hoffnungsvolle und kräftige Jugend darf der Worte nicht vergessen: „Wir sind Fremdlinge und Pilger vor Dir, o Herr, wie alle unsere Väter. Wie ein Schatten sind unsere Tage auf Erden, und es ist hier keines Bleibens." 1. Paralip. 29, 15. Denket an den Jüngling von Naim, l. L., welcher der einzige Sohn seiner Mutter, einer Wittwe, war. Er starb und wurde zu Grabe getragen. Denket an des Jairus Tochter, das einzige Kind reicher Aeltern, ihre Hoffnung und Freude. Sie erkrankte und starb. Weder ihre Jugend, noch das Ansehen und der Reichthum des Vaters, noch die Thränen der Mutter, noch irgend menschliche Hilfe konnte das Mädchen vor dem Tode retten. Ihr kennt den Spruch: „Die Alten müssen sterben, die Jungen können sterben." Darum vergesset nie euerer Hinfälligkeit und Sterblichkeit; stellet euch vielmehr das Bild des Todes oftmal vor Augen. Der heilige Johannes Klimacus sagt: „Wie unter allen Nahrungsmitteln das Brod das nothwendigste ist, so ist unter allen Uebungen die Betrachtung des Todes die nützlichste." Haltet euch, l. L., stets bereit auf den großen Tag der Ankunft des Herrn, und beherziget das Wort: „Selig die Knechte, die der Herr, wenn Er kömmt, wachend findet. Wenn Er kommt in der zweiten Nachtwache, und wenn Er kommt in der dritten Nachtwache, und findet sie also: selig sind jene Knechte." Luc. 12, 37—38. Hierauf bezüglich sagt der heilige Bischof Fulgentius: „Nicht ein langes, sondern ein gutes Leben nützet dem gläubigen Christen." Euer Wandel sei daher, gleich dem Wandel der Helena, allzeit rein und schuldlos, gerecht und gottesfürchtig! Jesus sei stets eure Liebe und Wonne, euer Trost im Leben und Sterben! Der Herr mag alsdann kommen am frühen Morgen, oder am Mittage, oder am späten Abende des Lebens, Seine Ankunft wird euch Segen und Gewinn bringen, das Ende aller Mühen und Leiden, die herrliche Siegespalme, die Krone des ewigen Lebens.

Katharina Thomas.

Katharina wurde am 30. April 1533 zu Valdemuza, einem Dorfe des Gebietes von Majorca, einer der alten balearischen Inseln, geboren. Ihre Aeltern waren von vornehmer Herkunft und von ausgezeichneter Frömmigkeit. Das Kind war von Gott mit einer seltenen Schönheit begabt; allein dieser äußere Vorzug, der für ihre Besitzer oft eine gefährliche Klippe wird, kommt nicht in Vergleich mit den Geistesgaben, die ihr vom Geber alles Guten gespendet wurden. Noch sehr jung, betete Katharina schon regelmäßig den Rosenkranz, und bezeigte stets eine innige Sehnsucht nach dem Worte Gottes. Da sie von frühester Kindheit an den Geist des Gebetes und der Abtödtung besaß, so war sie den Lieblingsfreuden und Erlustigungen des kindlichen Alters ganz entfremdet und hatte eine entschiedene Abneigung gegen das Tanzen und die sonstigen Vergnügen dieser Art. Als Kind verbarg sie sich oft, fürchtend, man möchte sie zu weltlichen Ergötzlichkeiten und leeren Erholungen verleiten. Das gute Kind verlor im vierten Lebensjahre den Vater, und drei Jahre später beweinte es auch schon den Tod der geliebten Mutter. Auf diese Art verwaiset, mußte Katharina ihren Wohnort bei einem Oheime von Mutterseite nehmen; dieser war ein harter Mann, und strenge in seiner Bevormundung. In ihrem neuen Aufenthalte wurde sie auf verschiedene Weise in der Ausübung der Werke der Frömmigkeit gehindert. Sie konnte nun dem Gebete weniger obliegen, die Kirche seltener besuchen und an Festtagen nicht mehr so leicht dem Gottesdienste beiwohnen. Sie gewöhnte sich jetzt, während der Arbeit an die ewigen Heilswahrheiten zu denken, zu Gott zu beten und auch die Heiligen Gottes um ihre liebevolle Fürbitte anzurufen. Auch entschloß sie sich, jede Ruhestunde dem Gebete und der Betrachtung zu weihen, und zuweilen brachte sie fast ganze Nächte in Gebet und Betrachtung zu. Im Hause des Oheims befanden sich ziemlich viele Bediente, die nicht eben sehr sittsam und bescheiden waren. Sie wußte jedoch durch Beten und Fasten, durch die ernsthaften Züge ihres Antlitzes und die Eingezogenheit ihrer Blicke vor allen Gefahren der Verführung sich zu bewahren. Sie gedachte der Worte des Herrn: „Betet und wachet, auf daß ihr nicht in Versuchung fallet." Matth. 26, 41. Da ihr die Aufsicht über die Heerde übertragen wurde, fand sie Zeit und Gelegenheit genug, sich ohne Unterlaß mit Gott zu beschäftigen. Sie hatte sich eine Betzelle unter einem Oelbaume errichtet, und als sie eines Tages in Andacht vertieft war und die Süßigkeit des Gebetes und der Betrachtung verkostete, glaubte ihr Oheim, der sie von ferne belauschte und sie unbeweglich sah, sie bewache die Heerde nicht. Er eilte mit der Strafruthe zu ihr hin, um sie wegen der vermeintlichen Fahrlässigkeit zu züchtigen; da er aber Alles in Ordnung fand, konnte er dem Kinde weder Verweis, noch Strafe geben, mußte also ohne den mindesten Vorwurf abtreten. Gott, der niemals fromme Seelen verläßt, gab der tugendhaften Katharina einen heiligen Priester zum Gewissensrathe, der in der Gegend als Einsiedler lebte und Antonius Castaneda hieß. Dieser leitete sie auf der Bahn des Heils, und wie treu sie auch Gott diente, so war sie dennoch hinsichtlich ihrer innern Seelenstimmung keineswegs ganz ohne Besorgniß. Da sie schon beim bloßen Gedanken an die Sünde bebte, verspürte sie nagende Gewissensunruhen, die ihr Tag und Nacht keine Ruhe ließen. Sie ward dadurch sehr niedergebeugt und wähnte, sie sei dem Herrn untreu, undankbar gegen Dessen Wohlthaten, nachlässig in der Erfüllung ihrer Obliegenheiten und unwürdig der Gunstbeweise des Himmels. Auf diese innern Leiden folgten bald auch noch äußere Widerwärtigkeiten. Ganz von göttlicher Liebe erfüllt und mit der Heiligung ihrer Seele beschäftigt, dachte Katharina nicht mehr an ihren körperlichen Schmuck, worüber sie von ihrer eiteln Tante die bittersten Vorwürfe erhielt. Sie aber bewies eine unüberwindliche Geduld und Sanftmuth, und tröstete sich mit dem Gedanken, daß sie leide für die Sache des Herrn. Nicht genug, daß der Oheim ihr wegen ihrer Frömmigkeit Bedrängnisse anthat und ihr bald verbot, in die Kirche zu gehen, die heilige Messe zu hören oder ihren Gewissensrath zu befragen, bald sie lächerlich zu machen suchte; — sogar die Knechte des Hauses glaubten sich berechtigt, das fromme Kind durch allerlei harte und erniedrigende Worte zu beleidigen und es eine Betschwester und Heuchlerin zu nennen. Doch der Herr stärkte die bedrängte Seele und verlieh ihr einen Frieden, wie ihn die Welt nicht geben kann.

Als Katharina ihr sechszehntes Jahr erreicht hatte, trat sie mit Einwilligung ihrer Familie, die bei ihrer Abreise endlich ihre Tugend anerkannte, in ein Kloster, worin sie ihr gottesfürchtiges

Leben fortsetzte und für alle Klosterschwestern ein Gegenstand der Erbauung und Bewunderung wurde.

Katharina hatte wegen ihrer kindlichen Frömmigkeit, wegen ihres innigen und gottseligen Wandels von Seiten ihrer Pflege-Aeltern und anderer Weltmenschen viel und anhaltend zu leiden. Doch das fromme Kind ließ sich dadurch nicht irre machen, bestrebte sich vielmehr in der Gottesfurcht zu wachsen, und setzte den Kränkungen und Unbilden eine unbesiegbare Geduld und Sanftmuth entgegen, sich tröstend mit dem Gedanken, daß sie um der Gerechtigkeit willen leide; und der Herr stärkte sie. L. L., zu allen Zeiten, und überall gibt es Menschen ohne Glauben und ohne gute Sitten, welche der Tugend und Gottesfurcht Hohn sprechen, die heiligen Uebungen des Gebetes und der Andacht, den Besuch des öffentlichen Gottesdienstes, den Empfang der heiligen Sakramente verachten und die Frommen verspotten. Allein beherziget das Wort des Apostels: „Alle, die in Jesu Christo fromm leben wollen, werden Verfolgung leiden müssen. Böse und verführerische Menschen werden im Bösen immer weiter gehen als Betrüger und als selbst Betrogene. Du aber bleibe bei dem, was du gelernt hast, und was dir ist anvertraut worden." 2. Timoth. 3, 12—14. Lasset euch durch Spott, Tadel und Verfolgung niemals und unter keinen Umständen abwendig machen von den heiligen Uebungen des Glaubens; wisset, daß es hier gilt die Ehre Gottes, die Erfüllung Seines Willens, die Heiligung Seines Namens, daß es gilt das Eine Nothwendige, das Heil der Seele, das ewige Leben. Denket oft an den Ausspruch des Heilandes: „Selig seid ihr, wenn man euch um Meinetwillen beschimpft, euch verfolgt und allerlei Böses lügenhaft euch nachredet. Freuet euch und frohlocket; denn groß ist euer Lohn im Himmel." Matth. 5, 11 u. 12.

Marina von Eskobar.

Marina wurde zu Valladolid in Spanien am 8. Februar 1554 von frommen Aeltern geboren. Der Vater war Professor der Rechtsgelehrtheit. Einer guten Erziehung genießend, wuchs das Kind auf zur Freude der Aeltern und aller guten Menschen. Mit einem sanften stillen Gemüthe verband Marina ein merkwürdig sinnreiches Wesen und einen tiefen Ernst in Wort und Handlung. Kaum drei Jahre war sie alt, als ihre Muhme zu Rodrigo ihr schon die zehn Gebote Gottes vorsagte und erklärte. Da fragte einmal das Kind die Base: "Was heißt denn das: Gott über Alles lieben?" Diese antwortete: "Das heißt: Gott lieber haben als Vater, Mutter und Base und alles Andere." Das Kind sagte diese Worte vor sich hin, bis es dieselben auswendig wußte: "Mein lieber Gott, ich liebe Dich mehr als Vater, Mutter und Base und alles Andere; ja, ich habe Nichts so lieb als Dich, und will Dich suchen, bis ich Dich finde!" Wirklich ging Marina in ihrem vierten Jahre aus, ihren Gott zu suchen. Sie wohnte bei ihrer Base außerhalb der Stadt. Nahe am Hause lief ein Bächlein vorüber. Eben wollte sie den Fuß in's Wasser setzen, um drüben auf grüner Flur nach Gott zu fragen, als sie einen gar schönen, holdseligen Knaben neben sich stehen sah. "Mägdlein, redete er sie an, wen suchest du hier?" Marina ward über und über roth, als sie den Knaben erblickte, und antwortete: "Ich komme hierher, meinen Gott zu suchen." Der Knabe sprach: "Da thust du recht daran; Ich bin derjenige, den du lieb hast und den du suchest; Ich habe dich wohl früher gesucht und geliebt, als du mich." Der wunderbare Knabe küßte das Kind und trug es in seine Wohnung zurück, und wie es mit seinem Gotte reden wollte, da war er verschwunden. Bis in's zehnte Jahr blieb ihr der Eindruck dieser Geschichte; dann fing sie an, zerstreut zu werden, ihre gewohnten Andachten zu unterlassen und eiteln Dingen sich zuzuwenden, was ihren frommen Aeltern nicht wenig Kummer machte. Aber es währte nicht gar lange, da wurde sie beängstigt in ihrem Gewissen, und sie begann wieder, ein inbrünstiges Verlangen nach dem göttlichen Kinde zu tragen. Nun träumte ihr am St. Michaelis= Abende: "Jesus stehe vor ihr mit der Dornenkrone, dem Purpur= Mantel, das Moosrohr in den Händen, sein Angesicht entstellt und ganz mit Blut überronnen." Marina konnte die Nacht hindurch gar nicht schlafen, und als die Mutter am Morgen sie mit auf den Markt nahm, kam sie durch das Menschengewühl wieder zurück, ohne Jemand gesehen zu haben als den Mann mit der

Dornenkrone und dem Purpurmantel. Bald darauf fiel sie in eine schwere Krankheit, und war dreimal dem Tode nahe. Nach ihrer Genesung begab sie sich zur heiligen Theresia, fiel vor ihr auf die Knie nieder und bat sie bringend, sie doch in ihren neu errichteten Orden aufzunehmen. Die Heilige schaute sie an und sprach, von Gott gemahnt: „Stehe auf, meine Tochter, und kehre wieder um; denn der Herr hat dich nicht zum Klosterleben erkoren." Unter mancherlei Versuchungen und harten Prüfungen erstarkte Marina mehr und mehr in der Erkenntniß und Liebe Gottes; ihr ganzes Leben war dem Dienste Gottes und ihrem Seelenheile gewidmet. Ihr beträchtliches Vermögen verwandte sie zur Unterstützung der Armen und zu andern guten Zwecken. Ihr Wandel war im Himmel, die Engel und Heiligen ihre Gesellschaft, und die Ewigkeit ihr einziger Gedanke.

Marina war kaum drei Jahre alt, als sie schon die zehn Gebote Gottes kennen lernte; und wahrlich, es ist von großer Wichtigkeit, die Kinder frühzeitig im Gesetze des Herrn zu unterrichten. Die zehn Gebote sind ein kurzer Inbegriff und Auszug aller Gesetze und Sittenvorschriften, und wurzeln in den zwei Geboten der Liebe. In diesen Geboten offenbart sich uns die Weisheit Gottes und sein heiliger Wille gibt sich darin uns kund. Sie zeigen uns den Weg, der zum Himmel führt, auf dem wir wandeln müssen, wenn wir zur Seligkeit gelangen wollen. Der Psalmist sagt: „Des Herrn Gesetz ist unbefleckt und hell, bekehrt die Herzen, erleuchtet die Augen und gibt Weisheit den Kleinen, d. i., den Demüthigen." Pf. 18, 8 u. 9. Der Heiland ist nicht gekommen, das Gesetz aufzuheben, sondern es zu erfüllen; Er hat deßhalb auch die Beobachtung der Gebote Gottes mit Kraft und Nachdruck dem Volke eingeschärft, dieselben bestätigt und durch Sein Beispiel geheiligt. Die Beobachtung der Gebote ist der sprechendste Beweis der Liebe zu Gott, der sie uns gegeben hat. Darum schreibt der heilige Johannes: „Das ist die Liebe zu Gott, daß wir Seine Gebote halten, und Seine Gebote sind nicht schwer." 1. Joh. 5, 3. L. L., da die Gebote Gottes so wichtig und heilig sind, da euer wahres Wohl, euere zeitliche und ewige Glückseligkeit von ihrer treuen Erfüllung abhängt, so macht sie auch zur Richtschnur eures ganzen Thun und Lassens und meidet jede, auch die geringste Sünde. „Wer nämlich das ganze Gesetz hält, aber nur Ein Gebot übertritt, der verschuldet sich an Allen." Jak. 2, 10. Mit dem Jünglinge im Evangelium sollet ihr recht oft die wichtigste aller Fragen stellen: „Guter Meister, was soll ich thun, daß ich das ewige Leben habe?" Ihr kennet die Antwort des Herrn: „Willst du zum Leben eingehen, so halte die Gebote!" Matth. 19, 16 u. 17.

Barbara Avrillot.

Barbara hatte im Jahre 1565 zu Paris das Licht der Welt erblickt. Ihre Aeltern waren Adelige und sehr reich an Gütern, zugleich aber auch ausgezeichnet durch Gottesfurcht und Eifer für den katholischen Glauben. Barbara war ihre einzige Tochter, und frühe schon zeigte sie die glücklichsten Anlagen zur Frömmigkeit. Sie war sanftmüthig, demüthig, gehorsam, bescheiden und zu aller Tugend geneigt. In ihrem eilften Lebensjahre ward sie zur Erziehung und Ausbildung in ein Clarissenkloster, unter die Aufsicht einer frommen Tante geschickt. Dort erhielt sie Eindrücke der Liebe zu Gott und zur Tugend, die bei ihr nie erloschen. Dem Gottesdienste wohnte sie stets mit bewunderungswürdiger Andacht bei, und das Wort Gottes hörte sie mit einer Aufmerksamkeit und Heilsbegierde, wie Maria, die Schwester des Lazarus. Oft ging sie an einsame Orte, um sich daselbst dem Gebete und der Betrachtung ungestört hingeben zu können. Der Gedanke, den lieben Gott durch eine Sünde zu beleidigen, war ihr schrecklich; daher vermied sie Alles auf's sorgfältigste, was Ihm hätte mißfallen können. Auch nahm sie sich wohl in Acht, daß sie ihren Nächsten nicht kränken und beleidigen möchte. Geschah es dennoch, daß sie unvorgesehen einen Fehler beging, so beweinte sie es bitterlich und unterwarf sich demüthig jeder Strafe. Niemals gerieth sie mit Jemanden in Wortstreit. Um den Willen und die Wege des Herrn immer besser kennen zu lernen und in der christlichen Vollkommenheit stets größere Fortschritte zu machen, unterhielt sie sich oft in geistreichen Gesprächen mit ihrem Beichtvater und einer gottesfürchtigen Klosterfrau, welche nachher

Oberin wurde, und diese Unterredungen waren ihr hinsichtlich der zeitlichen und ewigen Wohlfahrt vom größten Nutzen. Denn hier lernte sie, wie der Mensch ganz Gott angehören, in Allem und überall sein Gemüth auf Ihn richten und vor Seinem Angesichte wandeln müsse; sie lernte aus diesen geistreichen Gesprächen, wie sie tugendhaft und gottgefällig leben solle. Von ihrem Beichtvater und der frommen Klosterfrau sprach sie bei jeder Gelegenheit mit der dankbarsten Rührung, und sagte, daß sie in Bezug auf ihr ewiges Heil denselben sehr Vieles zu verdanken habe.

Als das fromme Kind das zwölfte Jahr erreicht hatte, sagte man ihm anfangs der Fastenzeit, daß es mit Ostern das erste Mal zum Tische des Herrn gehen würde. Entzückt vor Freude, den lieben Jesus im heiligen Sakramente bald zu empfangen, bereitete sich Barbara mit der größten Andacht und Demuth und mit der sorgfältigsten Reinigung ihres Herzens zu dieser wichtigen und segensvollen Handlung vor. Sie legte eine Generalbeichte ab, wobei sie die kleinen Jugendfehler (von größern Sünden war sie frei) mit Schmerz beweinte und nebst der Buße, die ihr der Beichtvater gab, sich selbst noch Bußwerke auflegte. Da nun endlich Ostern gekommen war, nahete sie mit glühender Andacht, mit den Empfindungen der Ehrfurcht und des Dankes, und mit engelreiner Seele dem großen Sakramente der Liebe. Beim Empfange der heiligen Kommunion empfand sie eine so unaussprechliche Freude in ihrem Herzen, daß sie, wie sie nachher bekannte, dieselbe für alle Schätze der Welt nicht hätte hingeben mögen. So oft sie künftig von dieser süßen Erfahrung sprach, bemerkte sie gewöhnlich, wie wichtig es sei, daß ein Kind, welches seine erste heilige Kommunion hält, noch im Stande der Unschuld sich befinde. Sie sagte: Gottes Liebe und Allmacht nimmt eine solche unschuldige Seele in besondern Schutz, und stärkt sie gegen die Gefahren der Leidenschaften und der Verführung. In ihrem vierzehnten Jahre mußte sie, wie schwer es ihr auch ankam, aus dem Kloster zu ihren Aeltern zurückkehren. Aber auch hier, mitten in der Welt, bewahrte sie ihren frommen und unschuldigen Sinn. Ihre angenehmste Beschäftigung war Beten, den Gottesdienst besuchen, in guten Büchern und Erbauungsschriften lesen und zur Ehre Gottes arbeiten. Ihr innigstes Flehen war um ein demüthiges Herz und einen tugendhaften Wandel. Oft hörte man sie sagen: „Ein demüthiges und zerknirschtes Herz ist ein großer Schatz und wir sollten es Allem, was die Welt hat, vorziehen. Gerne hätte Barbara im Klosterstande leben mögen, und bat ihre Aeltern oft um diese Erlaubniß; allein die Bitte ward ihr nicht gewährt, und die Mutter gebot ihr zuletzt, von der Sache nicht mehr zu sprechen. Obgleich sie dieses schmerzlich empfand, so glaubte sie doch, Gott rede mit ihr durch den Mund der Aeltern, und sie unterwarf sich denselben vollkommen. Sie pflegte zu sagen: „Ich bin meiner Sünden wegen nicht würdig, eine Braut Jesu Christi zu sein." Sie beharrte aber im väterlichen Hause bei ihrer Liebe zum Gebete, und in allen Uebungen der Frömmigkeit, und wandelte in ihrem Gemüthe allzeit vor Gott. Selten ging sie aus; ihre Kleidung war möglichst einfach, und an den eiteln Freuden der Welt nahm sie keinen Antheil. Ihre Sanftmuth und ihr eingezogenes Betragen, das Einfache ihres Wesens und ihre Dienstfertigkeit, ihre Frömmigkeit und Geistessammlung in der Kirche, ihre öftern heiligen Kommunionen, ihr ganz Gott und der Tugend gewidmetes Leben war für Alle ein Gegenstand der Bewunderung und machte sie der allgemeinen Liebe und Verehrung würdig. Daher kam es denn, daß es Jedem eine erwünschte Freude war, sie zu sehen und kennen zu lernen. Sie aber blieb bei allen Ehrenerweisungen wie als Kind, so auch als Jungfrau, stets demüthig vor Gott und den Menschen.

Dem frommen Kinde war der Gedanke, den lieben Gott durch eine Sünde zu beleidigen, schrecklich, weshalb es sorgfältig Alles vermied, was Ihm hätte mißfallen können. L. L., daß es doch allzeit auch bei euch so wäre! O hütet euch vor allem Bösen und fürchtet euch vor nichts mehr als vor der Sünde! Der heilige Johannes sagt: „Wer Sünde thut, übt Ungerechtigkeit; und die Sünde ist Ungerechtigkeit. Wer Sünde thut, ist vom Teufel; denn der Teufel sündigt von Anfang an. Wer aus Gott geboren ist, thut keine Sünde." 1. Joh. 3, 4—9. Die Sünde hat von jeher das größte Unheil gestiftet; denn was machte die

Engel zu Teufeln? was vertrieb die Stammältern aus dem Paradiese? was richtete ganze Städte und Völker zu Grunde? woher das große Elend in der Welt? woher anders als von der Sünde? Daher nur keine Sünde, l. L., besonders keine Todsünden, die vom Reiche Gottes und vom ewigen Leben ausschließen! Meidet sogar auch die läßlichen Sünden, die ebenfalls eine Abweichung vom Gesetze Gottes und als solche mehr oder weniger strafwürdig sind, die auch leicht den Weg bahnen zu größern Sünden. Der Heiland sagt: „Wer im Kleinen treu ist, der ist es auch im Großen; und wer im Kleinen ungerecht ist, der ist auch im Großen ungerecht." Luc. 16, 10. Der heilige Chrysostomus schreibt: „Die schweren Sünden sind ihrer Natur nach so beschaffen, daß man sie verabscheut; die geringen Sünden aber machen, eben weil sie gering sind, nachlässig, und indem man sie nicht achtet, geschieht es durch unsere Nachlässigkeit, daß, ehe man sich's versieht, aus kleinen Sünden die größten entstehen."

Melania.

Melania war die einzige Tochter ihrer Aeltern. Die Mutter starb frühe. Sie war äußerst lebhaft und dabei von eigensinniger Gemüthsart. Der Vater Isidor, ein frommer Mann, mußte unendliche Geduld mit ihr haben; er betete beständig für das Kind, unterrichtete und strafte es. Aber Nichts konnte die wilde Laune des kleinen Starrkopfes bändigen. In einem Alter von zehn Jahren, als sie eines Tages einen Schrank durchsuchte, fand Melania ein Crucifix-Bild, welches die verstorbene Mutter darin aufbewahrt hatte. Das Kind lief damit zum Vater und fragte ihn, was dieses Bild vorstelle? Er antwortete: „Mein Kind, das ist ein Crucifix-Bild." Aber erwiederte Melania: „Was will denn das sagen: ein Crucifix-Bild?" Isidor: „Ich habe es dir ja schon oft gesagt, du hast es aber wieder vergessen. Nun, es ist eine Darstellung des am Kreuze hangenden Jesu Christi."

Melania: „Aber ich weiß nicht, was eine Darstellung des am Kreuze hangenden Jesu Christi sagen will."

Isidor: „Ich will dich unterrichten, mein Kind! Höre also aufmerksam an, was ich jetzt sage: Du weißt doch wohl, daß der Sohn Gottes vom Himmel herabgekommen und Mensch geworden ist, um uns zu erlösen. Denn ohne Ihn wären wir Alle verloren gewesen und von der Sünde nie befreit worden. Nun, dieser Mensch gewordene Sohn Gottes ist Jesus Christus. Er hat Sein Leben für uns in der Buße hingebracht; Er hat alle unsere Sünden beweint; Er hat die Menschen unterrichtet und unterwiesen zur Seligkeit, und diese Unterweisungen nennen wir das Evangelium. Die Juden sind auf eine unmenschliche Weise mit Ihm umgegangen, haben mit einer Dornenkrone Sein Haupt durchbohrt, Ihn an das Kreuz genagelt, und all' Sein Blut vergossen, bis Er Sein Haupt neigte und starb. Vor dem Tode noch hat Er Seinen himmlischen Vater für Seine Peiniger und für uns Alle um Verzeihung gebeten. Nun sieh, mein Kind, dieses Bild soll dazu dienen, uns an alles Dieses zu erinnern."

Melania hörte aufmerksam zu, und Vater Isidor benutzte den glücklichen Vorfall zur weitern Belehrung seines Kindes. Er fuhr fort: „Weißt du wohl, mein Kind, die Ursache, warum Jesus Christus so grausam mißhandelt ward?" Melania antwortete: „Ich weiß es nicht, Vater." Isidor erwiederte: „Meine liebe Tochter, wir mit unsern Sünden sind leider! die Ursache Seiner Schmerzen und Seines Todes gewesen. Ja, mein Kind, deine Sünden sowohl, als die meinigen haben Jesum Christum an das Kreuz geschlagen. Ueberdenke wohl alle die Sünden, welche du begangen hast, all' den Ungehorsam, alle die Unehrerbietigkeit in der Kirche, alle die schelmischen Streiche und alle die Grobheiten, die du mir gemacht hast, und alle die Aergernisse, die du gegeben hast. Alles dieses, mein Kind, hat Jesum Christum betrübt und zu Seinem bittern Tode beigetragen. Du hast Ihm so viele Streiche versetzt, als du Sünden begangen hast."

Isidor bemerkte in Melaniens Auge eine Thräne, und den günstigen Augenblick benutzend, sprach er weiter: „Willst du Ihn noch einmal kreuzigen und Ihn in deinem Herzen durch Ungehorsam und Bosheit tödten? Willst du Ihm deine Liebe versagen, da du siehst, was Er aus Liebe zu dir, um dich zu bessern und selig zu machen, gethan hat?" Und noch vieles Andere setzte der Vater hinzu, was ihm nur die Liebe eingeben konnte. Die gute Melania war so heftig bewegt, daß sie auf Einmal das Bildniß des Gekreuzigten mit beiden Händen ergriff und sprach: "Ach, liebster Vater, schenket mir dieses Bild." Isidor erwiederte: "Mit tausend Freuden; du sollst es haben, bewahre es nur wohl." Sie ging, verschloß sich in ihr Kämmerlein, brachte den übrigen Tag unter Weinen und Schluchzen zu, küßte die Wundmale des Gekreuzigten, drückte Ihn an ihr Herz und sprach: "O mein Gott, so erbärmlich habe ich Dich zugerichtet! So habe denn ich Dich gekreuziget? O mein Gott, verzeihe mir! Wenn ich gewußt hätte, was ich that, o niemals würde ich Dich beleidigt haben. O habe Mitleid mit meiner Jugend und Unwissenheit!" Die Gnade Gottes wirkte mächtig in dem Herzen des Kindes, und der Herr gab den Worten Isidors solchen Segen, daß Melania in wenigen Tagen ganz verändert war. Niemals hat man ein Kind demüthiger und gehorsamer gesehen; ihre Einsichten in Sachen des Heils übertrafen bald ihr Alter. Sobald sie einen müssigen Augenblick fand, eilte sie zum Bildnisse des Gekreuzigten hin, küßte Seine heiligen fünf Wunden und betete Christum an in ihrem Herzen. Hatte sie einen Verdruß, oder that man ihr Etwas zu Leid, so sagte sie: "O mein Jesus, könnte ich mich wohl beklagen, wenn ich betrachte, was Du für mich gelitten hast?" Als sie eines Tages von einem Menschen, der sich in ihrer Person geirrt hatte, übel mit Streichen hergenommen wurde, schwieg sie davon vor ihrem Vater, aus Furcht, er möchte sich hierüber erzürnen und Gott beleidigen; aber sie warf sich zu den Füßen des Gekreuzigten hin und sprach: "O mein Jesus, Der Du am Kreuze hingst, hast Du Deinen Peinigern verziehen, so will auch ich aus Liebe zu Dir demjenigen verzeihen, der mich mißhandelt hat, und ich wünschte aufrichtig, ihm irgend einen Dienst erweisen zu können: Und in der That fiel dieser Mensch acht Tage hernach in eine Krankheit. Melania begehrte von ihrem Vater Etwas zur Erquickung des Kranken. Sie ging nun hin und sprach zum Kranken: "Nimm hin, was ich dir bringe, um dich zu überzeugen, daß ich keine Abneigung gegen dich hege.

Mein Vater weiß nichts davon, daß du mich so übel behandelt hast; durch mein Stillschweigen wollte ich dir seine Verweise ersparen." Der Kranke wurde durch die Großmuth und Verschwiegenheit des Kindes so gerührt, daß er mit weinenden Augen um Verzeihung bat. Als sie ein anderes Mal eine Nachbarin sah, welche sich über das unordentliche Leben ihres Gatten grämte, sagte sie zu ihr: „Liebe Frau, habt ihr kein Crucifix bei euch zu Hause?" Sie antwortete: „Ohne Zweifel habe ich ein Crucifix." Melania erwieberte: „Und wozu gebrauchet ihr es? Werfet euch zu den Füßen eueres Gekreuzigten hin und lernet dabei leiden. Jesus Christus hat weit mehr ausgestanden als ihr, und ob Er gleich unschuldig war, klagte Er doch niemals. Ihr seid glücklich, wenn ihr Etwas für Ihn zu dulden habet. O ihr wisset nicht, wie tröstlich es ist, für Gott zu leiden, Der für uns gelitten hat." Melania's Worte beruhigten die niedergeschlagene Frau, sie nahm Alles wohl zu Herzen, wurde ein Muster der Geduld und bekehrte ihren Ehemann. Melania hielt sich ihr ganzes Leben an diese heilige Uebung; immer schwebte ihr der Gekreuzigte vor Augen. Sie erfuhr als Jungfrau häufige Versuchungen wider die Reinigkeit. Aber sie betrachtete das Leiden Jesu Christi und bewahrte dadurch die Unschuld ihrer Seele. Sie sprach oft: „Mein Heiland, wie sollte ich mich erfrechen, böses Vergnügen zu suchen, indeß ich die Schmerzen sehe, die Du für mich erduldet hast? Wie sollte ich Böses thun und wider meinen Gott sündigen?" Endlich gelangte sie zur Vereinigung mit Demjenigen, welchen sie im Leben geliebt hatte; sie starb im Hinblicke auf die Quelle alles Segens, auf den Gekreuzigten.

Melania war von Geburt aus einer sehr lebhaften und eigensinnigen Gemüthsart, und bereitete dem guten Vater viel Kummer und Verdruß. Sie hatte bereits das zehnte Lebensjahr zurückgelegt und stand in einem Alter, wo die jugendliche Anmuth und Bescheidenheit sich in erfreulicher Weise kundgeben soll: aber ihr Eigensinn und ihr mürrisches Wesen dauerten in gesteigertem Maaße fort. Der Vater mochte wohl oft mit schwerem Herzen denken: Ach, was wird noch aus meiner Melania werden? Welches Unheil steht ihr noch bevor? Aber sehet, der liebe Gott gedachte der unglücklichen Melania, führte ihr eines Tages das Bild des Gekreuzigten vor Augen und dieses Bild wurde die freudige Veranlassung zu ihrer allmäligen Bekehrung und Lebensbesserung. Das Kreuz ist das Zeichen der Erlösung und des Heils, der Mittelpunkt des Lebens und der Seligkeit. Darum sind unsere Kirchen und Altäre mit denselben geschmückt, und auf den Thurmspitzen erhebt es sich siegreich zum Himmel. Das Bild des Gekreuzigten ist in jedem christlichen Hause das erste und heiligste Geräth, und wo dasselbe in einer Haushaltung fehlt, scheint es mit dem Glauben und der Gottesfurcht nicht eben wohl bestellt zu sein. Dieses große Zeichen des Sieges wird aufgerichtet auf Bergen und Hügeln, auf Höhen und in Tiefen, auf öffentlichen Wegen und Plätzen, in Fluren und Wäldern, in Städten und Dörfern, an Häusern und auf den Gräbern der Verstorbenen. Und vor dem Bilde des Erlösers, welches Reiche und Arme zur Tugend und Gottseligkeit ermahnt, Gelehrten und Ungelehrten Geduld und Entsagung predigt und Alle auffordert, nicht Sclaven der Sünde zu sein, neigt der fromme Christ in dankbarer Liebe und in gerührter Ehrfurcht sein Haupt. O, wie Viele haben beim Anblicke dieses Zeichens fromme Gedanken und Vorsätze gefaßt! wie Viele haben dabei Trost und Frieden gefunden! wie viele Sünder sind dadurch mächtig erschüttert und an Gott und Ewigkeit lebhaft erinnert worden? Das Bild des Heilandes ist ein Buch für Ungelehrte wie für Gelehrte, dessen Lesung nicht leicht ohne Segen und heilsame Wirkung sein wird. Ueber die christlichen Denkzeichen schreibt ein gelehrter Engländer der neuern Zeit, Bischof Johann Milner, an den Protestanten Jacob Brown: „Die katholischen Kirchenlehrer und Theologen kommen darin überein, daß die äußern Zeichen der Religion keinen wesentlichen Theil derselben ausmachen. Sollten Sie daher Katholik werden, um was ich Gott inständig bitte, so werde ich Sie nie fragen, ob Sie ein frommes Bild, oder eine Reliquie, oder auch nur ein Crucifix besitzen. Darum hoffe ich aber auch, Sie werden mich nicht für einen Abgötter ansehen, wenn Sie dergleichen Dinge in meinem Betsaale oder Studirzimmer gewahren oder bemerken sollten, wie viel ich insbesondere auf mein

Crucifix halte. Ihr Glaube und Ihre Andacht mag solcher Zeichen nicht bedürfen, aber mir sind sie nothwendig. Ich vergesse allzu leicht, was mein Jesus für mich gethan und gelitten hat; allein der Anblick Seines Bildes ruft es mir oft in's Gedächtniß und erweckt mein Gefühl. Ich würde mich deßhalb eher von dem größten Theile meiner Bibliothek trennen, als von dem Bildnisse meines gekreuzigten Heilandes." L. L., haltet das Bild des Gekreuzigten allzeit in Ehren und sorget dafür, daß ein solches aufgestellt sei neben euerer Schlafstätte. Gewöhnet euch, euere Morgen = und Abendgebete knieend vor demselben zu verrichten und zuweilen auch eine Gewissenserforschung zu halten. Ehret und liebet gleich Melania dieses Zeichen des Heils, und es wird euch gleichen Trost, gleichen Frieden, gleiche Seligkeit bringen.

Johanna von Ark.

Johanna wurde in den ersten Jahren des fünfzehnten Jahrhunderts zu Domremy, einem kleinen Dorfe Frankreichs, geboren. Ihre Aeltern waren arme Bauersleute und hießen Jacob von Ark und Isabella Romee. Sie waren nach den einstimmigen Aussagen vieler Zeugen, unter deren Augen sie wandelten, fromme und rechtschaffene Leute, eines unbescholtenen Rufes. Sie dienten, wie die Zeugen erzählen, Gott mit einfältigem Herzen, erzogen ihre Kinder in Arbeit und Gottesfurcht, waren ehrbar in ihren Reden, gerecht in ihren Handlungen, und lebten mit ihren Nachbarn in christlicher Eintracht. Mit sauerm Schweiß gewannen sie nothdürftig mit Ackerbau und ein wenig Viehzucht ihr tägliches Brod; aber sie aßen dasselbe zufriedenen Herzens, und theilten auch den Armen gerne davon mit, auf daß auch ihnen einst am großen Schuldtage Barmherzigkeit von Gott zu Theil würde.

Johanna hatte noch drei Brüder und eine Schwester; sie aber zeichnete sich frühzeitig vor allen übrigen als ein ganz besonders gutes und frommes Kind aus. Noch gegenwärtig sind uns über ihre Kindheit die Aussagen von mehr als dreißig Augenzeugen jeden Ranges erhalten, von Hohen und Niedern, von Rittern und Priestern, von königlichen Beamten und Landleuten, von

Frauen und Männern. Sie alle stimmen einhellig darin überein, daß ihr Wandel von Kindheit an rein und unsträflich gewesen. Fast ein jeder dieser Zeugen weiß eine besondere Tugend an ihr zu preisen, die er sie ausüben gesehen. Nach diesen Zeugen war sie eines sehr sanften und mitleidigen Herzens, einfältig und arglos, aber von hellem Verstande, züchtig in Rede und Wandel, fleißig in der Arbeit, demüthig, still und bescheiden und frei von Zorn und Ungeduld, aber von unerschrockenem Muthe in der Erfüllung ihrer Pflicht.

Vor Allem wissen sie uns nicht genug ihre Frömmigkeit zu rühmen; denn eine brennende Liebe zum ewigen Schöpfer alles Guten und Schönen, und eine gänzliche Ergebung in Seinen Willen, das war das goldene Band, welches alle ihre Tugenden umschlang, und die klare Quelle, der sie entströmten. In Haus und Wald und Feld, überall war Gott ihr gegenwärtig, und Er ihr leitender Stern in Glück und Unglück. Das Haus Gottes war ihre eigentliche Wohnung, und wenn sie nur konnte, am Morgen und Abende, wohnte sie dem Gottesdienste bei. Sie ging häufig und gerne mit großer Reue ihre Sünden zu beichten und sich mit dem Brode des Lebens zu stärken. Hörte sie auf dem Felde die Glocke das Volk zum Gebete rufen, und war ihr der Weg zur Kirche zu weit oder die Arbeit zu dringend, dann fiel sie unter freiem Himmel auf ihre Kniee nieder und betete. Am liebsten sprach sie von Gott und der heiligen Jungfrau. Wenn andere Mädchen nach der Arbeit müßig, scherzend und lachend die Straßen auf- und abgingen, dann fand man Johanna still in der Kirche, in einem Winkel betend oder auf ihren Knieen vor einem Kreuze, den Blick in tiefer Andacht auf den Heiland oder die schmerzensreiche Mutter geheftet. Dabei aber war sie nicht trübselig und düster, sondern fröhlich und liebte ein heiteres Gesicht. Nie hat ihr auch Jemand vorgeworfen, daß sie sich ihrer Gnaden und ihrer Andacht überhoben habe. Geduldig hörte sie manche Neckerei ihrer Gespielinnen an, die Nichts an ihr zu tadeln fanden als ihre übergroße Frömmigkeit. Sie selbst tadelte Niemanden, wer nicht so lebte wie sie, war gegen Jedermann freundlich und liebreich, half und tröstete, wo sie nur konnte, also daß Johann Morel, ein Landmann von Greux, noch in seinem siebenzigsten Jahre von ihr bezeugte, alle Bewohner des Dorfes hätten das fromme Kind lieb gehabt. Ein anderer Landmann, Simon Mösnier, bezeugte, als er krank gewesen, habe sie ihn mit der größten Sorgfalt verpflegt, und mit liebreichem Herzen ihm Trost zugesprochen. Ein dritter Zeuge erzählt, ihr Mitleid mit den Armen sei so groß gewesen, daß sie ihnen nicht nur bei ihren Aeltern und Freunden ein Obdach verschafft, sondern ihnen auch ihr eigenes Bett hergegeben und selbst auf dem Heerde geschlafen habe.

Das Geld, welches ihr von den Almosen übrig blieb, gab sie dem Priester, zur Feier des heiligen Meßopfers. Auch Perrin, der Küster von Domremy, bezeugte, sie habe ihm mehrmal bittere Vorwürfe darüber gemacht, weil er oft am Abende zum Ave Maria zu läuten versäumt, und sie habe ihm Geld zur Belohnung versprochen, wenn er künftig ordentlicher darin sein wolle.

Johanna half in ihrer frühern Kindheit ihren Brüdern in der Feldarbeit, und trieb die Thiere ihres Vaters, und die Heerde des Dorfes abwechselnd mit andern Kindern auf die Weide; später brauchte die Mutter sie mehr in der Haushaltung, und sie hatte im Spinnen und Nähen eine große Geschicklichkeit. Unter den Mädchen des Dorfes hatte sie einige vertrautere Freundinnen; sonst war ihr der Umgang mit ehrbaren Frauen am liebsten; aber auch mit kleinern Kindern wußte sie sich wohl zu unterhalten, und sie waren gerne bei ihr. Eine Erholung für sie war der wöchentliche Bittgang nach einer kleinen Waldkapelle, die Einsiedelei unserer lieben Frau von Bermont genannt. Es lag dieser stille Ort auf einer Anhöhe hinter dem Dorfe, in der Nähe eines alten Eichenwaldes. Vor dem Muttergottesbilde in der Waldkapelle zündete sie jeden Samstag Lichter an und betete andächtig.

So wandelte Johanna ihren stillen Weg unter den armen Leuten des Thales, und wer sie sah, der hatte sie lieb. Und dieses von allen Zungen so hoch gepriesene Kind, von welchem der Seelsorger und die Leute des Dorfes sagten, sie sei das beste

Kind der ganzen Gemeinde gewesen, von welchem der Ritter Albert von Urchüs bezeugte, er habe sehnlichst gewünscht, der Himmel hätte ihm eine so gute Tochter verliehen; dieses Kind konnte weder lesen noch schreiben, und seine armen Aeltern konnten es Nichts lehren, als das „Vater unser und das Glaubensbekenntniß." Man konnte an Johanna erkennen, wie viel mehr ein Herz vermag, das sich Gott ganz hingegeben hat und Seiner Kraft voll ist, als alle Gelehrsamkeit und Weisheit.

Auch das, was wir in der Lebensbeschreibung vieler Heiligen lesen, wie nämlich ihr innerer Friede und die Macht ihrer Liebe sich auch über die unvernünftigen Geschöpfe erstreckt, wird uns von Johanna in einem alten Tagebuche berichtet. Als sie nämlich noch klein gewesen und die Schafe gehütet, da seien die Vögel des Waldes und des Feldes, wenn sie ihnen gerufen, zu ihr, wie zu einer vertrauten Gespielin geflogen und hätten ihr das Brod aus dem Schooße gepickt.

Unter höherer Einwirkung Gottes hat Johanna später durch unerhörte Thaten alle Völker des Abendlandes in Erstaunen gesetzt und in der Befreiung Frankreichs aus der Herrschaft der Engländer sich unsterbliches Verdienst erworben. Von Gott berufen und himmlischer Erscheinungen gewürdigt, trat sie in einem Alter von siebenzehn Jahren auf, um Frankreichs Rettung und Befreiung zu vollführen.

Johanna war schön und wohlgebaut und groß für ihr Geschlecht, ihre Farbe weiß, das Auge dunkel, das Haar nach damaliger Rittersitte kurz und rund geschnitten. Sie war lebhaft und von ausnehmender Leibesstärke, kühn und gewandt in den Waffen, wie der beste Ritter. Sie war einfach und züchtig und von wenigen Worten; aber wenn es ihre göttliche Sendung galt, dann floß ihre Rede reich, begeistert und gewaltig, wie die einer Prophetin. Ihr Gesicht war fein und trug den Ausdruck der Milde und gottergebener Frömmigkeit. Aus ihrer ganzen Erscheinung aber leuchtete, nach dem wörtlichen Ausdrucke eines Augenzeugen, etwas wahrhaft Göttliches hervor.

Johanna fiel als Opfer fester Treue an der Kirche und un=

überwindlicher Liebe zu Jesus am 30. Mai 1431, in einem Alter
von zwanzig Jahren, und zwar durch Feindes Hand.

Johanna liebte die stille Einsamkeit, um sich desto ungestörter in kindlichen Gebeten mit Gott und der zärtlichen Verehrung Mariä beschäftigen zu können. Sie floh das Geräusch der Welt, wo die jugendliche Eitelkeit nur zu reichliche Nahrung findet. Sie fand ihre größte Freude darin, mit den unschuldigen Kleinen, mit frommen Freundinnen und gottesfürchtigen Frauen umzugehen. Die Kleinen lehrte sie beten und ermahnte sie zur Unschuld und Gottseligkeit; mit ihren Freundinnen führte sie erbauliche Gespräche, um sich einander in der Tugend und Frömmigkeit zu stärken; von den gottesfürchtigen Frauen nahm sie gerne Belehrung und Ermahnung an, und ließ sich erbauen durch deren Beispiel und Wandel. L. L., wollet auch ihr nur mit frommen und weisen Menschen umgehen und Weisheit und Frömmigkeit von ihnen lernen. O es kommt unendlich viel auf den Umgang der Kinder an. Der Umgang mit Frommen befördert die Sittlichkeit und bringt Segen; der Umgang mit Gottlosen aber macht böse und bringt Verderben. Die Schrift sagt: „Wer mit Weisen umgeht, wird weise; der Freund der Thoren wird ihnen gleich." Sprichw. 13, 20. Ihr wisset: Ein fauler Apfel kann viele gesunde Aepfel anstecken und verderben; so kann auch Ein böses Wort und Ein schlechtes Beispiel viel Uebels anrichten. Folget daher euern Aeltern und Seelsorgern, wenn sie euch vor schlechter Gesellschaft und bösem Umgange warnen; folget ihnen, und es wird euch euer Lebenlang nicht reuen.

Dominica vom Paradiese.

Lieblich vor vielen Anderen ist die Kindheit der Dominica, geboren im Jahre 1473 in einem kleinen Orte, Paradies genannt, nahe bei Florenz. Ihre Aeltern waren arme Landleute, die einen kleinen Fleck Erde bebauten, und was ihnen dort erwuchs oder sie sonst erhandelt hatten, zu Markte trugen. Bei sparsamer Nahrung war die Kleine dennoch stets munter und fröhlich, wuchs heran und wurde schön von Ansehen; ihr Haar war gelockt und goldfarb, das Auge fröhlich, die Wange weiß mit Röthe gemischt, der Ausdruck des Gesichtes offen, und ihr ganzes Aussehen gesund, frisch und so zierlich, daß man sie nimmer als das Kind eines Landmannes hätte halten sollen. Diese Schönheit ihrer Gestalt erhielt sich bei ihr trotz der Lebensart, der sie sich unterzogen, bis zum breiundzwanzigsten Lebensjahre, wo die vielen Krankheiten, die sie sich erbeten, dieselbe zerstörten; so jedoch, daß auf ihrem blassen, magern Gesichte stets eine unbeschreibliche Anmuth und anständige Fröhlichkeit zurückblieb, mit Würde und Schönheit verbunden, die sie den Bessern liebenswürdig, den Schlechten zu einem Gegenstande heiliger Scheu machten. Sie erwuchs im Vaterhause und nahm sich rüstig der häuslichen Geschäfte an, so daß sie, als der Vater starb, obgleich erst sechs Jahr alt, den Haushalt zu führen wußte, als sei sie bei vollkommener Reife. Die Aeltern, selbst unwissend, waren nicht im Stande, ihr auch nur in den ersten Gründen des christlichen Lebens Unterricht zu geben. Sie hörte sich das Vaterunser und Glaubensbekenntniß vom Priester in der Messe ab, das Ave Maria theils vom Vater, theils von einem andern Kinde in der Nachbarschaft; und da sie das Gelernte nun immer im Munde führte, wurde sie bald so innerlich, daß sie Erscheinungen bekam, die den äußerlich fehlenden Unterricht durch den innern ersetzten. Schon in ihrem vierten Jahre, als sie betend und in sich vertieft an ihrem armen Bettchen stand, erschien ihr, umklungen von süßen Tönen und umgeben von Engeln, in großem Lichtglanze die Jungfrau mit dem Kinde. Sie hörte und sah hin, und konnte sich nicht ersättigen an dem Anblicke; und wie die Erscheinung vorüber war, überlegte sie in ihrer Einfalt, wie sie es anfangen müsse, so schöne Sachen wieder zu sehen. Da sie nun weinend Gott öfter bat, Er möge ihr den Ort zeigen, wo die guten Dinge all' seien, wurde ihr gesagt: „Nicht auf Erden, sondern im Paradiese;" und wie sie erwiederte: „So ziehe mich in's Paradies," erhielt sie zur Antwort: „Es sei noch nicht Zeit, und ward darauf unterrichtet, wie sie es anzufangen, um dahin zu gelangen. Die Erscheinungen kehrten zum Oeftern wieder, und Dominica nahm mehr und mehr an Einsicht zu. Während ihre ältere Schwester sie eines Tages wusch und ankleidete, wurde ihr in's Herz gegeben, ihre Seele habe

wohl auch nöthig gleich einem kleinen Kinde gewaschen zu wer=
den, sei es auch mit ihren Thränen. Als daher die Schwester
mit ihr fertig war, zog sie sich in ihr Kämmerlein zurück, warf
sich vor einem Bilde Jesu und Seiner Mutter auf die Knie und
bat Gott um die Gabe, ihre Seele mit ihren Thränen waschen
zu können. Die Güte des Herrn entsprach ihrem Glauben, und
während ihre Thränen fließen, siehe, da zeigt ihr Gott, in der
Luft schwebend vor ihren Augen, ihre Seele in der Gestalt eines
schönen, anmuthigen und lachenden Mägdleins, mit welchem Dominica also sprach: „Meine Seele, fliehe aus dieser Welt und
kehre zu deinem Schöpfer zurück, und ich will dir folgen." Die
Seele antwortete: „Ich kann nicht fort; obwohl du mich fern
in der Luft siehst, wohne ich doch belebend in deinem Körper; ich
bin Eins mit dem göttlichen Willen, und jetzt gebührt es sich,
daß ich bei dir bleibe und die vorgeschriebene Zeit meines Schei-
dens erwarte. Sobald mein Schöpfer es fordert, verlasse ich dich,
um in Gott zu ruhen, und am Ende der Welt wird dein Leib
mit mir kommen, um im glücklichen Paradiese zu leben." Damit verschwand das sichtbare Bild und das Mädchen dachte, daß
ihre Seele in ihr Herz zurückgekehrt sei. So oft sie mit ihrem
Bruder den Salat aus dem Brunnen begoß, oder die Leinwand
am Flusse wusch, fing sie diese Uebung allzeit mit Weinen an,
ihre Seele zu reinigen mit ihren Thränen. L. L., reiniget auch
ihr euere Seelen mit Thränen der Buße und Reue und mit in-
nigem Gebete! Reiniget euere Seelen, die ihr mit Schuld beladen seid, während Dominica in ihrer ersten Unschuld wandelte.

Einst stand Dominica mit ihrer Schwester am Heerde, als
diese Mohn mit Brod kochte, um ihr mit der Suppe einen sanften Schlaf zu bereiten. Da dachte sie sogleich nach, wie sie es
anzufangen, um auch ihrer Seele eine Speise zuzurichten, die ihr
recht nahrhaft sei und ihr zugleich einen süßen Schlaf verschaffe.
Da sie oft angewiesen worden, in Allem, was sie thun wolle, sich
an Gott zu wenden, begab sie sich in's Gebet und da hörte sie
sofort ihre Seele also zu sich reden: „Suche für mich die Speise
göttlicher Liebe auf; in ihren Flammen schwebe ich vergnügt und
schlafe ruhig." Das Kind, sich von Oben entzündet fühlend,

sagte: „Und warum, meine Seele, schreist du denn nicht zum Himmel auf, daß mir das Herz bricht und so die göttliche Liebe sich gezwungen sieht, zu kommen, um es wieder ganz zu machen?" Die Seele: „Ich bin in dir, um dich zu beleben; an dir ist es zu schreien, daß dir das Herz zerspringt." Das Kind: „Gott liebt die Seele und zu ihrer Loskaufung ist Er gekommen und gestorben; darum fühlst du mehr als ich, und wirst die göttliche Liebe dich trösten sehen. Die Seele: „Es ist wahr, daß mich Gott am Kreuze erlöset hat; aber Er hat auch deinen Leib erlöset. Darum, wer sündigt, verdirbt die Seele und den Leib; wer aber heilig lebt, rettet sie beide. Darum ist es nicht meine Sache allein, zum Himmel zu rufen, sondern es geht uns beide an. Laß uns daher zusammen rufen, und Gott wird uns barmherzig antworten und vom Himmel süße Speise senden. Unter dieser Rede hörte das Mädchen den Herrn zu sich sprechen: „Meine Tochter, die Speise der Seele ist meine Liebe." Alles, was die kleine Dominica sah, war ihr ein Mittel und Werkzeug, diese Liebe in sich zu erwecken und ihre Seele zu vervollkommnen. Flog ein Vogel aus ihrem Gärtchen gegen Himmel, dann gedachte sie, wie sie gleichfalls in ihn sich erheben müsse. Bereitete die Mutter Wolle zum Weben, dann that sie das Gleiche in ihrem Herzen, um ihrer Seele eine geistige Webe zu bereiten. Die Bäume mit ihren Früchten, der Himmel mit seinen Sternen, weidende Lämmer: Alles faßte sie geistig auf und suchte ihre Seele dadurch zu reinigen; und nachdem sie zehn Jahre also gearbeitet, wurde diese Seele endlich ihren Augen gezeigt, ganz gereinigt, schön und schneeweiß. Sie blieb dabei immer kindlich und einfältig. Alle Sonntage zierte sie die Heiligenbilder, die sie in ihrer Stube hatte, mit neuen Blumen, und glaubte sicherlich im Volksglauben der Zeit, die Blumen würden da alle aufbewahrt, um ihr nach ihrem Tode in's Grab zu folgen. Und wahrlich das fromme Kind irrte nicht; denn wie es äußerlich die Bilder mit mancherlei Blumen schmückte, so schmückte es innerlich die Seele mit mancherlei Tugenden, welche durch die Liebe Gottes zu einer unverwelklichen Blumenkrone verbunden waren. Vor diesen Heiligenbildern legte Dominica auch in ihrer Einfalt ihre erste Beichte ab, weil sie Frauen in den

Kirchen vor solchen knieend beten gesehen und nun geglaubt, sie beichteten denselben. Sie war noch nicht zehn Jahre alt, als sie das Gelübde der Keuschheit ablegte und dem göttlichen Bräutigam sich vermählte. Sie bauete nun fort auf dem Grunde, den sie in den frühesten Jahren der Kindheit, durch Gott besonders begnadigt, gelegt hat, und brachte es zu hoher Vollkommenheit.

Die kleine Dominica faßte Alles geistig auf, es auf ihr Inneres beziehend; Alles, was sie sah, war ihr ein Mittel und Werkzeug, die Liebe Gottes in sich zu erwecken, ihre Seele zu reinigen und zu vervollkommnen. L. L., in Allem, was da vorkommt, in euerm Leben, fasset auch ihr das Geistige in's Auge! Der Apostel sagt: „Der Buchstabe tödtet, der Geist aber macht lebendig." 2. Cor. 3, 6. Bei Allem richtet euern Blick nach Oben, wo der Herr thront und ein kostbares Erbtheil uns hinterlegt ist.

„Suchet, wie der Apostel ermahnt, was droben ist, wo Christus zur Rechten Gottes sitzt; trachtet nach dem Himmlischen und nicht nach dem Irdischen!" Col. 3, 1 u. 2.

An Dominica sehen wir auch, wie die Welt Unrecht hat, wenn sie das gottselige Leben als eine Last und Plage schildert und laut verkündigt, dasselbe stimme zu traurigen und schwermüthigen Gedanken und zu unerträglichen Launen. Im Gegentheile, das fromme Leben ist ein freundliches, liebliches und glückseliges Leben. Sagt ja auch der Heiland: „Mein Joch ist süß und meine Bürde ist leicht." Matth. 11, 30. Und der heilige Paulus schreibt: „Die Früchte des Geistes sind: Liebe, Freude, Friede, Geduld, Güte, Milde, Langmuth, Sanftmuth, Treue, Bescheidenheit, Mäßigkeit, Keuschheit." Gal. 5, 22 u. 23.

In der Philothea des heiligen Franz von Sales lesen wir: „Der Zucker versüßt die unreifen Früchte, und benimmt den reifen alles Herbe und Schädliche. Die Frömmigkeit ist der wahre geistige Zucker, der den Abtödtungen die Bitterkeit und den Freuden alles Nachtheilige benimmt; sie entfernt von Kranken den Kummer, von Reichen die Habsucht, von Bedrängten den Kleinmuth, von Glücklichen den Uebermuth, vom Einsiedler die Traurigkeit, vom Geselligen die Ausgelassenheit. Sie ist die Lieblichkeit der Lieblichkeiten, die Königin der Tugenden, die Vollkommenheit der thätigen Liebe. Ist die Liebe der Milch vergleichbar, so ist die Frömmigkeit die Süße; ist die Liebe eine Pflanze, so ist die Frömmigkeit die Blume; ist die Liebe ein köstlicher Edelstein, so ist die Frömmigkeit der Feuerglanz; ist die Liebe ein Balsam, so ist die Frömmigkeit sein Wohlgeruch, und zwar ein köstlicher Duft, der Menschen kräftigt und Engel erfreut."

Johanna Rodriguez.

Johanna wurde im Jahre 1564 zu Burgos in Altcastilien von sehr frommen und reichen Aeltern geboren; ein ernstes aber dabei liebliches Kind mit blauen Augen. Dasselbe war zwei Jahre alt geworden, als die heilige Theresia, unter vielen Liebkosungen es auf die Arme nehmend, zu den erfreuten Aeltern sprach: „Habet Acht auf diese Kleine! Ich sage euch, daß ihr glücklich zu schätzen seid, von Gott mit einer Tochter begnadigt zu sein, durch die Er viele Wunder thun wird." Im vierten Lebensjahre begann Johanna bereits eine ernste Richtung des Gemüthes kund zu geben und zwar dadurch, daß sie allen kindischen Spielen sich entzog und die Einsamkeit suchte. Die Aeltern hatten eine Hauskapelle, wo auf einem Throne ein überaus schönes Jesuskind saß; dieses hatte ihr zartes Herz gewonnen; zu ihm sprach sie knieend in Einfalt und Vertraulichkeit, und vernahm alsdann Antworten, die ihrer kindlich-reinen Liebe entsprachen. Sie redeten mit einander so freundlich, wie Zwei, die sich herzlich lieben, und dem Kinde schien etwas zu fehlen, wenn es die Nähe des geliebten Gegenstandes vermißte. Als Johanna einst zu befreundeten Nonnen bei den Clarissen geführt worden, hatte das Klosterleben ihre ganze Aufmerksamkeit auf sich gezogen, und heimgekehrt fing sie an, dasselbe kindlich nachzuahmen. Sie kehrte eine große Bank zu unterst zu oberst, nachdem sie dieselbe vor das Jesuskind gestellt hatte, und setzte sich dann hin und sagte: „Dieß ist mein Kloster, darin muß ich verbleiben; denn die Klosterfrauen gehen nicht aus." Dann nahm sie Kissen, Stühle und Leuchter, und stellte sie umher; das Kissen nannte sie Abtissin, die Stühle und Leuchter Schwestern, und handelte mit solcher

Liebe und Ehrerbietung, als wäre die Abtissin mit ihren Kloster=
frauen wirklich gegenwärtig. Johanna ward schon im frühesten
Kindesalter außerordentlicher Erscheinungen gewürdigt. Der hei=
lige Franziskus fand sich zuerst ein. Als sie nämlich eines Ta=
ges in ihrer Bank saß, stand neben ihr ein Franziskaner von
mittelmäßiger Größe, mit fröhlichen Augen und lieblichem Ange=
sichte. Sie sprach zu ihm: „Ehrwürdiger Vater, wer hat Euch
herauf in dieses Zimmer gewiesen? Hat es Euch vielleicht mein
Vater gesagt, daß ich hier sei?" Der Erschienene erwiederte:
„Ja, meine Tochter, dein himmlischer Vater hat mir gesagt, daß
ich dich besuchen soll. Sage mir, was machst du?" Das Kind
antwortete: „Ich bin in diesem Kloster und will die Vesper
beten, wie die Nonnen thun, kann aber nicht lesen." Da erbietet
sich der Heilige, ihr Lehrmeister zu sein. Sie fragt ihn um
seinen Namen, und er kommt nun lange Zeit täglich zur näm=
lichen Stunde zu ihr und sie betet mit so großer Andacht, daß
sie das Breviergebet bald von ihm erlernt. Sofort finden auch
andere Heiligen sich ein; bald auch die heilige Jungfrau und zu=
letzt der Herr selbst, der sie anredet:

„Tochter, was machst du hier?"

Das Kind: „Ich bete mit dem heil. Franziskus."

Der Herr: „Das ist gut, mein Kind; aber sage mir, ob
du mich lieb hast?"

Das Kind: „Herr, ich weiß nicht, was Lieben ist; sollte ich
aber Etwas lieb haben, so wäre es Jesus Christus, nämlich das
holde Kindlein, so mein Vater in seiner Kapelle hat."

Der Herr: „Dieser bin Ich. Ich bin's, den das Bild
vorstellt, und du sollst es allein lieben, weil es mich bedeutet."
Er gibt dann dem Kinde Seine Mutter zur Mutter und Hüte=
rin, und befiehlt ihm, dieser in Allem zu gehorchen. Johanna
thut, wie ihr geboten worden, und nun folgt bald ihre Verlobung
mit Jesus. Während sie einst in ihrer Kapelle andächtig betet,
erscheint ihr die heilige Jungfrau mit dem Jesukinde, umgeben
von vielen Heiligen, daß die Hauskapelle vor Glanz und Glorie
gleichsam zum Himmel wird; und da sie entzückt erscheint wegen
der Schönheit, die sie wahrnimmt, wird sie gefragt: Ob sie ver=

spreche, des Sohnes Braut zu werden? Sie antwortet: „Er ist gar lieblich und schön und voll von Majestät; ich aber habe nichts und bin nichts werth. Dieses holde Kindlein will mich nicht lieben." Es wird ihr entgegnet: „Ja, es will dich lieben, wofern du willst." Sie erwiedert: „Nun wohl, wenn dem so ist, Mutter, so will ich dasselbe auch lieben." Jetzt streckt das schöne Kindlein die Arme aus und gibt ihr zum Zeichen der Verlobung die Hand, und die Mutter steckt ihr an den Herzfinger einen köstlichen Ring. Sie erhält noch den Segen und die Handlung ist vollbracht, und von nun an lebt sie in beständiger Gegenwart des Geliebten, und nimmt schnell zu in allen Gnaden und Tugenden.

Als einst ihre Aeltern mit ihr in den Garten des Arztes Antonio de Aguilar gingen, und Johanna in den Beeten Blumen sammelte, sah sie plötzlich neben sich ein schönes Knäblein, welches sprach: „Kleine, gib mir Etwas von den Blumen." Sie erwiedert: „Was für Blumen willst du haben? Warum pflückst du sie dir nicht lieber selbst?" Das Kind sah sie lächelnd an und forderte immer wieder Blumen. Sie wußte nicht, mit wem sie redete, wie die Jünger, welche nach Emaus gingen, und sagte: „Schönes Kindlein, was hast du Blumen nöthig? Mich dünkt, du seiest selber wie eine schöne Blume auf dem Felde. Doch wenn du von meinen Blumen haben willst, so nimm diese wenigen, die ich habe, und laß dich ein wenig gedulden; ich will hingehen, dir noch mehr zu sammeln." Da nun der Kleine mit Freude ihrer wartete, ging sie hin noch mehr zu holen; kam mit dem Gesammelten bald zurück, legte Alles in seinen Schooß und bedeckte es mit dem Saume seines Röckleins; sagend: „Gehe, jetzt wird Niemand sehen, daß du Blumen trägst, und so wird dich auch Niemand aufhalten. Sollte aber Jemand die Blumen merken, so sage: ich habe sie dir gegeben, dann werden sie eher mich als dich schmälen." Das Kind verschwand nun, erschien ihr aber bald wieder zur Winterszeit, dieselben Blumen in der Hand; und sie erkannte ihn nun und dankte ihm für seine Lieblichkeit. Aber nicht immer so blumig waren die Erscheinungen; er erschien ihr auch gar oft, ein schweres Kreuz mit Mühe tragend, und fragte sie, ob sie ihm helfen wolle, es zu schleppen. Da sie sich oft willig zeigte, legte er es ihr endlich auf, und sie ward nun voller Schmerzen und Weh, und fühlte, daß sie sich unter ihm nicht zu bewegen vermöge, wird aber bedeutet, daß sie fallend und wieder aufstehend dem Herrn folgen müsse. Das Alles hatte sich zugetragen, als sie sechs Jahre alt gewesen. — Als Johanna dreizehn Jahre alt war, wurde sie ihrer Abkunft und Schönheit und ihres Reichthums wegen von Vielen zur Braut gesucht, am meisten von Mathias Ortiz, der bei ihren Aeltern um sie anhielt, welche auch ihre Einwilligung gaben. Sie aber entsetzte sich wegen des Antrages und flehete zu ihren Aeltern, jedoch ohne Erfolg. Dann nahm sie flehend ihre Zuflucht zu ihrem Beichtvater, der ihr den Bescheid gab: alle ihre Erscheinungen könnten leere Täuschungen sein, nie aber könne das Gebot, den Aeltern zu gehorchen, sie irre führen. Darauf flehete sie in ihrem Kämmerlein vor dem Jesukinde, dem sie sich verlobt hatte, und erhielt zur Antwort: „Thue, was die Aeltern dir befehlen; höherer Schutz soll dir niemals fehlen." Johanna mußte so geschehen lassen, was sie nicht verhindern konnte, und wurde die Gattin des Ortiz, von welchem sie seines Jähzorns wegen Vieles zu leiden hatte. Allein ihre Geduld und Sanftmuth überwand Alles, und sie blieb stets die ergebene Magd des Herrn.

L. L., erkennet und bewundert die zärtliche Gottesfurcht und Liebe, die Johanna vom frühesten Alter an bewies. Ahmet diese Gottesliebe nach; denn die Liebe zu Gott ist das erste und größte Gebot. Der Apostel sagt: „Nun aber bleiben Glaube, Hoffnung, Liebe, diese drei; aber die größte unter ihnen ist die Liebe." 1. Cor. 13, 13. Die Liebe ist das Band der Vollkommenheit (Col. 3, 14), das königliche Gebot (Jac. 2, 8), die Erfüllung des Gesetzes (Röm. 13, 10). Gott müsset ihr lieben als euern Schöpfer und Erhalter, als euern Erlöser und Heiligmacher, als euern größten Wohlthäter, als das höchste und vollkommenste Wesen, als das liebenswürdigste Gut. Der heil. Johannes schreibt: „Wer Gott nicht liebt, kennt Ihn nicht; denn Gott ist die Liebe." Euere Liebe zu Gott offenbare sich stets durch treue Erfüllung Seines Willens. Der Heiland sagt: „Wenn ihr Mich liebet, so haltet meine Gebote." Joh. 14, 15. Euere Liebe zu Gott beweise sich, wenn ihr zur Sünde gereizt werdet, wie es der Fall war bei Joseph, Susanna, der machabäischen Mutter und ihren Söhnen. Euere Liebe zu Gott zeige sich, wenn ihr etwas Widriges zu leiden habt; sprechet dann mit dem Apostel: „Wer wird uns scheiden von der Liebe Christi? Trübsal? oder Angst? oder Hunger? oder Blöße? oder Gefahr? oder Verfolgung? oder Schwert? ... Nichts ist im Stande uns zu scheiden von der Liebe Gottes, welche ist in Christo Jesu, userm Herrn." Röm. 8, 35 u. 39.

Rosa von Lima.

Rosa wurde zu Lima in der Hauptstadt des Landes Peru in Süd-Amerika im Jahre 1586 geboren. Nicht ohne besondere wunderbare Veranlassung wurde sie Rosa genannt; denn eigentlich hieß sie Isabella. Als sie nämlich, drei Monate alt, in der Wiege lag, erblickte die Mutter einmal das Angesicht des Töchterleins ganz in der Gestalt einer schönen rothen Rose. Da küßte die Mutter liebreich das Kind auf das rosenlichte Angesicht und sprach: „Von nun an sollst du nicht mehr Isabella, sondern Rosa heißen, weil es scheint, daß Gott dir diesen Namen vom Himmel herab gegeben hat." Als das zarte Kind in die erste Blüthe des eigenen Nachdenkens getreten war und gehört hatte, daß ihr der Name Rosa nicht in der heiligen Taufe, sondern in der Wiege gegeben worden, betrübte sie sich sehr darüber, zumal da es schien, daß dieser Name an ihre schöne Gestalt erinnere. Deßwegen knieete sie in der Kirche hin vor ein Marienbild und trug der Mutter Gottes ihr Anliegen vor und bat sie gar lieb und kindlich, sie möchte doch nicht leiden, daß man ihr aus lauter Eitelkeit ihren Taufnamen genommen habe. Doch ihr ward bedeutet, daß der Name Rosa dem Freunde ihrer Seele, der unter den Rosen weidet, schon recht sei; damit sie aber ermuntert werde, allzeit unter den Schutz und Schirm Seiner heiligen Mutter zu fliehen, solle sie sich fortan Rosa St. Maria nennen. Von da an fühlte sie sich ihrem Jesus zu einer blühenden Rose geweiht. Sie war in ihrer Gemüthsart ruhig, lieblich, anmuthig; niemals weinte sie als nur Einmal, als man sie in eine fremde Wohnung getragen. Schon als Kind hatte Rosa eine eigene Lust, Schmerzen zu leiden. Sie war etwa drei Jahre alt, da der Deckel einer geschlossenen Kiste ihr auf die Händchen fiel und den rechten Daumen ihr jämmerlich zerquetschte. Kinder pflegen in einem solchen Falle heulend und schreiend zur Mutter zu laufen, das geduldige Röslein aber versteckte eher vor der herbeieilenden Mutter das verletzte Händchen, und ließ sich dann vom Wundarzte getrost den zerquetschten Nagel aus der Wurzel ziehen, so daß sich dieser nicht wenig über das liebe Kind verwunderte. Als sie vier Jahre alt war, hatte die Mutter mit schädlichen Mitteln einen Schaden an ihrem Ohre heilen wollen; darüber hatten eiternde Fisteln sich gebildet. Sie blieb zweiundvierzig Tage unter der Hand des Wundarztes, und obgleich die heftigsten Schmerzen ihren Körper Tag und Nacht erschütterten, kam dennoch keine Klage aus ihrem Munde. Im fünften Jahre aber fing sie bereits an, selbstthätig ihrem Seelenbräutigam Opfer der Liebe zu bringen. So schnitt sie sich heimlich ihr schönes Haar ab, weil ihr der Bruder gesagt hatte: es könnte einst den Jünglingen zu Fallstricken des Teufels werden. Ueberhaupt war ihr Herz vom zartesten Alter an der Eitelkeit abgewendet, obgleich die Mutter thöricht genug war, sie an Kleiderpracht und Ueppigkeit gewöhnen zu wollen. Dagegen liebte sie die Einsamkeit und zog frühe schon den Thau des Segens an sich, welchen Gott an das einsame Leben geknüpft hat. Unter den schattigen Maßholderbäumen, die an der Gartenmauer standen, hatte sich Rosa mit Hilfe ihres Bruders Ferdinand ein kleines Sommerhaus errichtet und darin ein Altärchen mit Crucifix und Heiligenbildern gar sinnreich zubereitet. In dieses kleine stille Bethaus begab sie sich, sobald sie des Morgens aufgestanden war, dann Mittags nach dem Essen, und endlich Abends vor dem Schlafengehen. Hier feierte sie die glücklichsten Stunden ihrer unschuldigen Kindheit, und es kam allmälig im Hause das Sprichwort auf: „Willst du Röslein suchen, suche sie im Garten."

Im Uebergange aus der Kindheit in das jungfräuliche Alter ereignete es sich, daß einmal im Kreise der Familie das Leben der heiligen Katharina von Siena gelesen wurde. Jedes Wort traf das empfindsame Herz der Rosa wie ein himmlischer Lichtstrahl, und sie entbrannte in Liebe zu Christus und in dem Eifer, gleich der heiligen Katharina sich mit Ihm innigst zu vermählen. Sofort gelobte sie Ihm als ihrem Bräutigam ewige Keuschheit, fing an sich in strengem Fasten zu üben, des Nachts auf bloßen Brettern zu liegen, und was sonst die Heiligen für Bußübungen lieben, um das widerstrebende Fleisch dem Willen des Geistes unterthan zu machen. Die Mutter, ungerne diese Strenge bemerkend, nöthigte sie einigermaßen zu Speise und Trank, auch bei ihr selbst im weichen Federbette zu liegen. Da machte sie ihr Bußeifer erfinderisch, und es wurde der Mutter so mancher fromme Betrug gespielt, daß diese endlich, obgleich ungerne, in eine außerordentliche Lebensweise einwilligte und nur dann einschritt, wenn Rosa ihr über alle Grenzen hinauszugehen schien.

Bei dem Ernste, mit welchem Rosa den dornenvollen Weg der Tugend zu gehen entschlossen war, wundert es uns nicht, daß sie in den Wunsch ihrer Mutter, sich zu verehelichen, nicht einwilligte. Ihr einziges Bedürfniß war, zu sorgen, was Gottes ist; ihr liebster Wunsch, aus Liebe zu Gott ganz einsam leben zu können. Wie groß war darum ihre Freude, als ihr von Seiten der Mutter erlaubt war, sich im Garten eine Einsiedelei anzulegen und der Welt den Abschied zu geben. (Sie war damals sechszehn Jahre alt.) Sogleich fing sie an, Holz und Bretter zusammen zu tragen, und schnell war ein Hüttchen fertig: fünf Schuhe lang und vier breit. Man tadelte sie, daß sie die Hütte so gar enge gemacht, sie aber erwiederte munter: „Es ist für mich und meinen Seelenbräutigam genug, die wir gar nahe beisammen sitzen." In dieser Einsamkeit widmete sie dem Gebete täglich zwölf und der Arbeit zehn Stunden, zu schlafen hatte sie wenig Bedürfniß. Ihre Speise war trockenes Brod, das sie zur Hälfte den Armen gab. Hunger und Durst, Frost und Hitze, Wachen und Beten war ihre Wonne, Bußgürtel und Geißel ihr Reichthum, eine Dornenkrone um die Schläfe ihr Stolz, ein Scherbenlager ihr süßes Brautbett. Wurde sie mit Schmerzen und Krankheiten heimgesucht, so war ihr gewöhnlicher Seufzer: „Herr, vermehre mir die Schmerzen, so du nur auch die Liebe vermehrest. Während Rosa die Einsiedelei im Garten ihrer Aeltern bewohnte, zog sie die Blumen und Kräuter und Bäume rings umher in den Kreis ihres heiligen Lebens. Sobald der Morgen graute, sprach sie: „Ihr Bäume und Gesträuche, ihr Blumen und Kräuter, betet mit mir an euern Schöpfer und lobet Ihn, weil Er euch das Wesen gegeben hat." Da bewegten sich die Aeste, als wären sie aus dem Traume geweckt; die grünen Zweiglein neigten sich gegen einander; in den Blättern säuselte lieblicher der Wind, und die Blumen und Kräuter dufteten den herrlichsten Geruch aus. Sie hatte drei Rosmarinpflanzen in ihrem Garten in Kreuzesform angebracht, die fröhlich bei ihr gediehen. Eine derselben wurde auf Bitten der Vicekönigin in den Hofgarten verpflanzt, und diese verwelkte und starb ab. In Rosa's Garten zurückversetzt, grünte sie schöner auf als zuvor. Fünf Jahre lang hatte sie in der engen Hütte ihrem Gotte gedient, als sie am St. Laurentius-Tage das Ordenskleid des heil. Dominikus nahm, in einem Alter von einundzwanzig Jahren. Wenn man sie von sich selbst sprechen hörte, so war sie nichts als eine arme Sünderin, die nicht verdiente, die Luft des Lebens einzuathmen, das Tageslicht zu schauen und die Erde zu betreten. Daher jener Eifer und jene Innigkeit des Gebetes, womit sie beständig die Barmherzigkeit Gottes pries. Sprach sie von Gott, so war sie wie außer sich; das Feuer, welches in ihrem Herzen brannte, strahlte von ihrem Angesichte. Das ward besonders an ihr bemerkt, wenn sie vor dem heiligsten Altarssakramente in Anbetung niederknieete, und das hohe Glück hatte, die Communion zu empfangen. Eine so inbrünstige und anhaltende Andacht, verbunden mit ihrer großen Abtödtung und Selbstverläugnung, zogen ihr besondere Gnaden vom Himmel zu. Schon in frühester Jugend war ihr die herrliche Gabe des Gebetes zu Theil geworden, so daß sie bereits in ihrem zwölften Jahre die höchste Stufe in den heiligen Uebungen desselben erreicht hatte. Es schien gleichgültig, ob sie schlief oder ob sie wachte; stets waren die Augen ihres Gemüthes auf Gott gerichtet. Wenn sie nähete, webte und strickte; wenn sie mit Andern redete, aß, wandelte; in der Kirche, im Garten, zu Hause, auf der Straße, überall und allzeit war sie in der Gegenwart der Majestät, der die Engel dienen. Und während diese göttliche Nähe alle ihre innern Kräfte und Vermögen in Anspruch nahm, blieben die äußern Sinne völlig frei und ungebunden, so daß, indem sie im Innern mit Gott redete, nichts Aeußeres sie hinderte, in der Haushaltung das Nothwendige zu besorgen. Oft sah man sie in der Kirche nahe am Hochaltar stundenlang unbeweglich beharren, die Augen stets auf den Altar gerichtet, keinen an ihr Vorbeigehenden gewahrend und kein auch noch so plötzliches Geräusch vernehmend. Sie schien unbeweglich wie ein Fels; denn in welcher Stellung sie sich Anfangs in's Gebet begeben, so fand man sie nach Stunden, nach einem ganzen Tage, und oft länger unverändert wieder. So blieb sie in der Kirche, wohin sie zum vierzigstündigen Gebete gegangen, wie versteinert vom Morgen bis zum Abende, ohne Etwas zu sich zu nehmen. So pflegte sie sich in ihrem häuslichen Betzimmer von Freitag Morgens bis zum Samstage, und oft bis zum Sonntage einzuschließen, und bat dann inständig, sie diese Zeit hindurch ungestört zu lassen, was auch vorfallen möge. Als man sie um die Ursache fragte, gestand sie aufrichtig, sie könne in dieser ganzen Zeit, wie unbeweglich geworden, nicht aufstehen, um etwa die Thüre zu öffnen, wenn Jemand klopfe. Ihre einzige Freude und Wonne war es, im Gebete und in der Betrachtung Gottes Gnaden und Wohlthaten mit Dankbarkeit zu erwiedern und Seine unendlichen Vollkommenheiten anbetend zu verehren. Sie ermüdete dabei nicht, auch Andern die Nützlichkeit des Gebetes zu empfehlen, sie zur kindlichen Andacht zu ermuntern und dadurch geistig zu kräftigen.

Rosa von Lima erwählte sich nach dem Vorbilde vieler gottseligen Jungfrauen sehr frühe den lieben Jesus zu ihrem Bräutigam und gelobte Ihm beständige Keuschheit; sie legte das Gelübde ab, unverehelicht zu bleiben, um einzig und allein dem Herrn zu dienen. Jesus sprach einst: „Es gibt Menschen, die sich die Ehe versagen, um des Himmelreiches willen," und Er setzt dann hinzu: „Wer es fassen kann, der fasse es." Math. 19, 12. Und in den Briefen des heiligen Paulus lesen wir: „Die Jungfrau ist bedacht auf das, was des Herrn ist, daß sie heilig sei dem Leibe und der Seele nach; die Verheirathete aber ist bedacht auf das, was der Welt ist. Wer seine Jungfrau verheirathet, thut wohl; wer sie aber nicht verheirathet, thut besser." 1. Cor. 7, 34 u. 38. Der ledige Stand ist aber nicht nur nach der Lehre Jesu und Seines Apostels, sondern auch nach der beständigen Lehre der Kirche dem Ehestande vorzuziehen, jedoch nur Jenen anzurathen, welche die heilige Absicht haben, dem Herrn ganz und ungetheilt zu dienen, und unermüdet an der eigenen Vervollkommnung und am Seelenheile des Nächsten zu arbeiten. Solche, die aus freiem Entschlusse im jungfräulichen Stande bleiben, lobt Jesus, vergleicht sie den Engeln im Himmel (Matth. 22, 30) und sichert ihnen einen besondern Preis zu. Luc. 20, 35 u. 36. In der geh. Offenb. heißt es: „Die Jungfrauen folgen dem Lamme, wohin es geht. Diese sind Gott und dem Lamme als Erstlinge von den Menschen erkauft, und vor dem Throne singen sie ein neues Lied, das sonst Niemand singen kann." Cap. 14, 3 u. 4. Es ist also, l. L., etwas Großes und Heiliges um die ewige Keuschheit, durch die man Leib und Geist in beständiger Reinheit dem Dienste des Herrn hingibt; es ist Sache eines lebendigen Glaubens und einer ungewöhnlichen Tugend, das ganze Leben ein unbefleckter Tempel und eine reine Wohnung Gottes zu sein. Wollet es aber wohl merken, daß diese beständige Keuschheit keineswegs ein Gebot, sondern nur ein Rath des Evangeliums ist; denn der Heiland sagt ausdrücklich: „Dieses Wort fassen nicht Alle, sondern die, denen es gegeben ist." Und wiederum: „Wer es fassen kann, der fasse es." Matth. 19, 11 u. 12. Zu diesen Worten bemerkt der heilige Hieronymus: „Wer kämpfen kann, der kämpfe, überwinde und triumphire. Das kann, wem es gegeben ist; gegeben wird es aber Allen, die es begehren, die da wollen und sich Mühe anthun, es zu empfangen." Zum Schlusse eine Stelle aus den Schriften des heil. Chrillus über den Vorzug und die hohe Würde der beständigen Keuschheit: „Christus, von der Jungfrau geboren, werde angebetet, und die Jungfrauen mögen erkennen die Krone ihres Standes, die Herrlichkeit ihrer Würde! Erkenne den Stand derer, die ein eheloses Leben führen, und die Glorie der Jungfrauschaft! Alle sollen den Weg der Keuschheit um Gottes willen wandeln, Jünglinge und

Jungfrauen, Alte und Junge; Alle sollen Enthaltsamkeit üben und des Herrn Namen preisen. Erkenne die Glorie der Keuschheit; denn ihre Krone ist englisch, und diese Vollkommenheit gleichsam übermenschlich; beflecke nicht deinen Leib, der leuchten soll wie die Sonne. Denn kurz ist die Sünde, aber es geht aus ihr eine lange Reue hervor. Die Engel wandeln auf Erden umher und bewirken Reinigkeit. Die Jungfrauen werden ihren Theil haben mit Maria, der Jungfrau ... Aufgezeichnet ist all' dein Gebet und Lob Gottes: aufgezeichnet all' dein Almosen und Fasten; aufgezeichnet die Ehe, die heilig gehalten wird; aufgezeichnet die Enthaltsamkeit, die man aus Liebe zu Gott beobachtet. Eine außerordentliche Krone aber erlangt in der Schrift die Jungfrauschaft und Keuschheit, wegen derer du leuchten wirst wie ein Engel."

Armella Nicolas.

Armella ward am 19. September 1606 in Bretagne, einer französischen Provinz, geboren. Ihre Aeltern waren fromme Landleute und lebten von Feldbau und Viehzucht. An Armella, die unter mehrern Geschwistern die älteste war, bemerkte man von Kindheit auf eine besondere Neigung zum Stillschweigen und zur Einsamkeit. Schon als kleines Kind mußte sie die Schafe und anderes Vieh auf dem Felde hüten, was ihr recht lieb war, weil sie dort allein war und mehr Zeit hatte, dem Gebete obzuliegen. Oft verkroch sie sich hinter einen Zaun, und brachte da den größten Theil des Tages in vertraulichem Umgange mit Gott zu; und der Herr fing schon damals an, sie durch innern Frieden und innige Freude, die Er ihr beim Gebete mittheilte, an Sich zu ziehen. Sie konnte weder lesen noch schreiben, und doch verstand sie die Kunst des Gebetes weit besser, als die gelehrtesten Menschen. Zuweilen sprach sie: „O mein Gott, Du mußt doch recht liebenswürdig in Dir sein, weil ich von Liebe gegen Dich so sehr brenne, obgleich ich Dich noch nicht kenne, und nicht weiß, wer oder was Du bist." Als sie einst am Charfreitage vom Leiden Christi predigen hörte, wurde sie von der Liebe zum göttlichen Heilande so entzündet, daß sie besorgte, es möchte ihr das Herz im Leibe zerspringen. Sie ging sogleich nach Hause, warf sich da vor einem Crucifix auf die Erde nieder und rief mit lauter Stimme: "O mein Herr und mein Gott, sieh', der Tag ist gekommen, daß ich ganz Dein sein muß. Reinige und wasche mich in Deinem Blute! Salbe mein Herz mit dem Oele Deiner Barmherzigkeit! Durchbohre mich mit den Pfeilen Deiner heiligen Liebe! Nimm mich auf in die Zahl Deiner Schülerinnen! Zeige Dich mir, und vereinige mich mit Dir!" Und zur selben Stunde ließ Gott im Grunde ihres Herzens einen Strahl Seines himmlischen Lichtes leuchten, und gab ihr zu erkennen, daß Er ihr Herz völlig in Besitz genommen habe. Von der Zeit an liebte Armella Gott allein und von ganzem Herzen, und nannte diesen Charfreitag den Tag ihrer Bekehrung. Sie blieb stets eine reine Jungfrau, und trat frühzeitig bei Andern in Dienst. Alle ihre Arbeiten und Hausgeschäfte verrichtete sie aus Liebe zu Gott, und hatte dabei keine andere Absicht, als Ihm zu gefallen. Sobald sie des Morgens erwachte, knieete sie nieder und verrichtete ihr Gebet. Sie redete mit Gott wie ein Kind mit seinem Vater, und so vertraulich, als wenn sie Ihn mit leiblichen Augen sähe. Sie betete: "Mein Gott und Alles, Du bist mein, und ich bin Dein. Dir übergebe ich mich ganz und gar. Was Du willst, das will ich auch. Bewahre mich den Tag über auch vor der kleinsten Sünde!" Wenn sie an Werktagen eine heilige Messe hören konnte, so that sie es mit der größten Andacht; konnte sie aber nicht, dann wohnte sie derselben doch im Geiste bei und opferte sich Gott auf. Bei ihrer Arbeit wandelte sie stets in der Gegenwart Gottes; sie arbeitete mit Gott und Gott arbeitete mit ihr, und es war ihr oft, als wenn sie in der Tiefe ihres Herzens eine Stimme hörte und Gott zu ihr sagte: "Siehe zu, gib Acht, wie Ich es mache, so mache du es auch!" Der fortwährende Gedanke an Gott gab ihr so viel Kraft und Stärke, daß sie meinte, sie könnte die ganze Hausarbeit wohl allein verrichten. Sie wählte sich allzeit jene Arbeit, welche andere Mägde von sich schoben, und that sie mit besonderer Freude. Sie vollzog auch Alles in der schönsten Ordnung und ohne die geringste Uebereilung, und war nie müßig. Wenn sie Morgens frühe mit einem Feuerfünklein ein großes Feuer machte, sprach sie bei sich selbst: "Ach, mein

Gott, wenn die Menschen Dir kein Hinderniß in den Weg legten, wie bald würdest Du ein gleiches Feuer in ihren Herzen anzünden!" Wenn sie das Fleisch der geschlachteten Thiere kochte und zum Essen zubereitete, da war es ihr, als wenn sie die Stimme des göttlichen Bräutigams hörte, der zu ihr sagte: "Siehe, aus Liebe zu dir habe Ich den Tod leiden und eine Speise deiner Seele werden wollen." Wenn sie Speise und Trank zu sich nahm, so war ihr, als wenn Christus Selbst ihr Speise und Trank darreichte. Sie sah in allen Dingen, auch in den geringfügigsten Geschäften ihren Schöpfer und Erlöser und rief laut auf: "Ach, meine Liebe und mein Alles, wenn kein einziger Mensch auf dieser Welt mir sagen könnte, daß man Dich lieben müsse, so würden die unvernünftigen Thiere und die leblosen Geschöpfe es mir genug sagen." Wenn sie ein Hündlein betrachtete und sah, wie es seinem Herrn so treu ist, nie von seiner Seite geht, ihm überall auf dem Fuße nachfolgt, ihm um einen Bissen Brod tausend Liebkosungen macht, dann sagte sie: "Lieber Gott! ich will es auch so machen, will Dir treu sein, will nie von Deiner Seite gehen; denn Du überhäufst mich täglich mit neuen Wohlthaten." Sah sie auf dem Felde die kleinen Lämmer, die so sanftmüthig und friedfertig sind, die sich scheeren und plagen lassen, ohne ihren Mund zu öffnen, so dachte sie gleich an Jesus, der auch sanftmüthig und friedfertig war, der Sich zur Schlachtbank und zum Tode hinführen ließ, ohne den Mund aufzuthun. Erblickte sie die kleinen Hühnlein, wie sie unter die Flügel der Bruthenne, ihrer Mutter, hinflohen, so fiel ihr allemal ein, daß Jesus mit einer Henne Sich verglichen habe, und dann sagte sie: "Ich will mich unter die Flügel Seiner Liebe verbergen, will mich damit recht zudecken, um den Klauen des Feindes zu entgehen." Wenn sie die blumigen Auen und Wiesen betrachtete, so sagte sie zu sich selbst: "Jesus, mein Bräutigam ist auch eine Blume, eine Lilie im Thale, eine Rose ohne Dornen, und doch hat Er Sich aus Liebe zu mir mit Dörnern krönen lassen. O möchte Er meine Seele zu Seinem Lustgarten machen! Möchte Er diesen Lustgarten so wohl verschließen und versiegeln, daß Niemand als Er allein hineinkommen könnte!" Wenn sie die Bäume betrachtete, wie sie sich nach allen Bewegungen des Windes beugen und lenken lassen, dann sprach sie: „O mein Gott, warum lasse ich mich nicht auch so willig durch die Bewegung und den Antrieb des heiligen Geistes biegen und lenken?" Betrachtete sie, wie man das Feld anbaute, so kam es ihr vor, als sehe sie den lieben Heiland, wie Er Sich so viele Mühe habe kosten lassen, um unsere Seelen anzubauen und den Samen Seiner göttlichen Lehre und Liebe darein zu säen, und doch so wenig gutes Erdreich gefunden habe. Mit einem Worte: Es war kein Geschöpf auf der Welt, das ihr nicht als eine Leiter diente, zu Gott ihrem Schöpfer hinaufzusteigen. Darum sprach sie häufig zu Ihm: „O meine Liebe, wie sehr weißt Du meine Unwissenheit zu ersetzen! Ich bin eine arme Dienstmagd, und kann weder lesen noch schreiben; aber in Deinen Geschöpfen legst Du mir so große Buchstaben vor, daß ich sie nur ansehen darf, um zu lernen, wie liebenswürdig Du bist." Wurde sie an einem Sonn= oder Feiertage zu einem Spaziergang oder sonst zu einer Ergötzung eingeladen, so dankte sie recht höflich für die Einladung, begab sich in ihr Bet=Kämmerlein und sprach: „O meine Liebe, wo könnte ich außer Dir eine Freude haben? Du bist mein Spaziergang, mein Lustgarten, mein Gesellschafter; bei Dir finde ich Alles, was ich brauche, und ich sollte anderswo eine Freude suchen? O, das lasse ich wohl bleiben!"

Gegen die Hausfrau bewies Armella die größte Ehrfurcht und gehorchte ihr auf den ersten Blick. Sie klagte nie über zu viele Arbeit, obgleich sie den ganzen Tag die Hände voll zu thun hatte. Auch das kleinste Geschäft verrichtete sie mit der pünktlichsten Genauigkeit. Sie ging nie aus dem Hause, nicht einmal in die Kirche, ohne Erlaubniß zu nehmen und anzufragen, wann sie wieder heimkommen sollte. Und wenn die bestimmte Zeit verflossen war, ließ sie sich keinen Augenblick mehr aufhalten; sie unterbrach alsdann sogar ihre Andachtsübungen und kam eher zu frühe als zu spät nach Hause. Sie war allzeit fröhlich und munter, und dabei stets sittsam und holdselig. Gott offenbarte Sich durch all' ihre Geberden und Bewegungen. Viele Leute sagten: „Wer es nicht glauben will, daß ein Gott sei, der darf nur

Armella ansehen, und er wird gewiß von dieser Wahrheit überzeugt werden und ausrufen: Hier ist der Finger Gottes! In ihrer jungfräulichen Sittsamkeit lag nichts Verstelltes und Gezwungenes, sondern sie war ihr gleichsam angeboren und ein Beweis, daß der heilige Geist in ihr wohne. So war und blieb Armella ihr Lebenlang. Die Leute nannten sie insgemein die gute Armella, und wegen der unbeschreiblichen Gnade, die Gott ihr ertheilte, die Tochter der Liebe.

Der Armella war von Gott das Loos beschieden, frühe das älterliche Haus zu verlassen und bei Andern in Dienst zu treten. Ihr habt gehört, l. L., wie sie stets beflissen war, Gott und ihrer Herrschaft treu zu dienen, wie sie all' ihre Arbeiten und Wirken auf den Herrn bezog und durch das Gebet heiligte, mehr auf den Lohn des Himmels sehend als auf irdische Belohnung und Vergeltung. Ihr habt gehört, wie sie sich durch ihre erleuchtete Frömmigkeit, durch ihre stille Bescheidenheit und Sittsamkeit die Liebe Gottes und der Menschen in hohem Grade erwarb, und wie man sie insgemein die gute Armella, die Tochter der Liebe, nannte. Sollet auch ihr, m. L., einmal nach Gottes Fügung bei Andern in Dienst treten, so ahmet das Beispiel der frommen Armella nach und bedenket, daß Jesus Christus selbst gekommen ist, nicht um sich bedienen zu lassen, sondern um zu bienen und sein Leben hinzugeben für die Sünden der Welt. Seid treu gegen eure Herrschaften, beweiset ihnen Ehrfurcht und Liebe, seid ihnen gehorsam; verrichtet eure Arbeit mit bereitwilligem Herzen und stetem Aufblicke zu Gott. Befleißiget euch der Eingezogenheit, der Sittsamkeit und Gottesfurcht. „Gehorchet den leiblichen Herren mit Furcht und Zittern, in der Einfalt eures Herzens, gleichwie Christo: nicht als Augendiener, um Menschen zu gefallen, sondern als Diener Christi, die den Willen Gottes thun von Herzen, und mit gutem Willen dienen gleichsam dem Herrn und nicht den Menschen: weil ihr wisset, daß Jeder, was er Gutes thut, vom Herrn zurückempfängt, sei er Knecht oder Freier." Ephes. 6, 5—8. „Ihr Knechte, seid unterthan mit aller Ehrfurcht den Herren, nicht allein den gütigen und gelinden, sondern auch den schlimmen; denn das ist Gnade, wenn Jemand aus

Gewissenhaftigkeit um Gottes willen Widerwärtigkeiten erträgt und mit Unrecht leidet." 1. Petr. 2, 18 u. 19. Dienet euern irdischen Herrschaften wie Christo und ihr werdet außer dem zeitlichen Lohne von Ihm, euerm himmlischen Vater, noch einen andern Lohn, die im Reiche Gottes euch hinterlegte Erbschaft empfangen. Denn bei Gott ist kein Ansehen der Person. Hier finden die Worte des heiligen Petrus Anwendung: "Ich erkenne in Wahrheit, daß Gott die Person nicht ansieht, sondern Jeder, der Ihn fürchtet und recht handelt, ist Ihm angenehm." Apostg. 10, 34 u. 35. Und der Apostel Paulus schreibt: "Wie Viele aus euch auf Christus getauft sind, die haben Christum angezogen. Hier ist kein Knecht noch Freier; hier ist kein Mann noch Weib; denn ihr Alle seid Eins in Christo Jesu." Gal. 3, 27 u. 28. Gottesfürchtige Dienstboten sind übrigens auch ein Segen für das ganze Haus. Seraphia war z. B. Ursache, daß ihre heidnische Herrin Sabina sich taufen ließ und unter der Regierung des Kaisers Hadrian zugleich mit ihr des Martertodes starb. Julia, zu Anfang des fünften Jahrhunderts von vornehmen Aeltern zu Karthago geboren, wurde in einer Christenverfolgung als Sclavin verkauft und nach Syrien geführt. In ihrer traurigen Lage diente sie mit einer Freudigkeit und Treue, daß ihre heidnische Herrschaft oft erklärte, lieber Hab und Gut zu verlieren als die treue und fromme Julia. Die Zeit, welche sie von der Arbeit erübrigen konnte, verwendete sie stets zum Gebete und zur Lesung geistlicher Bücher. Jesus und Sein bitteres Leiden war ihr so theuer, daß Sie allzeit Sein Bild auf ihrem reinen Herzen trug. L. L., es ist eine uralte christliche Sitte, das Bild des Gekreuzigten als die schönste Zierde am Halse oder auf der Brust, womit wir nur immer uns schmücken können, zu tragen. Dieses Bild sei euch stets ein theueres Andenken an Christus den Herrn und an seine unendliche Liebe, ein treuer Hüter und Wächter eurer Unschuld, ein Schutz und Schirm wider alle Versuchungen zur Hoffart und Eitelkeit. Präget jedoch dieß Bild nicht minder euerm Herzen tief ein, damit es immerdar auch vor den Augen eures Geistes schwebe und euch vor jeder Sünde bewahre.

VIII. Andenken und Nachruf einer Schulschwester an ihre scheidende Schülerin.

Ich will dir, liebe Schülerin! zum Abschiede und gleichsam als einen Wegweiser durchs Leben einige Rathschläge und Verhaltungsregeln geben. Lies sie oft und vergiß sie nie! Hänge dein Herz an kein vergänglich Ding. Die Mehrheit richtet sich nicht nach uns, wir müssen uns nach ihr richten. Was du sehen kannst, das sieh, und brauche deine Augen, und über das Unsichtbare und Ewige halte an Gottes Wort. Scheue Niemand so viel als dich selbst. Inwendig wohnt in uns der Richter, der nie trügt, und an dessen Stimme uns immer mehr gelegen ist, als an dem Beifall der ganzen Welt. Nimm es dir vor, meine Schülerin, nichts wider seine Stimme zu thun, und frage ihn um Rath. Er spricht anfangs nur leise, und stammelt, wie ein unschuldiges Kind, doch wenn du seine Unschuld ehrest, löset er seine Zunge und wird dir vernehmlicher sprechen. Habe Freude an der Religion, denn sie ist die schönste Tochter des Himmels! Nimm dich der Wahrheit an, wenn du kannst, und laß dich gern ihretwegen hassen. Doch wisse, daß deine Sache nicht Sache der Mehrheit ist, und hüte dich, daß sie nicht in einander fließen. Thue das Gute vor dich hin, und kümmere dich nicht, was daraus werden wird. Mache Niemanden graue Haare, doch wenn du Recht hast, hast du um die grauen Haare nicht zu sorgen. Hilf und gib gerne, wenn du hast und halte dich darum nicht für mehr, und wenn du nichts hast, so habe den Trunk kalten Wassers zur Hand und dünke dich darum nicht weniger. — Sage nicht immer, was du weißt, aber wisse immer, was du sagst. Nicht die frömmelnden, aber die frommen Menschen achte, und gehe ihnen nach. Ein Mensch, der wahre Gottesfurcht im Herzen hat, ist wie die Sonne, die da scheint und wärmt, wenn sie gleich nicht redet. Thue, was des Lohnes werth ist, und begehre keinen. Sinne täglich nach über Tod und ewiges Leben, ob du es finden möchtest, und habe einen freudigen Muth, und gehe nicht aus der Welt, ohne deine Liebe und Ehrfurcht für den Stifter des Christenthums durch irgend etwas öffentlich bezeugt zu haben.

O meine Schülerin, ich beschwöre dich, bleibe bei der Häuslichkeit, für die du erzogen wurdest, bleibe dieser Mutter aller Tugenden getreu! Habe Muth genug, deinem eigenen Herzen zu leben; nicht immer der Meinung Anderer, sondern deinem eigenen Gewissen zu folgen; deinen Werth nicht in Putz und schönen Kleidern, sondern in deinem Innern, in Unschuld und Tugend, in dem, was vor Gott und ewig gilt, zu suchen! — Laß einen sanften stillen Geist in dir wohnen! Heftigkeit und Ungeduld machen nur unglücklich bei allem äußerlichen Glücke. O senke tief in deine Seele die Worte der heil. Schrift: „Euer Schmuck sei der verborgene Mensch des Herzens, unverrückt mit stillem, sanften Geiste; das ist köstlich vor Gott." (1. Petri, 3, 3.) Mag deine Häuslichkeit für Mangel an Lebensart, deine Leutseligkeit und Sanftmuth für Schwäche und Unerfahrenheit, deine Herzenseinfalt vor der Welt für thörichte Einfalt gelten: dein innerer und verborgener Werth; dein milder und bescheidener Sinn ist köstlich vor Gott! O wie schön ist es, sagen zu können: Ich that, was in meinen Kräften stand; welch' eine Wonne gewährt dann der Gedanke an Gott! — Theuer, ewig theuer seien deinem Herzen die heiligen Lehren Jesu und alle Mittel der Gnade Gottes und des Heiles, die er in seiner Kirche niedergelegt hat! Sie waren bis zu dieser Stunde die Stütze aller Rechtschaffenheit und die reichste Quelle alles Trostes. — Wenn der Mensch seine Wünsche, mit denen er sich trägt, plötzlich oft zertrümmert sieht, wenn an die Stelle der Freude Traurigkeit kehrt, und seinen Augen Kummerthränen entsinken; wenn er die hilfreiche Hand sucht, wenigstens ein theilnehmendes Herz, einen tröstenden Blick und statt dieser Kälte Schadenfreude und Verachtung findet: o wie ruhig muß da seine Seele werden, wenn er den Trost Jesu, seines göttlichen Erlösers empfindet. Kein Haar fällt von deinem Haupte, ohne den Willen deines Vaters im Himmel! — O laß doch, liebe Schülerin, diese heil. Religion, die Jesus Christus mit vom Himmel brachte, dir theurer sein als alle Güter und Schätze der Welt, laß sie die Stütze und der Trost in deinem ganzen Leben und im Tode sein, wie sie die Stütze und der Trost deiner Lehrerin ist! — Einst, wenn alles, was die Erde hat und gibt, vor dir verschwindet, dein Auge sich verdunkelt und deine blühende Farbe in Todtenblässe verbleicht, dann wird der Gedanke an das, was du den Deinigen warst, deine Todesnacht erleuchten, und die Schätze des Glaubens, der Hoffnung und Liebe werden deinen Geist hinüberbegleiten in die lohnende Ewigkeit. — Diesen meinen so gut gemeinten Mahnungen füge ich, liebe Schülerin noch einige Stellen aus Stollberg's schönem Vermächtnisse an seine Kinder bei. Sie sind mir ganz aus dem Herzen geredet und ich könnte nicht in besserer Weise von dir Abschied nehmen, als indem ich dir diese herrlichen Worte ans Herz lege. „Wir wandeln über Gräber dahin, uneingedenk, daß mit dem Staube, der hinter unsern eilenden Füßen sich aufwölkt, auch ehmals beseelter Staub emporgewallet und daß Seelen, die er bekleidet, den entscheidenden Schritt gethan. Als sie die irdische Hülle von sich legten, da vernahmen sie alle den Spruch der Wahrheit, da gingen sie alle den Weg, je nachdem dieser lautete, dorthin oder dahin."

„Bald, lieben Kinder, haben auch wir den entscheidenden Schritt gethan. Dann vernehmen auch wir den Spruch der Wahrheit; dann gehen auch wir, je nachdem dieser lautet, unsern Weg dorthin oder dahin. Dann stehet die Wahl uns nicht mehr frei! Darum, lieben Kinder, bitte und beschwöre ich euch bei dem furchtbaren Gerichte Gottes und bei Gottes Erbarmungen durch seinen Sohn, beherzigt jetzt, was allein der Beherzigung werth ist, das Eine Nothwendige! Wählet den guten Theil! Verläugnet die Welt, deren nichtige Freuden selbst die irdische Weisheit verachten lehrt. Verläugnet die Welt, welche Jesum Christum verläugnet, und bekennt ihn vor den Menschen, auf daß auch Er euch bereinst bekenne vor seinem himmlischen Vater! O hütet euch vor falscher Scham, welche sich des Heiligen schämet! Sie ist ein Rost der Seele. Sie ist schändliche Feigheit! Wann bereinst der Gekreuzigte kommen wird in seiner Herrlichkeit und alle heiligen Engel mit ihm; wann er sitzen wird auf dem Thron seiner Herrlichkeit und vor ihm alle Völker werden versammelt sein: wie wird dann sich schämen, wer sich seiner hienieden schämte, wer ihn verläugnete, ihn lästerte, ihn, der da ist Gott über Alles, hochgelobt in Ewigkeit! Wie wird ein solcher rufen zu den Bergen: fallet über uns! Und zu den Hügeln: bedecket uns!"

„O lieben Kinder, bekennet ihn vor den Ohren der Welt, frank und frei mit dem Munde! Bekennet ihn kühn vor den Augen der Welt durch euern Wandel und lasset euer Licht leuchten. Bekennet ihn in euerm Innersten durch Gehorsam der Liebe, durch Wachsamkeit, durch rege Scheu! Erhebet euch in euerm Herzen nicht über des Nächsten Fall, denn ihr seid gleicher Art mit ihm, hinfällig und gebrechlich von Natur, wie er! Dennoch dünke kein Ziel der Tugend euch zu hoch gestellt! Elias war ein Mensch wie wir, und der Gott des Elias, ist auch unser Gott! Lasset eure Hände nicht los, eure Augen lasset wacker sein! Wir vermögen Alles durch den, der uns mächtig machet, Christus."

Inhalt.

	Seite
Vorrede und Einleitung	1
A. Die Entstehung des Vereines der armen Schulschwestern	17
I. Die Armuth soll die Grundfarbe des Vereins sein	21
§. 1. Von der Armuth überhaupt	21
§. 2. Einige nähere Bestimmungen der Armuth	24
II. Arme Schulschwestern sollen die Mitglieder des Vereins heißen	26
III. Zu Neunburg vorm Wald soll der neue Verein an's Licht treten	27
B. Das innere Leben des Vereines der armen Schulschwestern	31

Kapitel I.

Von der Schwesterschaft und geistigen Verbindung des klösterlichen Vereins	32

Kapitel II.

Von den Gelübden	38
§. 1. Von dem Gelübde der Armuth	40
§. 2. Von dem Gelübde der Keuschheit	41
§. 3. Vom Gelübde des Gehorsams	43

Kapitel III.

Von der Schutzwehr der Gelübde	51
1. Klausur	51
2. Gebet	52
3. Abtödtung	54
4. Stillschweigen	56
5. Kleidung	57

Kapitel IV.

Von der Leitung des Vereins	57
C. Das Wirken des klösterlichen Vereins der armen Schulschwestern	58
1. Unterricht	58
2. Die Bildung des jugendlichen Herzens	59
3. Erziehung	59

Inhalt.

 Seite
I. Bestimmungen hinsichtlich der Aufnahme von Zöglingen in das Institut der armen Schulschwestern 67
    a) Leistungen des Institutes 67
    b) Tagesordnung 68
II. Verbreitung des Institutes der armen Schulschwestern . . 68

Anhang.

I. Der sel. Petrus Forerius (Fourier), der Stifter der klösterl. Versammlung de notre Dame 70
II. Sebastian Franz Job, k. k. Hofkaplan und Beichtvater Ihrer Maj. der Kaiserin und Königin Carolina Augusta von Oesterreich . 77
III. Georg Michael Wittmann 104
IV. Das Leben der armen Schulschwester Maria Alexia Pettmesser . 110
V. Abbé de la Salle, Johann Baptist und die Congregationen der Schulbrüder 116
VI. Louise Leclerc, Schwester der christl. Schule und die Congregationen der Schwestern für den Unterricht 127
VII. Leben heiliger Kinder 155
    Flora 155
    Anna Höß 159
    Helena 163
    Katharina Thomas 170
    Marina von Eskobar 173
    Barbara Avrillot 176
    Melania 179
    Johanna von Ark 184
    Dominica vom Paradiese 188
    Johanna Robriguez 193
    Rosa von Lima 197
    Armella Nicolas 203
VIII. Andenken und Nachruf einer Schulschwester an ihre scheidende Schülerin 209